教育思想双書 8

ブーバー対話論とホリスティック教育

他者・呼びかけ・応答

吉田敦彦

勁草書房

はしがき

本書は、現代のホリスティック教育をめぐる切実な問題への応答を、マルティン・ブーバーという思想家が遺したテキストのなかに読み取ろうとするものである。

教育ないし人間形成の近代的な地平と諸原理を総体として問いに付し、それに代わるオルタナティブの可能性を探求してきた教育運動・文化に、「ホリスティック教育」と呼びうる動向がある。それのもつ潜在的な力とともに、それの抱える問題にも、筆者はその内側から触れてきた。

今のこの時代の問題へは、むしろ時代を超えたものに深く根ざしていくことでしか、応対できない。表層での水平的な対応ではなく、深層へ向けての垂直的な対応。それは、どこか上方へ向けて時代や文化を「超えていく」のではなく、どこまでもその特殊な時代と文化に内在しつつ、その基底に向けて掘り進み、底を破って普遍的な水脈に触れていくような方向であるだろう。

一九八〇年代から九〇年代にかけて、オルタナティブ教育運動がある程度の公共性をもち始めたとき、そこに呼び求められたのが「ホリスティック教育」というコンセプトだった。北米を発信源とするそれについては、すでに一書を著して包括的に検討したので参照してほしい（拙著『ホリスティック教育論／日本の動向と思想の地平』日本評論社、一九九九年）。

その後、二〇〇一年九月一一日を経て、テロと戦争、グローバル化と新自由主義、あるいはそれを裏側から補完していくナショナリズムや宗教的原理主義といったマクロな問題状況が深刻化した。それに対峙して、「もうひとつの世界の可能性」を問う国境を越えた連携も生まれ、ホリスティック教育も、新たなステージで関心が寄せられるようになった。たとえば南の国々（筆者が関与してきたのはアジア太平洋）に足場をおいた国連・ユネスコ提案に連動する、とくに「平和と非暴力の文化」や「持続可能な開発のための教育」の取り組みの中で、「ホリスティック・アプローチ」や「ホリスティック・ディベロップメント」が強調されはじめた。

グローバル化の波に洗い流されてしまいそうなアジアの諸文化が、それぞれの基底層に根ざした叡智（ないしは「野生の思考」）を再評価しながら、内発的な発展の方向を模索している。その文脈で、各文化に通底する普遍性をもちえるコンセプトとして「ホリスティック」が注目される。「全体性 wholeness」と「聖なるもの holiness」の共通の語源 holos から創られた形容詞。

異質な文化や他者を同一化し全体化していくグローバリズムと全体主義。それに対して欧米的な近代個人主義を対置するのではなく、「全体（トータリティ）」ではない「全体性（ホールネス）」の可能性を探る。近代の啓蒙的合理主義や市場経済原理に結びつき、目に視え手に取れるものだけに価値をおく世俗主義。それに対して、制度化された「宗教」への回帰ではなく、より根源的で直接的な「スピリチュアリティ」＝「聖なるもの」の可能性を探る。

どちらも、反近代的なバックラッシュと紙一重である。素朴にとどまれば、国家レベルでの全体主義、あるいは非社会的で自己耽溺的な神秘主義にも、容易に転化する。危うい挑戦であるが、その危うさを生み出している時代のエネルギーそのものは、そこから距離をとった安全な場所で、外から批判して抑えきれるほど生易しいものだと思えない。そのエネルギーそのものにアクセスして（部分的には共感的な理解をもって）、それが向かうべき先の代案を示しうるかどうか。その成否が分岐点になるのではないだろうか。

「全体性」および「聖なるもの」と正面から向き合い、それを練り上げて再定義していこうとするホリスティック教育の、そして本書のチャレンジは、このような危うい課題を引き受けようとする冒険である。

そして、現代のこの課題意識をもって問いかける相手として、本書ではマルティン・ブーバーが選ばれている。なぜブーバーなのか、それは序章と第一章で詳しく述べる。

ブーバーの対話論に導かれながら本書では、他者と自己が向かい合うミクロな関係性のなかに、ある必然性をもって入り込んでいく。それゆえこの「はしがき」には、本論では主題化されない現在のホリスティック教育をめぐるマクロな時代認識について、粗雑さを恐れずにその一端を記した。ポスト九・一一の世界の中で、私たちは、どこからはじめることができるか。本書の行間において折々に、この問いへのレスポンスを聴き取っていただければ幸いである。

ブーバー対話論とホリスティック教育／目　次

——他者・呼びかけ・応答

目　次

目　次

序章　ホリスティック教育からブーバーへの問いかけ

わが名をよびて

三好達治

わが名をよびてたまはれ
いとけなき日のよび名もて　わが名をよびてたまはれ
あはれいまひとたび　わがいとけなき日の名をよびてたまはれ
風のふく日のとほくより　わが名をよびてたまはれ
庭のかたへに茶の花のさきのこる日の
ちらちらと雪のふる日のとほくより　わが名をよびてたまはれ
よびてたまはれ
わが名をよびてたまはれ

（『花筐』1965［1944］：203）

幼き日の呼び名。あなたに呼びかける言葉。他の誰でもない、あなただけに向けられた言葉。その名を呼ばれて、この人生が始まった、最初の、始源の言葉。遠くからでも、その言葉なら、きっと聞こえる。「わが名を呼びてたまはれ」。耳をすまして、呼ばれるのをじっと待つ。「呼びてたまはれ」と、繰り返し、祈るかのように。

その言葉でもって呼ばれることで、わたし自身の存在が証される。わたしが、ここにいて、いいこと。生まれてきて、よかったこと。それでも、生きていていいこと。存在をまるごと、全体として肯定する根源語。その呼びかけの二人称が、M・ブーバーの「我と汝」の「汝Du」。

汝に呼びかけること。呼びかけを聴き取り、応答し、また語りかけること。それがブーバーにあっては「祈り」であり、それが真の「対話」の基礎である。対話は、祈りとともに始まり、祈りの力が、対話をその根底で支え続ける。

今日この時にも、たとえば教室の片隅で、自分の名前を呼んでもらえるのを、ひとりでじっと待っている子がきっといる。呼びかけに応答する対話の可能性こそが、もしそれをそう呼びたければ、「宗教的なるもの」だとブーバーは言う。

「もしこれが宗教であるなら、この宗教は、まさに一切の全てeinfach *Alles* である。常に対話の可能性に開かれている生の、シンプルな生きられる全てである。」(Buber [1930a]：187 太字は

原著イタリック、傍点は引用者）

「《信仰》とは、人間の心の中のある感情ではなくて、現実性の中に歩み入ること、つまり、一切の省略や還元や抽象化のない、**全体としての現実性** *Ganze* Wirklichkeit の中に入り込むことである。」（Buber [1953]：505《》付加は原著、太字は原著イタリック）

これらの引用中に凝縮されている「宗教性」と「全体性」と「対話の可能性」という三つ巴の主題を、本書は探求しようとする。

人間形成における「宗教性」や「全体性」をめぐる問題は、やっかいな問題である。危うい主題であるのは間違いないので、（戦後日本の教育のように）それを忌避するのも理解できる。そうするとしかし、人間形成へのまなざしが浅くなり、人間の育つ世界が奥行を失って平板化していく。難題を無難に避けようとして、やがて、より深刻な困難に直面する。それを避けることなく、その危険性と可能性の両方を合わせて吟味する研究が必要である。

「whole（全体）、hale（元気な）、healthy（健康な）、holy（聖なる）というような言葉は、同一の語源に由来するということを忘れてはならない。言葉はしばしば、それを使用している人々よりも多くのことを知っている」（Ulich 1961：137）[1]。こう述べたのは、ハーバード大学の教育哲学の重鎮R・ウーリッヒである。本書に先立って筆者は、「全体性 wholeness」と「聖なるもの holiness」

の同一の語源「holos」のもつ意義に着目した「ホリスティック holistic 教育」(2)に関する研究をまとめた(吉田 1999a)。そこで残された課題の一つは、その結章で示した「垂直」方向の〈ホーリネス〉と「水平」方向の〈ホールネス〉という両概念それぞれの洗練、および両者が連関する人間形成の営みの立体的把握であった(3)。

そのようなホリスティック教育のもつ課題を踏まえ、その問題意識をもってブーバーのテキスト群に分け入るとき、おそらくはブーバー思想の現代に蘇生させるべき核心的な部分が浮き彫りになってくる。人間形成にとって重要でありながら、危うさをも秘めた「全体的にして聖なるもの」に対して、それを忌避することなく向き合い、その可能性を探求してきたホリスティック教育。その課題意識を光源としてブーバーのテキストを照射すれば、「出会い」や「対話」という馴染み深い彼に固有の概念が、あらためて鮮やかな光彩を放つ。そこに、ブーバーに独特の、強い意味で「対話的」と形容されるべき人間形成論の輪郭が見えてくる。

本書の課題

本書は、M・ブーバー(Martin Buber 1878-1965)の「応答的対話」に関するテキストを、物語論や他者論のインパクトを経た現代思想の地平において、ホリスティック教育が探求する「全体性」と「聖なるもの」に関わる課題意識にしたがって読み解き、その人間形成論的な含意を解き明かすものである。

二〇世紀前半の熾烈な時代に、ユダヤの思想家ブーバーは、人間形成における「全体性」と「聖なるもの」をめぐる問題に真正面から取り組んだ。一九世紀末から二〇世紀初頭の神秘主義への傾倒と決別、第一次大戦に対する反戦と革命の挫折、三〇年代のナチス全体主義への精神的抵抗運動、四〇年代以降のアラブ・ユダヤ共存社会建設への格闘……。

現代のホリスティック教育において、ともすれば陥りがちな危険性として指摘されてきた「全体性」を探求する際の全体主義や普遍主義、同一化への傾向、また、「聖性」を探求するときの神秘主義や精神主義、心理主義への傾向は[4]、現実との格闘のなかで鍛え抜かれたブーバーの「他者に応答する対話」の原理によって、その陥穽の手前で踏みとどまることができる。

ブーバーの「他者との対話」思想の、おそらく現代における最良の理解者＝批判者であるレヴィナスは、こう述べている。「対象の認識に還元不能なものとして〈他者〉との関係を捉える考え、……この考えが現代思想に本質的な意味で寄与しうるものと化したのも、ブーバーの考察においてである」（Lévinas 1961＝1989：90,91）。そして、「対話という語にブーバー以上に強い意味を授けた者は誰ひとりとしていません。ブーバー以降、広範に流通したために、対話という語がすり減ってしまったとしても、です」（Lévinas 1987＝1997：26）と[5]。

たしかに、「対話」という語は、人間形成を論じる文脈でも随分とすり減り、手垢にまみれてしまった。たとえば、ブーバー教育論の最もよく引用されてきたテーゼ＝「教育的な関係は純然たる対話的関係である」。あまりに馴染みよく、奇麗事で終わりそうな「対話」というコンセプトから、それがすり減る以前の、ブーバーが心血を注いで授けた純然たる強い意味を救い出したい。それをレヴィナスは「他者性」を突きつけることによって試みたのであるが、本研究では、さらに「全体性」と「聖性」という切り口でもって、「その最も有効で最も斬新な部分」を析出しようとするわけである。

本研究の構成

この課題を探求するために、ブーバーの対話論と人間形成論に関する八つの章を、主として「聖なるもの」に照準を当てる第I部と「全体性」に焦点づける第II部の大きく二つの部に括って構成する。

第I部では、ブーバーの出会いと対話の思想を参照することによって、心理主義や神秘主義への陥穽を克服しつつ「聖なるもの」にアプローチする可能性を探る。まず、近代合理主義と伝統宗教の狭間で、たとえば「トランスパーソナル」や「スピリチュアリティ」といった用語で聖なる次元への新たなアプローチの仕方を探ってきた現代思潮について、特にホリスティック教育の論者の言説を検討しながら紹介する。そして、そこに含まれる問題の性格を見定めたうえで、宗教的なるものへの自らのスタンスを「狭き尾根道を歩む」と表現するブーバーを呼び出し、彼に問いかける視点を定める（第一章）。次に、ブーバーの「出会い」と「対話」という基本概念について、この二つの概念の差異にまで踏み込んで考察する。そのために物語論や他者論の知見を援用して、他者との「出会い」と「対話」の間に「沈黙」の位相を見出し、その深層においてブーバーに独特の聖なる次元を捉える（第二章）。さらに、もう一組のブーバーの基本概念、すなわち「〈我―汝〉」と「〈我―それ〉」を取り上げ、両者のどちらか一方だけに決して安住できず、また統合や止揚もできない人間の生の「根本的な二重性」もしくは「高貴な悲劇」を明らかにする。また、この対概念を最広義に捉えて、その相補的な意義を、自然、社会、文化との関係で考察し、併せて、広義の「〈我―汝〉関係」には、レヴィナスの批判する「自然との一体感」といったロマン派的な傾向のあることを確認する（第三章）。そのうえで、レヴィナスの疑義を待つまでもなくブーバー自身が、初期の忘我陶酔的なロマン主義を克服しようとしていた点に注目して、彼の「転向」以降の脱神秘主義的に研磨した「対話」概念の強められた意義を究明する。ブーバーは、近代批判と伝統宗教批判だけでなく、両者の間でさらに忘我的な神秘主義をも批判する実に狭い足場から、「聖なるもの」を日常のなかでの他者（汝）への呼びかけと応答という対話において生きる道を歩んだのである（第四章）。そこに、人間形成における「聖なるもの」を探求する際の、すぐれてブーバー的に練り上げられた「応答的対話」というアプローチを見出すことができる。

　第Ⅱ部では、全体主義の超克を期したブーバーの、向かい合う二人の対話的関係に「全体性」を看取するテキストを解読し、彼の対話的な人間形成論の要諦を明らかにする。まず、二〇世紀前半の両大戦間にあって、ブーバーと同じく「生の哲学」的な背景から「全体性」を重視したドイツ教育学や日本の「全体観の教育」の潮流が、時局に抗えずに全体主義に傾斜する弱点を持っていたことを振り返り、それを踏まえて同じ歴史的状況下でブーバーが、個人主義と全体主義に対置した彼の第三の立場すなわち対話的全体観を把握する（第五章）。それは向かい合う二人の対話において「全体性」が実現するというものであるが、そこでは「他者の根源的な他者性」との向き合い方が重要なものとなる。したがって、その「他者性」と向かい合う対話的関係のダイナミズムを、「距離と関わり」や「間の場」といった後期ブーバーの基本的概念の検討によって明らかにする（第六章）。このような「全体としての人間」を対話的に実現していこうとするかぎり、その二人の関係は必ずしも相互的・対称的なものにとどまらない。その非対称な援助関係のもつ特質を、ロジャーズに対するブーバーの異議を手がかりにして考察し、その基本的な案件を捉える（第七章）。最後に、ブーバーの教育と人間形成に関するテキストを総括的に考察し、「世界」に応答しつつ「他者」としての被教育者と対話する教育者が、共々に「全体としての人間」へと形成されていく様相と要件を解明する。そこにブーバーの対話的な人間形成論の要諦を捉えたい（第八章）。

ブーバーの対話論は、「ホーリネス（聖性）」を探求する際、それが神秘主義に陥らないための「応答性」の視点を、また、「ホールネス（全体性）」を探求するとき、それが全体主義に転化してしまうことを回避する「他者性」の視点を与えてくれる。さらにその「他者との応答的対話」論は、従来のホリスティック教育論が主題化することの少なかった、教育者と被教育者との間の相互形成的な二者関係に関する理解を深めるのに役立つ。それは、従前のホリスティック教育（論）の弱点を補強する一つの卓越した観点を提供してくれるだろう。(6)

このようにホリスティック教育からの問いかけへのブーバーの応答を読み取りつつ、同時に明らかにされていくのは、ブーバー対話論がそれ自体として人間形成論にほかならないということである。本書では、まずブーバーの対話論を一般的な人間学として解明し、しかる後にそれを教育学的主題に適用していくような論じ方をしない。先に「人間一般」についての基礎的理解があって、それを具体化していく特殊領域の一つとして「教育」があるという思考法。こういった思考法によっては、かえって、ブーバー思想のもつ教育論的ないし人間形成論的な可能性の中心を見失うからである。先取りして言えば、その核心において理解されたブーバーの人間に関する理解は、それがそのままで、すぐれて人間形成論なのである。形成的な関わりから自由な（第三者的な）人間一般への認識関心など、ブーバーは持ち合わせていなかったからである。ブーバー対話論のもつ垂直方向の深みと、水平方向の他者関係論とを立体的に把握しながら、それがすなわち人間形成論として具体的であることを、本書の全編を通して明らかにしたい(7)。

註

（1）ウーリッヒのこの指摘は、まだ「ホリスティック holistic」という言葉が一般に流布する以前の早い時期のものである。なお、デューイもまた「wholeness」の概念を、特に晩年の『共通の信仰 *A Common Faith*』（1934a）や『経験としての芸術 *Art as Experience*』（1934b）において重視したことは注目に値する（Zigler 1978ほか）。しかし「holiness」には踏み込んで論及していない（詳細は拙著『ホリスティック教育論』吉田

1999a：第II部第四章五節を参照）。この点を捉えてJ・ミラーは、「holisticは、ときにwholisticと綴られることがある。私はこの二つの綴り方を区別して用いたい。holisticの方には、スピリチュアリティや聖なるものへのセンスを含めた意味をもたせ、wholisticの方には、それに比べより生物学的物理学的で、物質身体的社会的相互連関を強調する。ガンジーやシュタイナーがholisticであったとすれば、デューイはwholismを論じたのだと考えられる」（Miller, J. 1996：3）と述べる。この区別を踏襲して、本書で「holistic教育」とは、「聖なるものholiness」にまで深められた「全体性wholeness」を探求するものとする。

（2）「Holism」とともに「holistic」という形容詞を提唱したSmuts, J. C.（1927［1926］, 1944［1927］）による原義については、そのテキストを検証した拙著（吉田1999a）第II部第三章を参照。この語は、パラダイム論が興隆した一九七〇年代以降に流布し、アメリカ・カナダ・イギリス・オーストラリア等の英語圏だけでなく、メキシコや韓国、タイ、インド、ロシアそして日本などで、語源holosの語感を残した外来語のまま使用されている。医療、看護、教育、心理、宗教、環境問題、開発問題、国際関係、科学論、文明論など、使用される分野・領域は多岐にわたる。特筆すべきは、とくに今世紀に入って、国際連合・ユネスコの公式文書のなかで、とりわけ「holistic approach」や「holistic development」という熟語でもって、頻繁に用いられるようになってきた点である（吉田2003d,2004a,2004b,2006）。ただし、いまなお、それの意味する内容は曖昧で、使用者の立場やコンテキストの違いによって相当に異なっている。本研究は、「wholeness」と「holiness」の連関についての理解をブーバーの所論によって深め、「holistic」概念を洗練して信頼性を高めることに寄与し得る。

（3）「聖なるもの〈ホーリネス〉」と「全体性〈ホールネス〉」の本研究における問題設定については、それぞれに照準を当てる第I部と第II部の導入の章（第一章と第五章）で詳述する。「垂直」と「水平」の両方向から〈ホーリネス〉と〈ホールネス〉を捉えるにあたっては、特に西平直（1993）を参照。矢野智司も〈生成の相〉の深さを表現するのに「垂直の力」等の語法を用いるが、たとえば次の一節の課題意識に本研究は呼応している。「戦後教育学は、発達の論理を中心にすることによって、溶解体験のもつ垂直の力を無視し、見誤り、取り逃がしてきた。今日教育学は共同体の外部との出会いを教育起源とする方向での研究を、これまで以上に必要としている」（矢野 2000b：66）。また教育思想史学会では「人間形成における垂直軸の問題」と題されたForumが開かれている（西平 2003a，田中毎実 2003b）。

（4） こういったホリスティック教育（論）の抱える問題傾向については、先行研究を批判的に吟味した吉田（1999a：特に第II部第二章）および吉田（1996b）を参照。本論文においては、第一章と第五章において、その要点を注記するにとどめる。

（5） レヴィナスのブーバーに対する批評については、本論文の第四章で立ち入って論じる。

（6） 一九八八年に創刊され、北米でのホリスティック教育の共同研究をリードしてきた『ホリスティック教育レビュー *Holistic Education Review*』誌は、一九九七年にそのメインタイトルを変更した。当時の編集長のケーン（Kane, J.）によれば、「ホリスティック」という語が北米では、一時期あまりにも流布して玉石混交になった際、一部の浅薄な、あるいは営利目的の使用法によってネガティブなイメージをもたれた烙印を払拭しきれない、との理由だった。そして、「ホリスティック・アプローチ」（この語は世界的にみれば註（2）で述べたように支持を広げている）は編集方針のキー・コンセプトとして毎号記して残しつつ、誌名のメインタイトルを、実に『エンカウンター（出会い）』に変更した。ホリスティック教育がその弱点を克服していくために最も重視しなければならないものこそ、「出会いと対話」だというわけである。そして、その新誌名に寄せる編集者序文（Kane 1997：2-3）で、「出会い」を説明するのにケーンが引用するのは、他ならぬマルティン・ブーバーである。では、なぜ〈汝〉との出会いと対話の思想がホリスティック教育の抱える課題を克服し、ホリスティックというコンセプトの洗練のために、それほど有効であるのか。以下の本研究を通して、それが明らかになるだろう。

（7） ブーバーの人間学や教育論に関する優れた先行研究が多々あるなかで、本書のもつブーバー研究上の貢献があるとすれば、それは前述の点に限られている。繰り返せば、現代のホリスティック教育からのアクチュアルな問いかけによって、全体主義や神秘主義に対する彼の対話論の「他者性」や「応答性」のもつ意義を際立たせ、またその視角から彼の対話論の人間形成論としての特質を捉える点にある。

第Ⅰ部　「聖なるもの《ホーリネス》」とブーバーの対話論

――他者に応答する対話の深層

第一章　聖なるものへの狭き尾根道
――近代合理主義と伝統宗教の狭間で

「《信仰》とは、人間の心の中のある感情ではなくて、現実性の中に歩み入ること、つまり、一切の省略や還元や抽象化のない、全体としての現実性の中に入り込むことである。」（Buber [1953]：505）

一　現代の思想状況とブーバーの「狭き尾根道」

1　ブーバーの「聖なる不安定」と「狭き尾根道」

精神世界ものの本などが引き続き現代の若者たちの興味をひいているのは、なぜだと思うか。こう問われたネル・ノディングス(1)は、シンプルに次のように答える。

「それは、聖なるものを渇望しているからだ。制度的な宗教を拒否する人たちの間でさえ、聖なるものへの渇望そのものは、なくなりはしない。もし、スピリチュアリティがまったく学校教育から取り除かれてしまったら、あるいはもし、多かれ少なかれ、日常のなかで聖なるものについて話題にすることが禁じられてしまったら、この渇望はどんどん抑圧されていく。そしてついには、人は外に出て、それについて書いてあるような本を買いに走るだろう。」(Noddings & Halford 1998 : 31)

聖なる次元に接近しない、というアプローチもあるだろう。それも含めて、聖なるものとの関わり方には、さまざまなスタンスがありうる。そしてそれは、意識できている以上に、日々の人間形成に影響していることだろう。

第一章では、近代合理主義と伝統宗教の狭間で、たとえば「トランスパーソナル」や「スピリチュアリティ」といった用語で聖なる次元へのアプローチの仕方を探ってきた現代思潮について、J・ミラーやノディングス等のホリスティック教育論者の言説を検討しながら紹介する。そして、そこに透けて見えてくる問題の性格を捉えたうえで、M・ブーバーへ問いかける視点を定めたい。

宗教的思想家として知られるブーバーは、しかし時には、「人間の根元的な危険は、《宗教》である」([1952] : 744) とさえ言い切る。「聖なるもの」へのブーバーのスタンスは、とてもデリケートで、なにか確固とした広い足場があるわけではない。それは、「聖なる不安定 heiligen Unsicherheit」([1913]：43, 46) と「狭き尾根道 schmalen Grat」([1947]：383) という言葉で特徴づけることができる。[2] たとえばブーバーは次のように語る。

「最高次の存在に対する私の思想が、第一次世界大戦中に決定的に転回して以来、《狭き尾根道》という言葉で私の立場を友人たちに向けて形容してきた。この言葉で私は、一個の知的体系をもつ広い高原に滞在したり、絶対者についての確固とした証言をもつ帝国を掌握したりしているのではなく、むしろ、深淵と深淵とに挟まれた狭い岩尾根に立っているのだということを表現しようとした。」([1947]：383)

ブーバーは、なにか体系的な知識に支えられた、あるいは確固とした教義や教典に依拠した絶対的なものに安住することは決してなかった。そうではなくて、じつに不安定な足場を探りながら、それでも聖なるものを求めて、歩み続けた。右手にも左手にも、峡谷の危険な深淵をたえず意識しつつ、自問と対話を重ねた。それは自らの「立場」――「そこに立つ場所」というには、あまりにも不安定で危うく、歩き続けていなければバランスの取れないような、狭い尾根道である。では、それはどのような狭間の細い道であったのか。第Ⅰ部の全体を通してそれを明らかにしていくが、まずは関連する現代の思想状況を概観しておきたい。

2　現代思想の三派鼎立とポストモダニズム

現代の思想状況は、大きくみて次の三つの思想動向が三派鼎立の構図にあると言われる（島薗 1996）。すなわち、（1）近代啓蒙主義的な合理的ファンダメンタリズム、（2）伝統的な啓示宗教・救済宗教に回帰する宗教的ファンダメンタリズム、そして、（3）科学＝宗教複合的な世界観をもつ「ニュー・スピリチュアリティ（新霊性）運動」を含む「広義のポストモダニズム」。その三つが、それぞれに弱点を抱えながら一定の力を保持しつつ、出口のない三すくみの状況を形成している。

さて、「ホリスティック教育」は、この第三の「広義のポストモダニズム」に位置する。拙前著『ホリスティック教育論』（吉田 1999a 特に第II部）で明らかにしたように、ホリスティック教育（論）は、近代啓蒙合理主義と伝統宗教への回帰という前二者と対峙しつつ、単に「ニュー・スピリチュアル」なだけではなく、科学＝宗教複合的な「ホリスティック・パラダイム」論の影響を受け、また「オルタナティブな知の運動」とも、「批判的教育学」を含む脱構築論的な狭義のポストモダニズムとも近しく対話を続けてきた。

実際に、ホリスティック教育に関わる論者たちの多くは、近代合理主義と伝統宗教の間の「第三の道」を、各方面からの批判を受けとめつつ、手探りで歩んできた。そのプロセスで近代合理主義と脱構築論的なポストモダニズムから突きつけられた批判に対する受けとめ方については、すでに前掲拙著（吉田 1999a）[3]において詳述した。本章では、いわばその反対の極からなされる疑念、つまり「伝統宗教」の側からなされるそれへの、近年のホリスティック教育論の応答に迫ろうとする。

そこに、すぐれてブーバーの宗教思想のもつ、現代のホリスティック教育研究に対する意義が浮き彫りになるだろう。というのも、ブーバーもまた、その近代合理主義と伝統宗教原理主義との間で、しかもその狭間で陥りやすい神秘主義や心理主義とも対峙しながら、先に述べた「狭き尾根道」を歩んだからである。

2　ホリスティック教育論における「聖なるもの」

「教育」と「宗教」の関係を、ポスト近代を射程に入れて、再定義すること。そのためには、さしあたり特定の宗派宗教から距離をとることのできる、諸宗教に通底する「スピリチュアリティ」や、心に宿る宗教的な事象としての「宗教心理」が、キーワードとして浮上するだろう。しかし、個人の心にこそ宗教性の源泉（スピリチュアリティ）があるとするような心理学的な還元主義を避けるためには、身体、知性、社会、歴史、自然等と宗教／心理との込み入った全体連関に、ホリスティックにアプローチする必要がある。

現代の思想状況と切り結びつつ、この課題に取り組んできた一つが、北米の「ホリスティック教育論」である。以下、その八〇年代から九〇年代後半にかけての論調の移行に焦点づけて、考察を試みる。

1　初期ホリスティック教育論の「宗教的なるもの」

ところで、すぐれた教育者、名を残すほどに人々に敬愛され尊敬された教育者にあって、宗教と無縁であった人の方がむしろ稀であること、これはよく知られた事実だろう。教育における「宗教的なるもの」が論題になるのは、教育思想ないし教育学の歴史を通して、むしろ常であったとさえ言える。たとえばそれは、ソクラテス／プラトンや綜芸種智院の空海にまで遡ることができるし、敬虔な信仰の人でもあったペスタロッチやフレーベルを共通の母胎としつつ近代教育学が学的自律性を持ち始めて以降も、「生の哲学」や「精神科学」を背景とした教育哲学の潮流では、「精神」や「覚醒」の教育的意義が主題化されていた（シュプランガー、ボルノー、そしてブーバー等）[4]。北米でも、エマーソンやW・ジェームズを前史として、デューイ（Dewey 1934a）においても、晩年の『誰でもの信仰』で「宗教」と「宗教的なるもの」が区別されて後者の意義が論じられ、P・H・フェニックス（Phenix 1959）の「究極関心としての宗教的関心」やR・ウーリッヒ（Ulich 1961）の「宇宙への崇敬と自己超越」といった概念に結晶化していった。

このような教育学的遺産からは、（後に検討するJ・ミラーやノディングスのような例外はあるが）少なくとも初期のホリスティック教育論の多くは、ある程度まで独立して成立した。それらの立論には、むしろ以下のような概念や理論が論拠とされることが多かった。次の三点に要約する。

（1）「特定の宗派宗教」に限定されない、「世界の諸宗教に共通の英知」（H・スミス）の析出。A・ハクスレーの「永遠の哲学」やK・ウィルバーの「意識の進化論」、神智学系の思想（シュタイナー、クリシュナムルティ）など。「宗教」から区別されて「スピリチュアリティ」という概念が多用される。

（2）「あらゆる宗教の核心にある原体験」への依拠。自／他や人間／自然の境界が溶解し合一するような、脱我体験、至高体験、トランスパーソナル体験等々、その意味でのいわゆる「神秘体験」。しかしそれを「神秘主義的＝秘教的、不可知的」でなく、「新しい（ニュー）サイエンス」によって学術的に説明しようとする。ホログラフィ理論（K・プリブラム）、「精神の生態学」（G・ベイトソン）、「全体性と内蔵秩序」（D・ボーム）、あるいはオートポイエーシス論など。(5)

（3）さらに、それを心理的経験として説明し、またその体験にアプローチする技法を含む、新世代心理学の援用。たとえば「自我と〈自己〉」、自己実現／自己変容、普遍的（宇宙的）無意識、トランスパーソナル・セルフ、そしてセンタリング、サイコシンセシス、マインドフルネス、等々。

これらの詳細は、拙前著（吉田 1999a）で論じたので繰り返さない。そこでも指摘したとおり、こういった論拠による立論には様々な問題点があり、北米ホリスティック教育論の内部でも、特にニューエイジ文化批判を踏まえて九〇年代以降、批判的に吟味されている。本章の最後に、その諸問題を整理してブーバーに問いかける観点を定めるが、しかしまずは、この立論の仕方の持つとりあえずの意義を以下に押さえていきたい。

2　公教育の世俗化と聖なる次元

一九九四年に『ホリスティック教育レヴュー *Holistic Education Review*』誌が「カリキュラムのスピリチュアルな次元」を特集したとき、特集編者のケッソンは次のように述べていた。

「スピリチュアリティと宗教を区別することによって、どちらかを良しとし、どちらかを貶めるつもりはない。私が意図しているのは、〈宗教と教育〉についての議論と混同されない、〈スピリチュアリティと教育〉という議論のコンテクストを提供することである。」(Kesson 1994：4)

単に人間形成／教育一般における宗教、にとどまらず、とりわけ公教育としての学校教育における宗教の問題を考察しようとする際、宗教的な次元を心理学的に理解すること、あるいは、諸宗教に通底する「スピリチュアリティ」を析出することには意義がある。しかし、危うい問題もある。言うまでもなく、国家が宗教を裁可すること、また、ある人が他の人に自分の宗教的確信を強要することは許容されるべきではない。政教分離の原則と信教の自由の原則による、教派的宗教教育の国公立学校からの排除には、歴史的にみて、日本においても、十分に尊重すべき理由がある。[6] それを踏まえるとき、「諸宗教を超える宗教性・スピリチュアリティ」という普遍的な宗教性を、安易に前提して公教育に持ち込むこともできない。現在の多文化社会化、社会の多元主義化のなかで、異なった信念体系の地位を相互に尊重するために、この点の重要度はますます高まっていると言える。

他方、同じくその社会の価値観や意味世界の多元主義化、希薄化、あるいは世俗化のなかで、とりわけ成長途上の子どもや若者が、従来ならば主に宗教が答えてきたような問いをまえにして、孤独に浮遊するほかないような、あるいはマスメディアの伝える手軽な回答にしがみついてしまうような状況が、深刻さを増している。言い換えれば、かつては公教育以外の場で一定保持されていた「宗教的なるもの」ないし「聖なるもの」との接点が、社会総体が学校化され、私的生活世界（家庭など）も含めて生活全般が世俗化されるにつれ、ほとんど無くなってきたこと、したがって、成長途上において、まずは一つの（後年にそれが批判の対象となるにしても）信念体系を持つことさえできない状況があること、それが切実な問題となってきた。

とすれば、そのような人生の意味の核心に関わる問いの探究をも、意図的な学校教育の課題として正面から取り組むべきではないか、という議論が今後ますます高まるだろう。それは、「特定の宗教のための宗教教育」ではありえないとしても、これまで論じられてきたような「道徳教育」や「心の教育」といった次元から、なんらかの「宗教的なるもの・聖なるもの」の次元に踏み込んだ議論になるのではないか。近代公教育の「教育／宗教」の「俗／聖」二分法的な関係、すなわち、教育は公共の、宗教は個人の自由の領域に区分し、公教育と宗教との接点は、人間の歴史的文化的現象としての宗教に関する学問的知識にとどめる、という二分法が引き続き維持されるべきか、あるいはそれとも、なんらかの聖なる次元の教育にまで踏み込むのか。

この問いと関わって、先述のホリスティック教育論の目指した、諸宗教に通底する「スピリチュアリティ」の析出、諸宗教に共通の核心的経験への依拠、宗教的次元の心理学的理解といった特徴は、どれも「既成の特定の宗教」という枠組みを超えて「聖なるもの」の次元に迫る意義をもつと考えられる。伝統宗教と近代合理主義に対する第三の道を模索するホリスティック教育が注目される所以である(7)。

3　聖なる次元への接近法の九〇年代的な更新

さて、以上のように初期のホリスティック教育論の聖なる次元へのアプローチの仕方とその意義を押さえた上で、次にそれが、特に九〇年代以降に様々な吟味を経て、現在では相当に更新されてきていることを検証していきたい。つまり、結論を先取りして言えば、「スピリチュアリティ」を鍵概念として、教育とりわけ公教育と宗教との関係を新たな次元に定位し直すという課題意識は継続し深化しつつも、ニューエイジ・サイエンスに依拠して宗教＝科学複合的な世界観を論じたり、トランスパーソナル心理学などの新世代心理学を援用したりすることに対しては、慎重になってきているのである。そして、宗教を個人の心理内の事象として理解する心理主義的傾向を払拭しつつ、伝統に練り上げられた既成宗教の遺産（その理論＝教義および実践＝行法）を、冷徹に認識し再評価しようとする姿勢が、顕著になりつつある。以下にこの点を追いかけてみたい。

八〇年代後半から次第に姿を現してきた「ホリスティック教育論」は、当初から「スピリチュアリティ」をキーワードの一つとしていた。八八年に『ホリスティック教育レヴュー』誌を創刊した米国のロン・ミラー（Miller, R. ed. 1991 : 2）は、ホリスティック教育の特質として、「いのちへの畏敬」、「エコロジカル」、「グローバル」、そして「スピリチュアル」の四つを挙げた。九一年の「ホリスティック教育ヴィジョン宣言」（日本ホリスティック教育協会編 1995 所収）は、その一〇原則の第一〇番目を「スピリチュアリティと教育」とした。八八年に『ホリスティック・カリキュラム（邦題：ホリスティック教育）』（Miller 1988＝1994）を著したJ・ミラーが、論文「スピリチュアル・カリキュラムに向けて」を『ホリスティック教育レヴュー』誌に発表したのは九二年、同誌が「カリキュラムのスピリチュアルな次元」を特集したのが九四年、同じく「教育におけるスピリチュアリティ」を特集（巻頭はダライ＝ラマの講演）したのが九七年である。

そして、九八年末には、北米の公教育の指導者（とりわけカリキュラム編成者）に大きな影響力をもつ雑誌（『*Educational Leadership*』発行部数：二〇万部以上）が「スピリチュアリティと教育をリンクする」という特集を組んだ。J・ミラーやN・ノディングスなどホリスティック教育の馴染み深い論者が稿を寄せている(8)。

ここで注目すべきは、「伝統宗教を克服して超える」と標榜する、ニューエイジ文化的にナイーブなスピリチュアリティの教育は、それ自体あらたな一つの宗教的立場に立った教育であること、むしろ多様な伝統宗教の立場を簡単に「超える」のではなく、その意義に最大限の配慮をしつつ非教派的な宗教教育を模索すべきだ、との論調が生まれてきていることである（cf. Haynes 1998)。以下にこの論調の移行に焦点づけて、代表的な論者であるJ・ミラーとN・ノディングスの議論を検証していく。

3　「〈自己〉実現」論から「魂への配慮」論へ――J・ミラーの場合

J・ミラー（Miller 1988, 1993）は、ホリスティック教育を、「六つの位相のつながりを深める教育」と定義して提唱した。すなわち、(1)論理的思考と直観の、(2)心と身体の、(3)教科と教科の、(4)個人と社会の、(5)人間と地球の、(6)自我と〈自己〉の間のつながりである。[9] そして、この六つのうちの最後、すなわち「自我と〈自己〉のつながり」が、とりわけ垂直的な宗教心理の軸を表現するものであった。

彼は、この著作以降、『ホリスティックな教師たち』（Miller 1993a＝1997）を経て、『観想する実践者』（Miller 1994）、『教育と魂（ソウル）』（Miller 2000）、そして『全体性を育む：教育におけるスピリチュアリティの観点』（Miller & Nakagawa 2002）へと、関心を「スピリチュアリティ」に集中してきている。この一〇年余りの彼の関心の焦点化と、それに対応する鍵概念の変遷をみていきたい。

1　ニューエイジ思潮からの脱却

一九八八年の『ホリスティック・カリキュラム *The Holistic Curriculum*』では、宗教的なるものを表現するのに、まさに、世界の諸宗教の共通の核心を心理学的に説明する方法をとっていた。すなわちまず、オルダス・ハクスレーが『永遠の哲学 *The Perennial Philosophy*』（Huxley 1968［1946］）で試みたように、「宗教の核心となるような原体験」を記した諸宗教の神秘主義的流派の表現を取り出し、それにユング心理学の〈セルフ〉やアサジオリ（サイコシンセシス）のトランスパーソナル・セルフ、そしてK・ウィルバーなどのトランスパーソナル心理学の知見を重ね合わせる。そのうえで、断ち切られがちな「自我と〈自己〉のつながり」を取り戻し、心の統合性・全体性を回復することを求めた。具体的方法としては、たとえば「子どもの発達の各時期にスピリチュアルな次元の〈自己〉がどのように現れてくるか」を示したシュタイナーの児童発達理論と方法論を高く評価し、また、思春期以降には世界の諸宗教の比較宗教学的、宗教心理学的な知的理解をうながすプログラムを紹介した（Miller 1988）。

一九九三年の『ホリスティックな教師たち *The Holistic Teacher*』（Miller 1993）は、教師たちの自己研修に焦点を絞って書かれたものである。ここでは、「〈自己〉とのつながり」に加えて、「存在の深み」や「センタリング（こころの核心に耳をすますこと）」が鍵概念になり、「何をどう教えるかよりも、私たちの存在のあり方そのものが、子どもを教育しているのだ」というメッセージに貫かれている。「メディテーションのエクササイズ」を、児童向けと言うよりも、教師自身が自ら実践する自己研鑽の方法として紹介し、また終章では、メディテーションを用いることに対する疑義に応え、その留意点も明確にしている。（なお、この時点ではまだニューエイジ・サイエンスの影響を部分的に残しており、たとえば「全体直観」の説明には、プリブラムのホログラフィ理論が用いられる。）

これをさらに発展させたのが『観想する実践者 *The Contemplative Practitioner*』(Miller 1994) であり、教育実践者にとって「知的省察」のみならず「観想：コンテンプラティオ」が重要であることを説く。[10] そこでは、「観想」によって触れうる「視えない世界」について、老荘（タオ）やプラトンからユングやデイビッド・ボームまでを参照して多角的に論じるとともに、その観想実践のモデルとして、仏陀、アヴィラの聖テレジア、エマーソン、ガンジー、そしてトーマス・マートンの五人の伝記を紹介し、それが安易で手軽なものではありえないこと、相当の集中度と持続性を必要とすること、苦悩や危機を伴うことを強調している。その背景には、ニューエイジ的な、あるいは商業主義的な「自己啓発セミナー」や「体験的セラピー」のインスタントな傾向への批判を読み取れる。

そして『教育と魂 *The Education and the Soul*』(Miller 2000) では、〈自己：セルフ〉という用語が「魂（ソウル）」に置き換えられ、自己実現論的な心理学やサイエンスによる説明が姿を消している。「スピリット」と「自我」の間にある「魂（ソウル）」を中心概念とし、「魂への配慮

(Care of the Soul)」としての教育を主題化している。少し詳しくみておこう。

2 「魂への配慮」としての教育

彼の時代状況の認識はこうである。近年、スピリチュアリティの問題への関心が再び高まっている。それは、物が溢れながらも忙しく追い立てられる生活のなかで、「疲労感」「虚しさ」「イライラ」が深まっていて、人々のなかに「何か欠けている」、「これですべて?」といった感覚が強まっているからだ。この空虚感を「魂の欠如」に由来するものだと見なしたトーマス・モアの『魂への配慮』(Moore 1992) がベストセラーになったように、多くの人々が「魂に配慮する教育」を求めはじめている。これは、世界規模で同時進行している事態でもある。ハベル、ダライ・ラマ、マンデラ、サン・スー・チーといった、確固としたスピリチュアルな背景をもつ政治家の実践が、現実的な影響を発揮している。「この本は、魂や聖なるものを教育のなかにもたらすことによって、このようなグローバルな動向に教育者たちが参加することを助けようとするものである」(Miller 2000 : 8)。

教育をめぐる状況との関わりでは、次の四つの点に、「魂に配慮する教育」が求められる所以があるとする。

① スピリチュアルなものと世俗的なものを二つに分離することは、そもそも正しくない。教育を世俗化して魂を否定すれば、私たちの存在の大切な部分を否定することになり、私たち自身を、

また教育のあり方を、切り縮めてしまうことになる。魂への配慮を取り戻すことによって、断片的な自己ではなく全体としての自己への教育が可能になる。

② 生気がなく、よどんだ雰囲気の教室を、魂に配慮した教育によって、もっと生き生きした活気に満ちた場にしていくことができる。というのも「魂は、生き生きとした深いエネルギーで、人生に意味と方向性を与えてくれる」ものだから。

③ 現在の教育は、外面的、量的、合理的なものが過剰になっていて、内面的、質的、直観的なものが軽視されすぎている。魂に配慮する教育によって、その偏りをただして、内面的な方向と外面的な方向とのバランスと調和を取り戻すことができる。

④ 子ども時代にも、たとえば夜空を見上げて宇宙の不思議に畏れおののくことがありうるし、思春期になるともっと、自己の存在や人生の意味を深く突き詰めて問い始めることがある。「人生の大いなる問い」は、人生の全体を通して幾たびか立ち返ってくるだろう。にもかかわらず、教育システムのなかで、これらの問いに真正面から取り組むことは少ない。教育はその問いを探究するプロセスを助けるべきだ。魂に配慮する教育とは、このような問いを共有して、子どもと若者の人生に真正面から深く向き合うことを教育に求めるものである。（Miller 2000 : 9）

3 「〈自己〉」論から「魂（ソウル）」論へ

では、その「魂」を、ミラーはどのように定義し、特徴づけていくのか。

ミラーは、まず「宗教的観点からみた魂」（ヒンドゥー教、仏教、キリスト教、ユダヤ教、イスラム教など）について概観したあと、「哲学的観点からみた魂という概念」について、プラトン、プロティヌス、エマーソン、トーマス・モア、そしてオクタビオ・パスなどの諸説を参照する。そして、次のように述べる。

「魂（ソウル）は、自我とスピリットをつなぐものである」（Miller 2000：23）。スピリットは、聖なるもののエッセンスであり、人間を超越するもの。自我は、人間が外的社会や他者との関係で自分を位置づけるもの。ソウルは両者の間にあって、両者をつなぐことのできるもの。スピリットが強調されすぎると、人間性や日々の生活からかけ離れてしまい、自我が強調されすぎると、世俗に追われて生きる意味を見失う。「魂を通して、人間と聖なるものとがつながっていくことができる」（Miller 2000：23）。

その「魂（ソウル）」の特質は、次のように整理されている。

① 魂は、モノや実体ではなく、生き生きとした力を生み出す源でありプロセスである。
② 心の深いところから何かをしたいという感情が湧くのは、魂においてである。
③ 魂は、他の魂と結びついていくこと、つまり愛を追い求める。
④ 魂は、愛の光や喜びだけではなく、影や闇や痛みも併せたパラドキシカルな両面をもつ。

（Miller 2000：23-28）

このような「魂」の概念は、従来のJ・ミラーの論における「〈セルフ〉」と、内実においてほぼ重なるものであるが、両者の微妙な違いは、「魂」の方が、人間・個人を超越するスピリットに対する「中間的」あるいは「媒介的」な特徴を捉えている点、その光と影の両義的な側面を強調している点にあるだろう。ナイーブな自己実現論の、ナルシシズム的な陥穽を踏まえてのものだと考えることができる。

以上、ミラーの説を概観した。小論での関心から興味深いのは、彼自身がそれを弁明することはないとしても、ミラーにおいて人間形成の垂直軸を表現する語法が、ニューサイエンス的な、あるいは自己実現の心理学的な語法から、宗教的伝統に裏打ちされたそれへと、次第に変化してきている点である。(11) そして、このような傾向は、つぎに見るネル・ノディングスにおいても同様である。

4　「知性的な信仰者」とスピリチュアリティ──N・ノディングスの場合

一九九四年から『ホリスティック教育レヴュー』誌の編集委員に参加したアメリカ教育哲学界を代表する一人ネル・ノディングス（アメリカ教育哲学会元会長、ジョン・デューイ学会元代表、スタンフォード大学を経てコロンビア大学教授）は、九七年一〇月の「ホリスティック・ラーニング国際会議」（トロント大学）でも基調講演を行った。「ケアリング教育学」（Noddings 1984）の提唱者として知られる彼女は、近代学校教育へオルタナティブなアプローチとしての「ケア」概念を包括的に展開した九二年の著作（Noddings 1992）に続き、著書『知性的な信仰あるいは無信仰のための教育』(Noddings 1993)において、公教育学校の日常のなかでの「スピリチュアリティ」の可能性をめぐって積極的に発言している。また、先に触れた『教育的リーダーシップ』誌の特集号は、「学校における聖なるものを渇望して」と題したノディングスのインタヴュー記事を掲載している(Noddings & Halford 1998)。これらを参照して、本稿の関心に基づいて彼女の論の一端を取り出してみる。

1 「知性的な信仰者」を育てる学習

ノディングスも「宗教」と「スピリチュアリティ」を区別し、「スピリチュアリティ」が、スピリットと呼ばれているような何ものかを尊重する「人間の態度や生き方そのもの」を指すのに対して、「宗教」とは、そのようなスピリチュアリティを獲得する「一つの特殊な方法とそれを支える制度や組織」を意味する、とする(Noddings & Halford 1998 : 29)。したがって、「スピリチュアリティ」は必ずしも特定の制度や組織(「宗教」)と結びつく必要はない。

このような区別のうえでノディングスは、(A)「宗教を」教育するのではなく、「宗教について」学ぶことで「知性的な信仰者」を育てること、および(B)学校生活も含めて日々の生活のなかの「スピリチュアリティ」の大切さを教えること、この二点が学校に求められているという。特定の宗教を教えることや、教師が信じていることを生徒にも信じ込ませようとすることは、憲法が禁じているし、禁じられるべきであるけれども、この二つは禁じられるべきではない。この二点についいて彼女が述べるところ（Noddings & Halford 1998：28-30）を要約しておく。（A）宗教を信じる人は妄信的であり知性的でない、などと「宗教を頭ごなしに否定して事足れりとする人こそ、知性的ではない」。知性的であることと信仰者であることは必ずしも背反するのではなく、「もし人が信仰者になるなら、知性的な信仰者 an intelligent believer になるべきだ」と言う。すなわち、「私たちは、何かを信じるときには自分が何を信じているのかを知っているべきであるし、できれば、なぜ信じているのかも知っている方がよい。何も信じていない人の場合も全く同様に、何を信じていないのか、なぜ信じていないのかを知っているべきである」。宗教は、「私たちはなぜ生きるのか、生きる意味はあるのか、あるとすれば、それは何なのか」といった、それを全く問うことなく生きることに比べれば、それに向き合う方が人生に厚みが増すような問いに答えようとする試みであって、過去から現在に至るまで現実に多くの影響を人々に及ぼしているという事実を、十分に考慮すべきだ。だから、「宗教について歴史的哲学的に考慮できるような知性を身につける学習」は、生きるうえでの基本的なリテラシーの一つだと考える。

2　学校の日常のなかの「スピリチュアリティ」

（B）子どもたちの家庭のバックグラウンドになっている様々な伝統宗教の聖歌や祭りやセレモニーを紹介し、それを体験的に学ぶことは、今でも多くの学校で、どれか一つの宗教に改宗させるようなことなく、実際に行われている。それを通じて、それらが何かしら人間にとって大切なものであり、人間が喜びを感じるものでもありうることを知るのは、多様な文化を学び、それに対する知性的な態度を育てていく基礎を培うものである。

しかしそれだけでなく、むしろ「スピリチュアリティ」は、学校のもっと日常的な場面のあらゆるところで大切にすることができる。詩の朗唱や伝記講読、音楽や美術という教科学習のなかでも可能だし、たとえば、普段の授業の合間に、子どもたちに、「ちょっと手を休めて窓の外を静かに見てみてごらん」というようなこともできる。あるいは、朝のはじまりのときに「今朝、朝日が昇るのを見た子はいるかしら」とたずねてみる。ときには教室の外に出て、大地の上に大の字に寝っころがるのも、「日常のなかのスピリチュアリティ」の一部分でありえる。このようにノディングスは、公的な学校教育におけるスピリチュアリティの教育の可能性を述べている。(Noddings & Halford 1998 : 31)

さらにノディングスは、究極の絶対的普遍的真理は知り得ないという「知性的な謙虚さ」が、むしろ「見事に深められたスピリチュアリティへの道に通じる」という事例を、たとえばバートランド・ラッセルの逸話などを語りつつ強調している。真の知育は、知られていることを教えるだけではなく、知ることの限界線に導くものであり、不思議や不可知なものに接した際の謙虚さ、「無知の知」の自覚を育む。そこには、有限な人間の限界の自覚、人知を超えるものへの畏敬の念が生まれる。透徹した知性の教育が学校のなかで探究されるとき、それは必ずしも「スピリチュアルな態度」と矛盾しない。一見パラドキシカルに見える、この「普遍的真理の不可知性」と「スピリチュアリティ」との連関は、「ポストモダニズム」や「多文化主義」という現代の思想的背景とも絡んでいて興味深い[12]。

3　ニューエイジに対する伝統宗教の再評価

近代合理主義と伝統的宗教の間で、どちらかと言えば、（コロンビア大学でデューイを正統的に継承する一人でもある）ノディングスは、近代的知性の側からスピリチュアリティにアプローチしているように見える。しかし同時に彼女は、伝統的な宗教の立場を、ニューエイジ思潮に対しては、次のようにはっきりと擁護する。

すなわち、彼女はかなり強い論調で以下のように述べている。ニューエイジは、短絡的に既成の伝統的宗教を否定しすぎる。短絡的、というのは、それを否定する仕方が、知性的ではないということ。否定する対象である伝統的宗教が、どれだけの蓄積を持ったものであるかを十分に吟味することなく、先入観から盲目的に否定する。そして「既成宗教を超えた神秘的体験」なるものに、一気に迫ろうとする。（Noddings 1993：39）

そこでノディングスは、若者たちに知ってもらいたいこととして、次の三つを挙げる。

第一に、どんな既成の宗教でも、スピリチュアルな志向がないわけはなく、「神秘的体験」もたえず考慮に入れられてきた。だから、神秘体験を探求するために、伝統的な既成宗教を「超える」必要はなく、そのなかでも可能であること。

> 第二に、どんな宗教も、つまみ食いで簡単に学べるものではなく、教義を学び行法を実践する持続的な努力が必要であること。そして、その宗教の、強みはどこにあり弱点はどこにあるかを、あるいは、すぐれた洞察はどこにあり無意味なものは何かを、さらにまた、政治的権力的な理由から来ているのはどこで、スピリチュアルなものに由来するのはどこかを、しっかり見極める分別を持つこと、それが「知性的な信仰者」に求められることである。
>
> 第三に、単なる標語的なキャッチ・コピー、たとえばエコロジーや平和（ピース）、調和（ハーモニー）といった現代人に聞こえのいい言葉によって魅惑されないようにすること。それらのコンセプトがいかに美しくとも、それを達成する途上で、そのグループが具体的に何をしようとしているのかに注目すること。そして「旧い」既成宗教はいつも、そういった「新しい」コンセプトに反するものだと憶測して決めつけたりしないこと。（Noddings 1993：39）

以上のようにノディングスもまた、「宗教」から区別された「スピリチュアリティ」という概念の、教育における宗教性を位置づける際の有効性を見定めつつ、同時に、伝統的な宗教を安易に否定して神秘体験を賞揚する言説に対して、慎重なのである。

5　他者との対話の聖なる深みへ——M・ブーバーの場合

そして、そのノディングスが最も尊重する宗教的思想家といえば、彼女のケアリング教育学に明らかなように、他ならぬマルティン・ブーバーである（cf. Noddings 1984）。ケアリング倫理学そのものが、一方で啓蒙近代の合理主義や能動的主体主義と対峙しつつ、他方で、絶対的普遍的な真理や理念（教義）から一般的な倫理原則を導き出し、それを生の個別特殊な現実に降ろしてくるような原理主義と対決するものであった。それでいて倫理的相対主義に陥らないのは、それが目の前の特殊な他者への具体的な応答的責任に道義性の根拠を据えるからである。まさにその応答的な他者関係について考察するとき、まずもって参照されるのが、ノディングスにあっても、ブーバーの対話論なのである（Noddings 1992, 1994）(13)。

では、本章で見てきたような、ミラーやノディングスがそのなかで思考し、それに対してメッセージを発してきたような二〇世紀末の時代状況に対して、もしブーバーが生きていたならば、どのように向かい合っただろうか。つまり、広義のポストモダニズムに対して、また、その一翼としてのニュー・スピリチュアリティ（新霊性）運動やホリスティック教育に対して、どう評価しただろうか。

ブーバーは二〇世紀前半の熾烈な時代に、一方では、近代合理主義の、とりわけ主客二元論や目的―手段連関（〈我―それ〉関係）に対抗し、他方では、正統ユダヤ教を含めて硬直した既存の組織宗教に対峙して、その二つの間の「狭き尾根」を歩み続けた。本章の冒頭で示した現代思想の三派鼎立の構図で言えば、ブーバーは「広義のポストモダニズム」を先取りした思想家の一人であったと言ってよい。普遍性を僭称するモダンの大きな物語が崩壊した後でこそ、具体的個別的な他者との、その都度の出会いや応答や対話において真実を探求する思想が、その重みを増す。そして、他者との出会いや対話の深みにおいて、あらゆる宗教の源泉となるような聖なる次元にふれる体験をすること、そこから出発したブーバーならば、現代のスピリチュアリティへの希求にもホリスティック教育の志向にも、基本的な共感を持ちえただろう。

そのように評価したうえで、しかし、次の三つほどの、ホリスティック教育の陥りやすい傾向に対して、強く警鐘を鳴らしたであろうと思われる。一つひとつが大きな問題であり、以下の本書を貫く諸課題であるので、ここでは簡潔に覚え書きをつくるにとどめる。

（1）まず何よりも、「自分探し」や「自己実現」といったイデオロギーのもつ、他者ないし社会不在の、ともすればナルシシズムに陥る個人主義的・モノローグ的傾向に対して批判したであろう。これは、たとえばブーバーの「単独者への問い」（[1936]）と題されたキルケゴール批判の論文で主題化された論点である。自己と超越者との専一的な関係を優先させるのではなく、あくまで向かい合う具体的な他者（汝）とのあいだで「永遠なるもの・聖なるもの」にふれること。それが異質な他者との出会いであり、応答的な対話（ダイアローグ）の深まりである（本書の特に二章、四章で詳述）。また彼の共同体論では、このような「向かい合う二人ずつ」の対話的関係によってこそ、個人主義と全体主義の二項対立を超える共同性が生まれ育つのだという主張をみることができる（本書の特に五章、六章で詳述）。

（2）次に、ニューサイエンスの一部にみられるような科学＝宗教複合的な世界観のもつ、宗教経験を認識の対象とし、科学的な説明体系の中に組み入れようとする傾向に対しては、慎重であることを求めただろう。それは、ブーバーの主著『我と汝』（[1923]）で問題とされた「〈永遠の汝〉の〈それ〉化」に通じるものであり、『神の蝕』（[1953]）ではユングを正面から取り上げて、宗教の心理学化を批判した（本書の特に三章を参照）。「神（汝）について語るのではなく、汝（神）に向かって語りかける」というのが、宗教的なるものへのブーバーの基本的なスタンスである（本書四章で詳述）。

（3）　日常の現実生活から隔絶した非日常的な時空を設定して行われる、いわゆる体験的セラピーや自己啓発セミナーの一部のもつ、脱俗聖別の傾向に対しても問題視しただろう。ブーバーの原点は、世俗の万物、日常世界の現実の一齣一齣のなかに流入した火花（聖性）を救済しようとするハシディズムにある。のみならず、彼自身が自伝で語るように、前半生の瞑想によるエクスタシーを重視した神秘主義時代から、現実の日常生活で出会う目の前の他者との応答的対話を重視する劇的な「回心」（一九一四年）を経験した。日々の生活のなかで向き合う一人ひとりの他者との対話のなかに聖なるものを実現し、また人間の全体性を実現していくところに、彼の人間形成論の真骨頂がある（特に四章、八章で詳述）。

以上、本書の全体を通して考察していく論点を先取りしつつ、現代の思想状況に対してブーバーの対話論が寄与するであろう、そのポイントだけを素描した。とりわけ他者と関わる現実のなかに聖なるものを見出していく観点は、ミラーにおいても弱点であったものである。本書ではこれらの論題を念頭におきつつ、まず第I部では、人間形成における「宗教的なるもの・聖なるもの」の意義と課題を探求すべく、ブーバーのテキスト群に分け入りたい。次の第二章で、自己のモノローグ的な世界が破られるような異質な他者との「出会い」と「対話」を、「沈黙」という深みを捉えつつ考察することから始めよう。

註

(1) ケアリング教育学の主唱者として知られるノディングスは、『ホリスティック教育レヴュー *Holistic Education Review*』誌の編集委員や第一回ホリスティック・ラーニング国際会議（トロント大学大学院OISE、一九九七年）の基調講演者をつとめ、かつ最も影響を受けた先達としてジョン・デューイと並んでマルティン・ブーバーを挙げている。詳細は拙著『ホリスティック教育論』（吉田 1999a：155-156, 170）を参照。

(2) この二つの言葉でもってブーバーの生のスタンスを特徴づけたのは、代表的なブーバー研究者の一人、M・フリードマンである。「聖なる不安定」については Friedman 1955：3, 1991：64-67、「狭き尾根道」については、Friedman 1955：3-10, 1991：43-45を特に参照。

(3) この批判的議論における、「聖なるもの」をめぐる論点は次の三点に整理できる。拙前著（吉田 1999a）で詳述したので、ここでは典型的な言説を引用して確認するにとどめる。ただし、本章の最後で結論づけるブーバーへの問いかけとの連関に触れておく。(1)**主観主義的・心理主義的傾向**：多くのホリスティック教育論者は、社会問題に無関心であるわけではなく、むしろ社会変革の活動の体験を通して、それを担う人間の意識が変わらなければ結局のところ社会も変わらないこと、運動のスタイルとしても、自己自身の変容を棚上げにしないプロセスが大切であること、これを痛感してホリスティック思想に近づいてきた。「社会変革は自己変容から」とか「意識が変わり、世界が変わる」といった主張。これに対し、「主観と客観を明確に分けて、主観の方が人間の思考と行動にとって第一義的である、と論じる場合などは、対象、経験、見方、意識、解釈、行動などの複雑な相互依存的関係を無視した、旧態依然とした主客二元論である。……それは、関係性のなかで人間の意識の特徴を捉えていこうとするダイナミックな新しい思考法の意義を見落とすものだ」(Kesson 1991：47) といった批判がある。〈我―それ〉的な主客二元論の克服は、本書第三章以降でみるようにブーバーの中心テーマの一つである。**(2)批判的思考の軽視**：「ホーリズムを唱道する人たちには、直観やスピリチュアルな方法による理解の重要さを熱心に訴えるあまり、真摯な論理的知性を働かせて現実を分析し批判する道具を投げ捨ててしまう人が少なくない」(Miller, R. (ed.) 1993：12)。あるいは、「瞑想や祈りやイメージワークが、純粋によい価値や影響を生み出すと素朴に考えることは、確かに危険である。スピリチュアルな体験を社会的な活動へと応用しようとするまさにその時に、私たちは批判的な知的作業によってそれを吟味し適切なものに再編成しなければならない」(Kesson 1991：46)。他方で、スピリチュアルな体験が社会的な自覚や責任を強める可能性は看過されてはならないとして、「真の自己の確立ということは、ホリスティック教育に浸透したテーマである。社会的、生態学的な自覚と責任を強調しつつ、ホリスティック教育は、全力を尽くして、自我喪失と自己充実の区別を知らせなくてはならない」(Kesson 1991：46) と言う。この自我喪失と自己充実のブーバーによる区別については、本書第四章の主題である。**(3)精神的エリート主義・現実蔑視**：「スピリチュアルな次元との絆が倫理的な価値判断を育むということを否定することなく、同時に少なくとも認識しておくべきなのは、自分たちは他の人たちよりも、よりホリスティックであると思い込む精神的エリート主義を生み出す危険な可能性である。スピリチュアルな啓示を経験した個人が、最も残虐な虐待や抑圧を生み出すことがしばしばあるというのは、しっかりと認識しておかなくてはならない歴史的事実である」(Kesson 1991：45)。簡単には得られない至高の、その意味で聖なるものを体験したという意識が、ともすれば世俗の現実を低次元のものとして蔑視する傾向を持つこと。歴史のある宗教であれば必ずといってよいほど直面し、その克服に自覚的に取り組んできた問題だろう。ブーバーもまた、この脱俗聖別こそが宗教の最も危険な傾向だとして、世俗の現実の只中での聖化を徹底して探求した。「ホリスティック教育者は、究極的救済に関与するだけでなく、……現在の人間の目の前にある責任、飢えや栄養失調や、抑圧や戦争、病気や無学文盲などの人間の苦難に応答する責任がある」（Purpel 1992 : 18）。この「応答する責任」は、ブーバー対話論における聖性のあり方を理解する鍵概念であり、本書の全体を通して追究する。

（4）この潮流を概観するにはO・F・ボルノーの諸著作、たとえばBollnow 1984［1959］＝1966を参照。なお、本書の第五章は、この「生の哲学」を源流とする教育学説のなかにブーバーの論を位置づける試みである。

（5）九〇年代半ばには、日本の教育研究においても、こういったアプローチによる研究が世に問われた。ベイトソン理論を援用して宗教的哲学的な語法を変換しつつ「覚醒」などの事象を解き明かした矢野智司（1996）、ウィルバー・ユング・シュタイナーを比較思想研究して「魂」概念に取り組んだ西平直（1997）、オートポイエーシス等のシステム論を教育研究に導入する論考（今井重孝 1995，吉田 1996a）、日本ホリスティック教育協会（1995）の共同研究など。

（6）戦前の日本の皇国民錬成の教化体制下では、「宗教上の教育」は私立の宗派立学校からでさえ排除しつつ（一八九九年文部省訓令第一二号）、しかし、「私的な宗教ではない」国家神道を私事の諸宗教と区別して、「公的な宗教的情操の涵養」のために、あるいは国民統合の強化のために、国家神道教育を徹底させた（一九三五年文部省通牒「宗教的情操の涵養に関する件」）。

（7）ホリスティック教育論はまた、科学と宗教の対話の再開に呼応して、教育学において宗教性を論じる語り方を工夫する試みでもあった。同様の課題意識による日本での先駆的な著作に和田修二・山﨑高哉編（1988）があり、和田はまた、北米での「ホリスティック教育」の動向にも注目する（和田 1993 : 252）。さらに、アカデミズムと「精神世界」との対話の意義を、ホリスティック教育論の評価も含めて論じた『教育学研究』の論文（西平1999）を参照。

（8）このような北米の動向と呼応するように、日本の教育研究でも「スピリチュアリティ」の主題的な探求が始まっている（西平 2003b,2003c,2003d, 中川 1996,2003,2005）。

（9）「他者と自己とのつながり」がここに欠けている点は注目すべきである。これは本書において重要な論点になるので、後にブーバーを呼び出しつつ言及する。なお、ミラーがブーバーに言及するのは稀であるが、ノディングスのケアリング論については、早い時期から高く評価していた（Miller 1988）。J・ミラーは、様々な次元のつながりが断ち切れた現代社会にあって、「ブーバーの〈我－汝〉関係のような経験」を回復すべきである、と（文献参照抜きに）言及したことがある（Miller 1992：43）。

（10）特徴的なのは、教育者自身が（子どもとの関わりの只中ではなく）実践の以前と以後に行う自己自身の修養にミラーの関心が集中してきている点である。ここで盲点に入り込む子どもとの人間形成的な関わりを、本書はブーバーとともに主題的に扱うことになる。

（11）この傾向は、ミラーの二〇〇二年の編著『全体性を育む：教育におけるスピリチュアリティへの視点』において、さらに顕著なものとなる（cf. Miller & Nakagawa 2002）。すなわち「伝統」と「教師（導師）」と「実践」という三部構成をとり、「伝統」の部では、チベット仏教、道教、タントラ仏教、クェーカー派キリスト教、預言者的伝統宗教などを、「教師（導師）」の部では、クリシュナムルティ、タゴール、ブーバー、トーマス・マートン、エマーソン等を、それぞれの章を立てて詳述し、そこに「魂（ソウル）」や「スピリチュアリティ」を探求する際の立脚点を求めている。なお、前記の「ブーバー」の章は、拙論（Yoshida 2002）。

（12）ラッセルの逸話も含めて、この連関については、ポストモダンの実験都市とも呼ばれるトロントの多文化社会におけるスピリチュアリティを論じた拙稿（吉田 1999b）を参照。ここでは、「ポストモダニズムにおけるスピリチュアリティ」を研究主題としているホリスティック教育論者の一人、ケッソンの議論を要約しておく。あれこれの興味関心を次々と外から与えることで成り立っている近代社会システムに対して、単なる欠乏や渇きの充足でも、社会的外的に条件づけられたものでもない「産出的なリアルな欲望」に、社会を脱構築し変革していく契機を見ようとする議論（ケッソンが参照するのはドゥルーズ＝ガダリ）を踏まえ、しかしながら更に、その「リアルな欲望」の垂直的な「深さ」を、つまり「自己のどの深さから湧き起こる望みを望んでいるのか」を問題にして、社会や本能や自我に縛られたものではない、根源的な望みを望むことができるようになるためのアプローチを求める。そして、人類の「スピリチュアルな実践（行法）」の伝統のなかに、そのアプローチの豊かな遺産があることを示唆し、この本来的に「ラディカルなスピリチュアリティ」（彼女はヴィパサナ仏教やクリシュナムルティに言及している）を再評価する。言い換えれば、自己の欲望と世界・社会・他者の幸福を一致させることができるのか、という問いに対して、可能であるとすれば、いわゆる慈悲慈愛やコンパッションが生じ来るスピリチュアルなレベルにまで自己の望みを根源化する他はなく、それを追求してきたのが、スピリチュアリティ探求の宗教的伝統だった、というわけである（Kesson, K., 1997, pp. 23-26)。

(13) ノディングスが『ホリスティック教育レヴュー』誌の編集委員となった九四年に、同誌に寄稿した論文「道徳的対話への参加を学ぶこと」（Noddings 1994）は、まさにブーバーの対話論の教育学的展開である。また、ケアリング論を学校教育論に具体化した『学校におけるケアへの挑戦』（1992）では、本書の第七章で詳細に考察するロジャーズとブーバーの対談に論及しつつ、「包摂」概念のみならず「確証」概念をも取り上げている（Noddings 1992 : 25, 107）。

第二章　出会いと対話の聖なる深み

――〈世界〉の語る言葉への応答

「根源語〈我―汝〉は、ただ存在の全体をもってのみ語ることができる。全体としての存在のなかに集中し溶解することは、私のわざによるものではないが、私なしにも生じない。私は、汝との関係を通して我となり、我となることによって汝と語りかけることができる。全て真に生きられる現実は、出会いである。」（[1923]：85）

前章では、ホリスティック教育を含む「広義のポストモダニズム」と呼ばれる現代の思潮において、「聖なるもの」や「スピリチュアリティ」が探求される様相を捉え、そこでブーバーの宗教思想があらためて注目される所以を示唆した。自己の内面性への沈潜がともすれば陥りがちなモノローグ的心理主義や、自己から宇宙・自然への無媒介な一体感がもつ他者不在の神秘主義的傾向に対して、ブーバーの思想は、日常の他者との応答的対話を通して聖なる次元に接近するもう一つの可能性を与えてくれる。第Ⅰ部の本章以下では順次、その可能性をブーバーのテキストに即して明らかにする。

「出会い」と「対話」の間

ブーバー思想の基本概念は、よく知られているように、「〈我―汝〉関係」と「出会い」と「対話」である。本章と次章でも、まずこれらの基本概念を解明するが、その際に、これらの三つの概念の互換可能な重なりだけでなく、むしろ三つの間の違いが鮮明になるところまで考察を先鋭化したい。「我と汝の対話哲学」とか「汝との出会い」とかいった言い回しが多用されるように、「〈我―汝〉関係」と「出会い」と「対話」という三つの概念は、主としてその類同的な重なりにおいて理解されてきた。たしかに「出会い」も「対話」も「我と汝」の関係の一様態であり、これらの三つは、相当の程度にまで互換的に用いることができる。そして、「我の発見」による近代の主客二元論的な認識論に対する「汝（他我）の発見」、あるいは神なき後に呼び求められた有神論的実存主義といった思想史的文脈でブーバーが読解される限り、これらの概念の、その内包的な重複部分が強調されるだけでさしあたり十分であった。それだけでもブーバーの思想は発表当時、近代的自我のアポリアを克服するものとして期待されたのである。

しかし、現代思想の他者論や物語論のインパクト――より具体的には脱構築論的ポストモダニズムとレヴィナスによる批判――を受けとめた後の思想的境位においては、その重複部分よりもむしろ違いを際立たせて解読する必要がある。それは可能であるし、またそうすることによって、現代にも通用するブーバー思想の先駆的な意義が明らかになる。たとえば「大きな物語の解体」や「自己についての物語（アイデンティティ）」、あるいは、自己の物語的世界のなかに回収不能な「他者の他者性」をめぐる論説を参照しつつブーバーのテキスト群に分け入れば、すでにブーバーがこれらの主題圏において切実な思索をなしていたことが見出せる。そこに、ともすればロマンティックに解されがちなブーバーの概念のもつ、より硬質な狭義に研ぎ澄まされた意義を読み解くことができる。

そこで、「〈我―汝〉関係」については、その対概念である「〈我―それ〉関係」と対質させて次章で検証することにして、まずもって本章では、「出会い」と「対話」の両概念を扱う。その際の本論での着眼点は、「出会い」と「対話」の間に、「沈黙の深み」を見出すことにある。「他者」との「出会い」において人は、語る言葉を失う。そこには「沈黙させられてしまう深い瞬間」がある、とブーバーは言う。その沈黙の深みで聴き取られた言葉に応答するとき、「対話」が生まれる。こういったことを論じながら、沈黙の深みで聖なる次元にふれる「出会い」と「対話」の深層に迫るとともに、「出会い」と「対話」の位相の違いを、「（他者との）出会いから沈黙を介して（応答的）対話へ」というダイナミズムにおいて理解していきたい。

一　他者との出会い――現在する〈世界〉の開示

1　既存の物語を揺るがす出会い

「すべて真に生きられる現実は出会いである」（[1923]：85）。しばしば引用されるブーバーの箴言であるが、いまや「出会い」という語は、人口に膾炙するものとなった。ともすれば甘美にも響くこの言葉は、しかしブーバーが哲学思想のなかへ鮮烈に導入したオリジナルな概念としては、実に深くて、また厳しく危ういものでもある。まず、その危うさから捉えていきたい。

出会いによって人は、それまでに馴染んでいた安定した世界を揺さぶられる。出会いの瞬間は、「安定した便利な年代記のなかに、突然に挿入される予期せぬ叙情的で劇的な出来事であり、その魅惑的な魔力によって、常軌をはずした行動に出てしまう危険がある」（[1923]：101）。ここで「年代記 Chronik」とは、これまでに起こった、またこれから起こるであろう出来事を時系列において整理してまとめあげた、いわば人生の筋書きである。出会いとは、人生の物語（ストーリー）の筋書きにはなかった予想外の出来事であり、その瞬間には、「確かだったはずの物事の連関が揺さぶられて緩み、満足感よりもむしろ大きな問いを後に残して、それまでの確信が動揺する。その瞬間はまさに不気味であるが、しかし人生にとって不可欠なものである」（[1923]：101）。

考察を進めるために、ここで「物語」概念を援用するのが有効である。(1) あらためて、「物語」とは、世界や人生の成り立ちや展開を時間軸にしたがって分節し、様々な出来事を筋立てて一貫した意味のまとまりを与えたものだと定義しておこう。たとえば、創世神話も民族の歴史も個人が語る自伝的なストーリーも、そうである。この世界はどのように始まり、どのように終わるのか。この宇宙のなかで、人間はどんな地位を占めるのか。この私はどこから来て、何をして、どこに行こうとしているのか。それを自分に語って聞かせる物語が「アイデンティティ」だとすれば、この物語世界が確固としてあるかぎり、アイデンティティ＝自己物語もまた揺らがない。

「物語」という解釈の枠組みがあることによって、それがなければ意味の連関を見出し難い事象のなかに、私たちは意味を読み取ることができる。ある物語が人々の間で共有されているかぎり、物語を通して秩序づけられた世界のなかに、人は安心して住まうことができる。ところが、「出会いは世界に秩序を生みださない」とブーバーは言う。出会いにおいては、確かだったはずの意味の連関や秩序は揺らぎ、きしみ、ときには破綻する。わかっていたはずの自分のアイデンティティも問いに付され、自らを物語る言葉を失う。

「出会いは世界に秩序を生みださない、……あなたが出会う世界は、不確実のように見える。なぜならば、それはたえず新たに生じ、言葉で言い表すことができないからである。この世界は密度をもたない、なぜならば、この世界では一切が一切に透徹しているからである。この世界は見渡しがたい。あなたが

一望のもとに見渡そうとすれば、たちまち、見失ってしまうだろう。」（[1923]：100）

出会いに生成する「世界」は、それを一望のもとに見渡して分節し、筋道立てて言語化できるようなものではない。物語は、世界をバラバラで無意味なものに放置するのではなく、さまざまな出来事を見渡し、それらを一貫性のある全体的なまとまりの中に収めて意味づける。しかし、出会いの世界は、そのような物語の中に収まらない。不気味なままにとどまるのである。(2)

ブーバーは、人生と世界を意味づけ秩序づける物語の必要性を十分に認識していた。だからこそ、それを動揺させる出会いの瞬間のもつ危うさを、右に見たように強い語調で指摘した。同時に、その不気味で危うい出会いの瞬間が、しかしながら「人生にとって不可欠のものである」と主張する。「物語」も「出会い」も、どちらも不可欠である。では、なぜ物語によって生きるだけでは不十分なのか。

2　出会いが開示する〈世界〉

世界の区切り方を教える物語は、世界そのものを見ることとの、また世界を別様の仕方で見ることとの障壁となる。物語を介して見られた世界、それは世界そのものではない。世界に区切りを入れて意味づける物語という世界解釈の枠組みを通して、すでに幾分かは整理され要約されてしまった世界である。

この意味でブーバーにあって、世界を秩序づける物語は、「むき出しの現在する世界」（[1923]：101）を隠蔽するものであり、彼の言う「生きられる現実」との出会いの障壁となる介在物である。(3) 出来合いの物語の中だけに生きる人間は、世界そのものとのリアルで生々しい接触から遠ざかってしまう。あるいは「秩序づけられた過去」にだけ生き、「むき出しの現在」を生きることができない、ともブーバーは言う。つまりすでに持っている既存の物語を追認・再確認するように生きるだけで、今ここに生成しつつある世界そのもの、秩序づけられ意味づけられる以前の生々しい現在と出会うことがない。お決まりの物語の中に閉じこもり続けるとき、人は生き生きとした現在を失って、その生は生気を失い凝固していく。(4)

それゆえ、「物語」だけでなく、「出会い」が必要である。「秩序づけられた世界」だけでなく、出会いが今ここの現在に開示する「世界そのもの」に直接にふれること。「あらゆる介在物がくずれ落ちてしまったところにのみ、出会いは生じる」（[1923]：85）。出会いとは、そこで既存の物語がついに破れ、物語が覆い隠してきた〈世界〉との直接的でリアルな接触を取り戻すことのできる瞬間である。出会いは人を、お決まりの物語から連れ出して、硬直した生に新鮮で瑞々しい生気を取り戻させる。「すべて真に生きられる現実は出会いである」（[1923]：85）ということが強調されるのも、出会いが既存の物語に亀裂を入れて切開する、その瞬間にだけ「生きられる現実」としての〈世界〉が開示されるからである。——本書を通して重要な、出会いが開示するこの「世界」を、以下、〈世界〉と表記する。

しかしそれにしても、なぜ出会いは、既存の物語を揺さぶり、切開することができるのか。もし人が、自分と同じ物語を共有する他の人と遭遇したとしても、自己の物語が揺さぶられるような出会いは生じないだろう。出会いの相手は、単に他の人ではなく、強い意味で「他者」でなければならない。次に、出会いの相手としての「他者」について、立ち入って考察する。*

＊　ブーバーが「出会い」という概念を用いるとき、その相手がどういう存在だと捉えられているか、それはそれほど自明なことではない。「出会い」概念は、主著『我と汝』において提出されたものであるので、後年のブーバー研究において「汝との出会い」という表現が一般化し、それが「〈我―汝関係〉」とほぼ同義で扱われてきたのは無理のないことである。ところが、出会いの相手が『我と汝』における「汝」で捉えられると、詳しくは次章で検証するように、それは樹木でも月でも幼児でも芸術作品でもあり得ることになる。実際にブーバーも、「自然的なものとの出会い」や「精神的なものと出会い」の可能性を認めている。[5] しかしながら、『我と汝』(1923)以降の、とりわけ後期（一九四五年〜）のブーバーの諸著作では、次第に「出会い」は対人関係に絞られてきて、特に「真の出会い」は、他の動物から区別された人間の相互関係であると明記されるに至る（vgl. [1950a]：421）。[6]

3　「他者の他者性」との出会い

ブーバーは後期の論文において、「真の出会い」について次のように述べる。

「人間が人間であること、その人間性は、真の出会いにおいて in echten Begegnungen 生成する。

……人間にとってなくてはならず、また許されていることは、真の出会いの中で一人ひとりの個性的な存在を確証し合うことである」（［1950a］：421）。そして、その「個性・個体性 Individuation」はまた、「人間の個性化の厳格さと深さ、他者の基本的な他者性」（［1950a］：421）であると強調される。この論文『原離隔と関わり』（1950）の詳細な検討は第六章で行うので、ここでは「真の出会い」が、「個体性」をもつ他者の「他者性・異質性 Anderheit」との出会いであることの意義を、本章の文脈にかなう限りで見ておく。その際、引き続き物語論的な語法によって、出会いの相手としての「他者」のあり方を、次の二つの視角から考察する。(7)

第一に、出会いの相手としての「他者」は、自己の物語によっては解釈し得ない他者である。「彼がそのようなものとして受け取り解釈している他者は、ただ考えられた他者にすぎず、だから現実のものではないのではないか。ここで問題になっている思索者は、他者性の生きた現実性にしっかりと向き合って立っているだろうか」（［1930a］：201）。このように他者を、たえず解釈して自分の理解の枠組みの中に回収しているかぎり、自己のもつ物語が揺らぐような出会いは生まれない。これまでの枠組みでは理解し得ない他者の他者性に出会うとき、彼の生きた現実性に出会い、予期しない新鮮な驚きとともに、彼を解釈してきたこれまでの物語が動揺する。日常私たちは、共に過ごす他の人について、なんらかの理解をすでにいつももっている。その先行的な理解があるから、安心してその人とつきあうことができる。ところが、すでによく知っていると思っている人のことを、実は全然わかってはいなかったのだと思い知らされるときがある。そのような瞬間に、私たちは、自分の解釈の枠組み（物語）に収まりきらない、その人の生きた現実の姿に出会っている。よく知っている（と思っている）人との間でも、このようにして出会い直していくことができる。

第二に、出会いの相手としての「他者」は、自己と同じ物語を共有しているのではなく、異なる物語を生きている他者である。同じ物語を共有している人と、その同一の物語の内部で語り合っているかぎり、出会いは生じない。二人は、同じように解釈した世界の中で、同じゲームのルールを共有していて、不協和のない平穏のうちにある。しかし、「ゲームのルールを共有したことがなく、また共有できないような存在者が現れて、今ここで私の眼の前に立つ」（[1947]：363）ようなときがある。多くの場合、その彼を、自分たちと同じ物語に引き込んで同化しようとするか、彼を避けようとするだろう。続けてブーバーは言う。「その彼の前にしっかりと立ち、その存在を引き受けるとき、つまり現実に、私の全体的な存在の真実をかけて出会うとき、そのときにこそ、私は《本来的に》そこに存在する」（[1947]：363）。つまり、異なるルールでゲームをしているような、異なる物語を生きる他者との間でこそ、出会いが起こり得る。

他者を自分たちの物語の中に同化吸収したり、あるいは排除することなく、その他者の他者性（異質性）を引き受けるとき、完結していた自分たちの物語に亀裂が入り、その外部に曝される。解釈してきた世界の自明性は破れ、別様にも見られる世界を自分は一つの見方で解釈してきたのにすぎなかったこと、そのように解釈され秩序づけられた世界の向こう側には、何かしら、もはやそれについて語り得ない「むき出しの現在」としての〈世界〉があり得ること、このような出会いにおいては、こういったことまで予感されるかもしれない。それは、ブーバーによれば、次にみるように「永遠なるものの予感」である。

「むき出しの現在の世界を、あなたは他の人々に理解させることはできない。あなたは現在する世界とともに孤独である。しかし、この現在する世界は、他者との出会いをあなたに教え、その出会いを支えてくれる。……出会いは生活を支える助けとはならない。ただ永遠なるものを予感するための助けとなるだけである。」（[1923]：100　傍点は引用者）

出会いが開示する〈世界〉、「現在する世界」は、他の人々との共同の生活や共通の理解を、必ずしも支えてはくれない。「他者性」と向き合う出会いは、他者と自己とが、その間の深淵を挟んで、これほどまでに異なっているのだという「人間の個体化の厳格さと深さ」、その意味での「孤独」を自覚させる。「共同性」に安住して、そこから「孤独」へと出て行くことができなければ、そこに出会いはなく、また「永遠なるものの予感」もない(8)。現在する〈世界〉の永遠性、つまり永遠の現在。それは、次にみるような「永遠性の輝き」でもある。

「他者そのものに自己を向け、他者そのものに自己を関与させる者のみが、他者のなかに世界を受け取る。私の存在によって受けとめられ、濃密な現存の全体として私と向かい合って生きる存在の、その他

者性のみが、永遠性の輝きを私にもたらす。」（［1930a］：204　傍点は引用者）

「他者そのもの」に関与する出会いのなかで、自己は他者のなかに〈世界〉を受け取る。その他者の「他者性のみ」が、「永遠性の輝き」をもたらす、とブーバーは言うのである。他者性との出会いにおいて永遠なるものを予感するブーバーに特有の「聖なるもの」への関わり方がここにうかがえるが、しかし今は論を急がず、節を改めて出会いと対話の深層に迫りたい。

2　出会いから対話へ——沈黙の深みで聴かれる言葉

1　出会いに訪れる沈黙

前節では、「他者との出会い」のもつ危うさと意義の両面を、「物語」のもつ意義と陥穽の両面と重ね合わせながら捉えてきた。人間は、世界と自己を意味づけ秩序づけてくれる「物語」なくしては、日常の安定した生活を支えることができない。しかし他方で、出来合いの同一の物語に安住し続けると、生きた現実との接触を失って、その生は凝固してくる。慣れ親しんだ物語では理解し得ない他者との「出会い」は、一方で、安定した物語を動揺させて疑わしいものにする危うさをもつ。しかし、そのような他者との出会いは、物語が隠蔽していた「現在する世界＝〈世界〉」を開示し、生き生きとした輝きを硬直した生に呼び戻す。このような出会いの両義性を、以上に見てきた。本節でさらに考察を深めていきたいのは、前節では示唆するにとどまっていた、出会いの瞬間に開示される〈世界〉のもつ力についてである。まず、この点で重要なブーバーの次の一節を引用しよう。

「秩序づけられた世界 geordnete Welt は、世界秩序 Weltordnung ではない。現在する世界秩序をわれわれが見るとき、沈黙させられてしまう深い瞬間がある。……この瞬間は永遠であるとともに、最も消え去りやすい。この瞬間からは、なんの内容も保持することはできないが、しかし、この瞬間のもつ力は、人間の創造活動や認識活動の中に入ってゆき、その力の光は、秩序づけられた世界へと流れ込み、幾度もそれを創りかえる。これは個人の歴史（物語）にも、人類の歴史（物語）にもあてはまる。」

（[1923]：99　傍点、（ ）内は引用者による）

この引用文中で、「秩序づけられた世界」と対比された「世界秩序」とは、前述の、出会いにおいて開示される〈世界〉に他ならない。（とすれば、ある種の秩序を〈世界〉そのものが有するわけであるが、この事情は本章の終盤近く、「言葉＝ロゴス」に論及する際に明らかになる。）さてこの一節から、次の三つのポイントを押さえておきたい。

まず第一に、〈世界〉を開示する出会いは、「沈黙させられてしまう深い瞬間」であること。他者との出会いにあっては、もはやこれまでのようには物語ることができなくなる。既存の物語のなかでの語りが通用しなくなり、語り慣れた言葉を失う。しかしそこに訪れる沈黙は、「深い瞬間」であり、また「永遠でもある瞬間」だと言われる。

第二に、この瞬間は、永遠でありながら消え去りやすく、それを持続させたり、その内容を保持したり、形にとどめたりすることができない。そこで生起しているのは、それ自体としては形や実体のない、「力」や「光（輝き）」のようなものである。

第三に重要なのは、その瞬間のもつ力は、物語のなかに流れこみ、それを幾度も創りかえるということである。つまり、出来合いの物語が破綻して言葉を失う沈黙の瞬間には、その深みにおいて、もう一度語り直して物語を創りかえる力がはたらいている、というのである。

ここに、物語が出会いを通して幾度も語り直されていく、物語と出会いの往還的な相補性がうかがえる。出会いの瞬間は、既存の物語を動揺させて破綻に追い込むだけではなく、また、物語が隠蔽してきた生き生きとした〈世界〉を開示するだけでもなく、そこから新たな物語の創造へ向けて語り直していく可能性を秘めている。以下に、この「沈黙の深い瞬間」のもつ可能性を、少し丁寧に追求していきたい。そこに、ブーバーの「対話」論のもつ意義が明らかになってくるだろう。

2　出会いから沈黙を通して対話へ

出会いにおいて人はまず、語る言葉を失う。その「沈黙させられてしまう深い瞬間」から、しかし再び物語る言葉が甦る。沈黙の深みにおける、この言葉への応答のプロセスが主題化されてよい。そしてブーバーの対話論は、まさにこの主題において呼び求められる。

このような関心からブーバーの『対話 *Zwiesprache*』(1930a)を読むとき、彼が「言葉なき深み」という節を立てて「沈黙の一如」について論じつつ、「生きた言葉への応答」としての対話の意義を浮かび上がらせる、その論脈がよく読み解ける。ブーバーは、「言葉なき一如を期待したりしない」という([1930a]: 199)。言葉なき一如を、最終目的地として期待するものではなく、その沈黙から生まれ来るものをこそ期待する、との謂いである。沈黙は、そこで生まれる言葉に応答する対話への、いわば通過点なのである。

その沈黙は、次にみるように「ひたすら待ち望む沈黙」である。出会いの沈黙のなか、もはやその他者について語ることを止め、物語の彼方から語りかけられる言葉を、ひたすらに待ち望む。

「〈汝〉への沈黙、まったく言葉を失ってしまう沈黙、言葉が分節され形を与えられて声になる以前の、ひたすらに待ち望む沈黙こそが、〈汝〉を自由にする。」([1923]: 104)

「対話」は、言葉を失う沈黙にあってその深みから聴こえてくる言葉に耳をすませて待ち望み、それに応答するところからはじまる。他者の他者性にぶつかる出会いが沈黙を生み、もはや使い慣れた物語の言葉が通用しないことを知りつつ、今ここで「語られることを望む性格となった言葉」を語りはじめること。出会いから、沈黙を通して、対話へ。沈黙の深みから語りかけてくる言葉。言語を絶した静寂の根底から生成してくる言葉の原基。それを聴き取り、声にして贈り、応答し、語り交わし、つまり、対話すること。以下この諸相を見ていくことにする。

3　沈黙の深みで聴かれる言葉

「生きているということは、語りかけられているということであり、我々にとって必要なのは、ただそれに向かい合って、それを聴くということである。」([1930a]：183)

生きているかぎり、たえずいつも、私たちは呼びかけられ、語りかけられている。必ずしも決定的な「出会い」の瞬間にだけ語りかけられるのではなくて。一人の子どもがあなたの手をつかんだ、あるいは、一匹の犬があなたを見つめた、その瞬間にも、「こうした日常の現実のあるがままの出来事のなかで、それが大きくあれ小さくあれ、私たちは語りかけられている」([1930a]：190)。

しかし私たちはたいていの場合、「受信機を停止させ」、システムのなかでマニュアルを片手に筋書きどおり次々と「事をうまく済ませる」。あるいは、語りかけが聞こえてくる空白の間合いを恐れるかのような、「間をもたせる」ための、あれやこれやの「親しげなおしゃべり」。そうして「よろいで身を固めながら、やがてはそれに慣れっこになり、もうその語りかけを感知せぬようになっている。しかしただ時折、そのよろいを貫き通して、魂をかきたてて敏感にするような瞬間が訪れる」([1930a]:183)。

饒舌な物語の筋書きが中断してしまう瞬間。この瞬間から逃げずに、沈黙の静寂のなかで耳をすましてみれば、語りかけられている言葉を聴き取ることができる。聴き取るためには、その言葉について、その言葉を語る人について、物語ったり記述したりしてはいけない。「その人によって、その人を通して、何かが私に語られたところのその人については、描写したり物語ったり記述したりしてはいけない。そうしようとすれば、その語りかけは止んでしまうだろう」([1930a]:189)。出来合いの言葉は、それを理解するのに役に立たないばかりか、むしろ邪魔である。それは、現在の瞬間にたえず新たに創造される言葉だからである。「……このとき彼は、あの整理し得ぬもの、あのまさしく具体的なるものと関わらねばならない。このとき語りかけてくる言葉は、アルファベットを持たない。その一つひとつの音声が、それぞれ新たな創造なのである」([1930a]:189)。「新たな創造」としての「語りかけてくる言葉」を聴き取るからこそ、出来合いの言葉で人生を整理してきた物語を、新たな言葉でもって語り直していく力を受け取る(――この創造の力については、本章の最後でみる)。

ともあれ、私たちはいつもすでに「語りかけられている」。とすれば、語りかけられているその言葉を「聴くこと」が、「語ること」に優先する。「対話」はいつも、聴くことからはじまる。もはや自分が物語るのは止めて、沈黙のなかで静かに耳をすまして聴くことから、対話がはじまるので

ある。(9)

では次節でいよいよ、「対話」についてブーバーが述べるところを、これまでの物語論的なアプローチを援用しつつ、読み解いていきたい。

3　応答する対話――〈間〉に生成する言葉への応答

1　「独白（モノローグ）」と「対話（ダイアローグ）」

ブーバーは「対話 Dialog」を、印象的な仕方で「独白 Monolog」と対照させて説明する。現代の生活にあっては、対話しているかのようにみえる饒舌な二人が、実は独白を交換しているだけだということがよくある。結局のところ、自分のなかですでに出来上がった物語を交互に語っているだけで、関心があるのは自分であって相手ではなく、自分を語るために相手に向かって（しかし実は自分自身に向かって）語っている。ブーバーはこのような「対話的に偽装されている独白」をする者を、「鏡の前の独白者 Spiegel-Monologist」（[1930a]：204）と呼ぶ。

「何事かを伝えたいとか、聞き知りたいとか、誰かにはたらきかけたいとか、誰かと交わりを結びたいとか、そういった願望からではなくて、むしろ結局のところ、自分の話から相手が受けた印象を読み取ることによって、自信を裏づけたい、あるいはぐらついている自信を安定させたい、という欲求によってうながされている会話……」（[1930a]：192）

「独白」とは、（「物語」という語を用いて言えば）自分の物語のなかで物語ること、あるいは自分の物語の確認や強化のために物語ることである。[10] たとえ二人で懇談していても、二人が共有する同じ物語を、互いにその正しさを確認し合うように語り合っているとき、これもまた独白である。そこでは、一歩たりとも自分（たち）の物語の外に「出て行く」ことはない。自らのもとにとどまったままである。他の異なる物語を生きる「他者」は、そこにはいない。[11]

そのような「独白」から「対話」を区別する決定的な基準は、「他者に向かって出て行くことZum-Andern-ausgehen」（[1930a]：194）ができているかどうかである。自分の物語の外へ踏み出し、異なる物語をもつ他者へ向けて、出て行くことができているかどうか。とすれば、まさに「出会い」においてそうであったように、それは一つの、着地点の見えない冒険である。対話においては、もはや自分の慣れ親しんだ物語の内部から語ることはできない。これからどうなるのか、ストーリーの展開は見えなくなる。そこで語るべきことは、したがって、自分の物語を超えた外部のどこかから、予期できない仕方で届けられるはずである。[12]

「対話に加わった者すべてが、自ら話す必要はない。口数の少ない人々は時として特に重要であり得る。

だが各人は、対話のプロセスのなかで、彼がまさに言わなければならぬことを言う時が来たときに、それを回避しない決意をもっているべきである。真の対話を人は前もって起草できない。」（[1954]：287）

既定の物語のなかに対話の言葉はなく、真に語るべきことは、あらかじめ見つけ出しておくことはできない。「私がその時々に言わねばならないことは、そのときに私のなかで、まさに語られることを待ち望む性格となっている」（[1954]：285）。その言葉を発見して、それを声に出して送り（贈り）出すのである。対話の言葉は、その都度の現在に生成してくる。

2　〈間〉に生成する対話の言葉

そのような対話の言葉を、いま少し明らかにするために、後期ブーバーの言語論を参照しておこう。ブーバーは、対話において生成する言葉を、「語られる言葉」と呼ぶ（[1960a]：442-453）。それに対し、ある言語文化のなかに既に存在し蓄積された言葉を、「財としての言語」と呼ぶ。「財としての言語」が「流れの停止した貯水池」に蓄えられているとすれば、真の対話においては、そのような貯水池からではなく、「湧き出てえんえんと流れ続ける川」から、「語られる言葉」が汲み上げられてくる。川の岸辺から手を伸ばすのではなく、その川のなかに対話する二人が浸り込み、流れに身をゆだねることによって。語られる言葉はどこかに定着させて保持することはできず、今ここで対話する向かい合う二人の間に、その都度の現在に生成してくる。

ではそのとき誰が語っているのか。対話する二人の人間の、いずれか一方でも、また両方でもない。「語られる言葉は、むしろ私が〈間 Zwischen〉と名づける、個人と個人との間の波打ち振動する場に生起する。その〈間〉は、そこに関わる両方の人物には決して還元できない場である」（[1960a]：444）[13]。

人間が語るのではなく、「間の場」が語りかける言葉。それはまた「ロゴス」でもある。次はブーバーの共同体論の一節であるが、この連関を実に凝縮して述べている。

「ロゴスがその充実に達するのは我々の内部ではなく、我々の間である。生きた言葉が永遠の今、人間の間で真に生成すること、それがロゴスの意味するところである。それゆえにこそ、ロゴスは人間にとって共同的なのである。生きた言葉の中に、意味が絶えず新たに入って生成するという事柄は、人間としての人間に固有な事柄である。」（[1956]：469　傍点は引用者）

「共同性」が、共有される「物語」によって支えられるのではなく、「間の場」に生成する「生きた言葉」によって支えられる。「意味」は、すでに意味づけられた世界としての「物語」の中ではなく、むしろ自他の物語を超え出ていく「対話」において語られる言葉の中に生成する。

人生と共同性が、物語によって意味づけられるのではなく、「生きた言葉」によって意味の内に満たされる。「何ものも、もはや何ものも無意味ではありえない。生の意味への問いは、もはやそこでは存在しない」（[1923]：153）。このとき、意味づけなければ意味のない人生を物語で意味づけつつ生きるのではなく、今ここで湧きあがる意味の内に生きることができる。あるいは、その湧き出る生きた言葉と意味とでもって、もう一度、新たな物語を、生き生きと語り直していくことができる。その力を、私たちは対話の言葉から受け取ることができるのである。

3　語られる言葉に応答する責任

現在に生成する「語られる言葉」を主題化するブーバーの「言葉」の思想はまた、「沈黙の一如」に溶解する神秘主義的傾向を踏み越えて、「応答的責任」という「対話の倫理」を生み出す。「沈黙」がただ言葉を失う「言葉なき一如」にとどまるか、その深みのなかで応答すべき「言葉」を聴くことができるかどうか、そして、その語りかけに応答しつつ、そこで得た意味を実現すべく日常の具体的生活に還ってくることができるか否か、それが神秘主義と自らの思想との分水嶺だとブーバーは考えている（第四章で詳述）。

「肝心なのはただ、私がその語りかけを引き受けることなのである。いずれにしても、私に向かって一つの言葉が、一つの応答を求める一つの言葉が生じたわけである」（[1930a]：189）。その語りかけられた「言葉 Wort」に「応答 Antworten」するのが、「責任 Verantwortung」の真義にほかならない。「真の責任は、応答が現実に行われるところにのみ存在するのである」（[1930a]：189）。

この言葉は、ブーバーにあっては「記述できない」ものであり、「自己の内面」ではなく、他者と自己の〈間〉で聴かれるのであった。それゆえ、ブーバーの応答的責任は、他者と顔と顔を合わせて向き合い、声が交わされる現在の個別的状況を、一歩も離れない。「責任の観念は、虚空から一般的な命令を下す《べしべからず》の倫理の領域から、生きた具体的ないのちの領域に連れ戻さなくてはならない」（[1930a]：189）。個別の状況を超えて一般化された宗教や道徳から演繹される規範に対して、ブーバーはいつも手厳しく、それは突破されるべきだという。というのも、そのような道徳や宗教の教義は、過去から現在を秩序づけたものであり、「言葉」を隠蔽する「硬直した物語」だからである。それはむしろ「応答的責任」ないし「対話の倫理」からの逃避を許すものである。彼の著『対話』の結語はこうである。

「この時代のあらゆる秩序づけられたカオスは、突破されることを待っている。そして人間は、どこにおいてであれ、聴き取り応答するときにはいつも、この突破にたずさわっているのである。」（[1930a]：214　傍点は引用者）

私たちにとって興味深いのは、秩序づけられた世界としての物語が、このように「突破」（脱構築）されつつ、同時に、その瞬間に生成する言葉に「応答する対話」への責任が、ブーバーにあっては根拠づけられている点である。「物語」を、その外部の「他者」との「出会い」によって「脱構築」すること。それにとどまらず、「対話」において生成する言葉に応答し続けることによって、新たな物語を語り直していく力を得ること。ここに、ポスト「大きな物語」の時代にあって、再びブーバーの対話論が注目される所以がある(14)。

ブーバーの出会いと対話の思想は、物語の脱構築と再構築の間の、簡単に架橋できない間隙に凝縮し結実した思想だった。あるいは、そのようなものとしてブーバーのテキストを、彼の他者論と言葉論の重みを活かすことによって読み込んできた。つまり、他者論によって物語の脱構築の側面を、言葉論によって再構築への可能性と責任とを、際立たせることができた。そして架橋された両者の間隙にあったものこそ、「沈黙の深み」であり、そこから湧き起こる「ロゴス＝生きた言葉の力」だったのである。

4　出会いと対話の深層──聖なる言葉への応答

「起こったことは、言葉の解体なのだ！」([1923]：159)『我と汝』の稿を閉じる直前に、こうブーバーは叫ぶ。大きな物語の終焉が事実だとすれば、それは「生きた言葉」の蘇生のためにこそである。ブーバーは、言葉を失った沈黙の静寂のなかで、いま一度新たな言葉が届くのを、耳をすまして待った。というよりも、祈り続けた。「祈りが生きているかぎりで、宗教は生きている。宗教の堕落は、祈りの堕落を意味する」([1923]：159)。

祈りにも似た沈黙。そこに聴き遂げられる「生きた言葉」は、前節でみた「ロゴス」であるとともに、「精神 Geist」でもある。「言葉」と「精神 Geist」についてブーバーは、次のように述べる。

「言葉が人間のなかに宿っているのではなく、人間が言葉のなかに立って、言葉のなかから語るのである。」（[1923]：103）

「対話のプロセスは、精神にかかっている。そして多くの人は、彼がそこで精神の呼びかけを聴いてはじめて、彼の言うべきことを発見するのである。」（[1954]：287）

あらためて問おう。対話において、誰が語っているのか。精神が、人間を通して語る。精神が語る呼びかけを聴き取り、それに応答してはじめて、人間は語るべきことを発見する。人間が言葉を操って語るのではない。人間よりも言葉の方が大きく、言葉のなかに人間が立って、それに応答しながら語るのである。このような言葉を特にブーバーは、「始源語 Urwort」や「聖なる根元語 das heilige Grundwort」と呼ぶ。(15) ブーバーにとっての「聖なるもの」は、この次元にある。

このような「言葉」や「精神」や「ロゴス」と、第1節でみた「出会い」の深層において開示される「現在する世界」にして「世界秩序」、つまり〈世界〉とが、同じ水準にあることはもはや明らかだろう。それは、「永遠の輝き」とも「力の光」とも形容された。そのとき、ブーバーに特有の聖なる次元への接近法として重要なのは、自己と聖なるものとが直結するのではなく、出会いにおいて自己を関与させる「他者」において、あるいは他者と自己との〈間〉において、その〈世界〉を受け取り、永遠性にふれる、ということであった。こういった「他者」との関わり方については本論の全体を貫く主題であり、後続の章で、さらに詳細に探究するものである。

考察を「出会い」から「対話」へと進めてくることによって、〈世界〉が語る言葉を聴き応答する諸相を解明してきた。最後にあらためて確認しておきたいことは、出会いの深みにおいて開示される〈世界〉は、ある「力」をもっているということである。語りかける言葉として顕れるその力は、応答的対話の解明を通して、折にふれて言及してきた。たしかに〈世界〉は、既存の言葉で整理して物語ることのできないものであるが、しかし決して当初見たような「むき出し」で「不気味な」（だけの）ものではない。〈世界〉は、静かにそれを聴き取ることができれば、私たちがそれに応答しつつ生きる力を与えてくれる。いま「生きる力」と述べたが、それは「秩序づけられた世界」=「物語」を幾度も語り直して創りかえていく力でもあったし、自分が自分の物語で人生を意味づけなくとも、もはや問う必要のないまでに生きる意味に充たしてくれる力でもあった。実は、本書の最終章にいたって、ブーバーの人間形成論の核心に「〈世界〉の形成力」なるものを見出し、それに応答する教育のあり方を明らかにする。ここではしたがって、〈世界〉がそのような形成力を持ちうることを示唆するところまでで、本章を締めくくっておきたい。

註

（1）ここで「物語」という用語を導入するのは、近年、現代思想一般のみならず、日本の教育学も物語論的な議論の地平を拓いてきたからであり、その議論にブーバーの言説を重ね合わせることができるからである。たとえば、香川大学教育学研究室編（1999）、矢野智司・鳶野克己編（2003）を参照。

（2）いかに「大きな物語」を体系化したとしても、物語にまとめ上げて完結させようとするかぎり、必ず何かが閉め出されてしまう。「世界の見渡し難さ」を熟知していたブーバーはだから、有限で相対的な物語の向こう側に、それを根拠づけるような普遍的絶対的な「真の物語」もしくは「大きな物語」を構築することはしない。個別の時空を超えて一般化できるような体系的な形而上学、もしくは普遍性を潜称する大いなる物語の陥穽を、ブーバーは見据えている。これは、リクール（Ricoeur, P.）が『時間と物語』（1985＝1990）において、「全体化のアポリア」と呼んだものに相当する。物語が統合形象化するのは、始まり、中間、終わりをもつ、あくまで部分的な全体性であって、ヘーゲル的な世界史も、ハイデガーの死へと関わる存在も、包括的な時間それ自体の全体性に比べれば、部分的なものである。

（3）毛利猛（1996b）は、「物語ること」そのものに「隠蔽」と「開示」の二重性を認めた立論をしていて示唆に富むが、それは「物語」概念を広く、本稿が後述するような「出会い」を通した「語り直し」にまで外延を拡張することによる。それに比して本稿では、名詞形「物語」概念を狭く限定して使用しつつ、そこに「出会い」概念を導入して、件の二重性を指示しようとした。

（4）これについては、たとえばミンコフスキーの症例解釈（Minkowski 1933＝1972）を参照。そして「出会い」こそがそれを癒す力を持つことを、ブーバーが序文を寄せた『出会いによる癒し *Heilung aus der Begegnung*』（Trüb 1951＝1982 邦訳題は『出会いによる精神療法』）が説得的に語っている。著者の精神療法家H・トリュープは、臨床経験を踏まえてこう述べる。「結局、すべての真の精神療法的努力は、神経症的に閉ざされた患者を彼の人格の核心において打ちたて、人間として十分に責任をもった、世界との出会いに導くことを目指している」（Trüb 1951＝1982：92 傍点は引用者）。ただし、この序文においてブーバーが、「出会い」は何かしら融和的で甘美な癒しを与えるものではなく、深淵を覗き込むような体験と背中合わせの出来事であることを強調しているのも重要である。すなわち、「病める心の世話をして癒す役目のある精神療法家は、おりおり、人間のむき出しの深淵、その底知れぬ不安定さに出会う」（[1951]：140）と述べ、「援助を必要とする者と援助する者との真の人格的出会いが、人間存在の深淵のなかで生まれる」（[1951]：142）と言う。

（5）「〈我―汝〉関係」および「出会い」の相手が、人間だけでなく動物や植物など「自然的なもの」、あるいは芸術作品や神殿や聖書の言葉など「精神的なもの」も含むのかどうか、という問いは、ブーバーの『我と汝』への疑義のうちでも最も重要なものである。つまり、それら三つの差異を消してしまうのは「問題のある《神秘主義》」だという批判（[1957]：167）――その代表的なものが、本書第四章でみるレヴィナスによる批判――であって、ブーバー自身が最晩年（1957年）にこの主著への「あとがき」を書き下ろしたときに、それを取り上げて正面から回答した。結論的には、「〈我―汝〉関係」のみならず「出会い」の相手としても、それらはすべて含まれるのである（[1957]：162―166）。

（6）この後期ブーバーの使用法に拠って、本書では、「出会い」概念をあえて「〈我―汝〉関係」一般から特殊化して、狭く人間相互の関係に限定して用いる。（ただし、「永遠の汝」ないし「神」との出会いについて看過するわけではなく、それについては後述する。）言い換えれば、『我と汝』におけるような「広義の出会い」については、「〈我―汝〉関係」とほぼ同義であるので概念的には後者に統一し、「（真の）出会い」については狭く「他者」を相手とする場合に限定して、狭義において用いることを提案する。その理由は、さしあたり三つある。第一に、『我と汝』（1923）の後、ナチズム時代の格闘やアラブと共存国家をめざした後期のブーバーの論考においては、特に異質な他者との関わり方と人間の共同体のあり方へと関心が集中しており（——本書五章、六章で詳述）、教育論においてはもちろんのこと、実質的に「出会い」概念の深化は他者関係論に限定されているからである。第二に、本研究では、ブーバーの「〈我－汝〉関係」の他者理解のもつ、レヴィナスの批判するところのアニミズム的・ロマン主義的傾向に対する捉え直しが重要な課題となるため、その傾向を含む概念と含まない概念の両方を使い分ける必要がある。関連して第三に、本章の以下の考察において明らかになるが、ブーバーが「出会い」とともに「応答的責任」や「対話」を重視するのは、「言葉」に対して特別な意義を認めるからであり、そして「言葉」を聴き語るのは、他でもない人間だからである。

（7） 以下は、共同の物語を拠り所とすることができず、もはや素朴には理解し合えない「他者といる技法」についての考察でもあるが、この主題設定については特に奥村隆（1998）と鷲野克己（1994）から示唆を得た。

（8） この点について、ブーバーは次のような印象的なメタファを使う。「人はついに、いつわりの安全から脱して限りない冒険へと踏み出さなくてはならない。果てしなく蒼い天空ではなく、聖堂の丸天井を頭上にいだいているだけの共同体から出て、孤独の底に踏み込まなくてはならない。」（[1923]：159）

（9） 聴くことのもつ能動的な力について、たとえば鷲田清一（1999）を参照。

（10） もちろん、典型的にはナラティブ・セラピーのように、アイデンティティ（自己を物語るストーリー）が拡散した心理状況での、このような会話の安定化作用を否定するものではない。しかしそれは、ブーバー的な「対話」ではなく、「出会い」でもない。V・E・フランクルは、「エンカウンター（出会い）・グループ」が、しばしばこのような独白の交換に終始することに警鐘を鳴らしている（Frankl 1978＝1999：101-129）。

（11） ブーバーは、「《社会的な活動》に熱心な人たち」について、もし自分たちの物語（それがたとえ「利他的」な物語であっても）の正当化のために活動しているのならば、多くの人と語り合うことがあっても「他者」と語り合うことはなく、それは独白的な生であって対話的な生ではない、と特筆する（[1930a]：193）。

（12） 同様の意味で、合意点があらかじめ用意されているような議論も、対話ではない。合意へ向けて対話が収斂していくとは限らない。むしろ問いが問いを生み、予期してなかったところまで運ばれていってしまう、開かれたプロセスそのものが対話と呼ばれるのに相応しい。そこで残るのは、合意された結論ではなく、より深まった大きな問いだけであるかもしれない。しかしその対話では、語られるべきことが、語られたのである。

(13)「間の場」は、ブーバーの『人間の問題 *Das Problem des Menschen*』という著書で概念化された([1947]：405)。本書第六章で詳述する。

(14) このような脱構築と再構築の関係については、日本の教育哲学会においても議論がなされてきた。ここでは、それを「相互規定的循環」という関係で捉えようとする田中毎実(1994)の報告を参照。なお、脱構築と再構築の協働については、ホリスティック教育論者のあいだでも、次のような議論があった(詳しくは吉田 1999a：218-219, 222-223)。現代の産業社会(後期資本主義)は反対者を取り込む「柔軟な弾力」を驚くほどもっているので、諸個人の意識を支配していくその巧みな物語に対して徹底的に批判の目を向けて「脱構築」しなければ、結局はむしろ支配的文化に転用・流用されてその維持延命に手を貸すことになる。実際、意識変容や自己啓発の呼び声のもと次々と打ち出されたニューエイジ文化は、つまるところ商品・市場経済の論理に取り込まれて、予期されていたような新しい時代の精神文化が構築されてきたとは言い難い。したがってホリスティック教育論者は、もっと脱構築論的ポストモダニズムから学ぶべきであり、その際に自覚しておくべきは、脱構築の作業は支配的文化の影響の強い中心に位置する者ほど難しいため、その周縁部の「マージナルな声」や外部からの「他者の声」を聴くことが重要であること、そしてそれは、差し当たりは自己の安定性を揺るがす不快なもの(「癒し」からは程遠いもの)である場合が多いことである。他方、脱構築論者や批判的教育学は「すみずみまで批判し尽くし告発しつづけるだけで、ダイナミックな代案となる来るべき社会のヴィジョンを生み出すことを怠ってきた」のであり、その点ではオルタナティブなヴィジョンを求めて構築的に活動しているホリスティック教育と相互に連携すべきである。以上、主としてこのテーマを特集したMiller, R.の編著（ed.1993）、とりわけKessonの論考（1993：94-98）による。

（15） ここでブーバーが「聖なるheilig」という形容詞を冠した「聖なる根元語」とは、次章でみる「〈我－汝〉関係」の謂いである。汝に呼びかけ、聴き取り、応答する関係そのものが、ブーバーにとって「聖なるもの」なのである。たとえば、「私が汝と呼びかける人を、私は経験したりはしない。ただ私は、その人との関わりのなかに、聖なる根元語のなかに立つのである」（[1923]：83）。この「始源語Urwort」・「聖なる根元語das heilige Grundwort」については、特に水垣渉「《言葉》の始源」（平石・山本編 2004）が参考になる。

第三章　〈我－汝〉と〈我－それ〉の二重性

――人間存在の高貴な悲劇

「それぞれの〈汝〉が、私たちの世界においては〈それ〉とならねばならないということ、このことは私たち人間の運命の高貴な悲劇である。」（[1923]：89）

前章での「出会い」と「対話」という基本概念の解明に続いて、本章ではさらに、ブーバーの基本的な「〈我－汝〉関係」と「〈我－それ〉関係」という対概念を明らかにする。

ブーバーは晩年に、自らの思想的営為を回想して、次のように語る。「私にとって重要であったのは、根源語〈我－汝 Ich-Du〉と根源語〈我－それ Ich-Es〉の二重性を指し示すことであった。この二重性は、全ての存在者と共存する人間の生の根本事情であるが、にもかかわらずこのことにはほとんど注意が払われていなかった」（[1961]：1113）。ブーバーが指示したこの二重性は、人間がどこまでも引き受けていくべき根本的なディレンマであり、冒頭のリードにあるように、人間の生の「高貴な悲劇」である。本章では、この対概念の特に両義性と相補性に注目しつつ考察することによって、その二重性が、二つの間の二者択一が可能なものではなく、また安易な調停や癒合、もしくは止揚を許さないものであることを際立たせたい。(1)

一　人間の世界への関係の根本的二重性

ブーバーの対概念については、日本にもすでにいくつもの優れた先行研究がある。(2) それらを参照しつつ、ここでは、〈我―汝〉／〈我―それ〉概念にできるかぎり操作性の高い定義を与えることを試み、その二重性のもつ両義的な意義について、(1)自然との関係、(2)社会との関係、(3)文化との関係の三領域において考察する。なお、他者との関係におけるそれは、他者との「出会い」と「対話」について述べた前章ですでに論及した。また、本格的には、広義の「〈我―汝〉」から狭義の「我と汝」概念を限定して再定義する次章で、「永遠の汝」概念にも言及しつつ詳述するので、ここではあえて扱わない。(3)

1　〈我―汝〉関係と〈我―それ〉関係の定義

人間は、すでにいつも様々な仕方で、自らの周りの世界と関係しながら生きている。ブーバーは、主著『我と汝 *Ich und Du*』(1923) で、その関係の仕方を根本的には二つに区別し得ることを、

〈我―汝〉と〈我―それ〉という印象的な対概念によって示した。しかしその際、その概念に対して、一義的に明確な定義を与えていない。彼のテキストは、ブーバー自身が言うように、「非体系的な書物」であって、相当に幅のある読解を許すものである（vgl. [1961]：1114）。そして体系的でないがゆえにむしろ、彼の諸概念は、その詩的とも言える叙述の全体を通して、豊かな膨らみと奥行きをもって迫ってくる。

それを踏まえたうえで、にもかかわらず、ここでは以降の考察のためにブーバーの概念にある程度まで形式的な定義を与えておきたい。まずもって、近代的認識論や文明批判を主旨とした『我と汝』前半部分に注目し、ブーバーの記述を、認識論的／存在論的／実践的の三つの位相において整理して、次のような定義を提案する。

【認識論的位相】〈我―それ〉は、主観―客観分離の認識図式による対象化的な認識であり、それに対し〈我―汝〉は、主客の対立を超えた直接的な全体直観である。

【存在論的位相】〈我―それ〉は、物象化された諸実体を基礎とする存在理解であり、それに対し〈我―汝〉は、現在に生成する全体的世界を現実とみる存在観である。

【実践的位相】〈我―それ〉は、有用性を追求する能動的主体―受動的客体の関係であり、それに対し〈我―汝〉は、関係それ自体に意味が生成する目的内在的で能動即受動的な関係である。

以下、ブーバーの叙述に即してこの定義項を説明する。

2　〈我―それ〉関係の定義

1　【認識論的位相】主観―客観分離の認識図式による対象化

「《私は樹木を見る》という命題は、もはや人間と樹木との〈我―汝〉関係を語っているのではなく、人間の意識によって対象としての樹木の知覚をたしかに得ているということを語るものである。ここではすでに主観と客観の間に障壁が立てられている。すなわち分離の言葉である根源語〈我―それ〉が語られているのである」（[1923]：93）。〈我―それ〉関係は、認識論的レベルでは、対象的認識が前提とする主観―客観関係である。対象的認識とは、客観的事物の属性が意識内容（表象・観念）を媒介して認識主観に与えられること、逆に言えば、認識主観が自らの意識を対象にさし向けて、それを把握することである。ここでは、主観と客観とが分離した、主客二元論的な認識図式が成立している。言うまでもなくこの主観―客観図式は、デカルト以後の西欧近代において対自化され、方法的に確立されて、近代自然科学をはじめとする近代的な知の総体的地平を構成したものである。

2　【存在論的位相】物象化された諸実体を基礎とする存在理解

上のような主観－客観図式は、近代的世界像・存在観と相即している。この図式が徹底されて存在観を構成するとき、認識主観と客観的世界とが、互いに他に依存することなくそれ自身で存立している実体として措定される。つまり主観の側においては思惟実体・精神が、客観界では延長実体・物体（身体を含む）が、それぞれ成立原理の異なるものとして実体化される。「〈我－それ〉関係の〈我〉は個的存在 Eigenwesen として現れ、主観として自己を意識する」（[1923]：120）。近代的な個人主義や人間中心主義は、ここに存在論的根拠を持っている。他方、客観的世界〈それ的世界〉は、ニュートン物理学的世界像の適用が可能になり、測定可能な量的属性を持ち、一定の時間的空間的位置を占める物象化された諸実体が、因果律に従って相互外在的に併存する機械論的な世界と見なされる。「ここに至って諸事物は、諸属性の総和として経験され……今や諸事物は、時間的－空間的－因果的連関の中に置かれ、こうしてあらゆるものは、それぞれの位置と経過と測定値と原因を得るに至るのである」（[1923]：98）。

3　【実践的位相】目的－手段連関で有用性を追求する能動的主体－受動的客体

このように物象化された存在観は、世界や他者を、目的合理的に手段化して、技術的操作的に支配することと相関的である。「人間と〈それ〉的世界との根本関係は、……利用するということ、つまり人間の様々な目的に従って、生活の維持、便利化、設備化をもたらす利用ということを含んでいる」（[1923]：102–103）。〈我―それ〉関係は、実践的には、〈我〉のもつ目的のために対象を手段化して利用する、目的―手段関係である。ここでは、関係すること自体に目的があるのではなく、一方の側であらかじめ設定された、その関係に対しては外在的な目的を実現するために結ばれる関係である。したがってその関係は、目的をもった能動的主体と、効用的価値において手段化される受動的客体との、一方的な関係である。その際対象は、有用性に還元されると同時に、所期の効果を生む原因についての認識、すなわち因果性あるいは客観的法則性に基づいて還元される。

3 〈我―汝〉関係の定義

1 【認識論的位相】主客の対立を超えた直接的な全体直観

「〈汝〉を語る者は、対象といったものを持たない」（[1923]：80）。〈我―汝〉関係の認識においては、「対象」は定立されず、主観と客観の対立 gegen が超脱 über されているので、ブーバーは「対象 Gegenstand」に代わる「対超／向かい合い Gegenüber」という特殊な概念を用いる。「向かい合うものを観ずることにおいて Im Schauen eines Gegenüber、認識者に対して実在 Wesen が自らを開示する。……実在は、現象から事後的に抽出された法則の中にではなく、現象それ自体の中に、自らを打ち明けるのである」（［1923］：104）。つまり〈我－汝〉関係においては、「向かい合うものを観ずる」ことによって、「実在の自己開示」が生じる（「実在」については次の存在論的位相で述べる）。この「観」という認識行為は、「純粋直観 echte Anschauung」（［1923］：89）、「綜合直観 synthetische Anschauung」（［1950a］：414）、あるいは「感受 Innewerden」（vgl. ［1930a］：181-183）等と言い換えられる。「世界としての世界、つまり世界の構成部分やそれら全ての総和ではなく、世界としての世界との関わりに参入するという行為的働きを、我々は綜合直観と呼ぶことができる。すなわち、存在するものを全体にして一なるもの Ganzheit und Einheit として直観することを、綜合直観と名付けるのである」（［1950a］：414）。(4)

2　【存在論的位相】現在に生成する全体的世界を現実とみる存在観

前述の「実在」や「全体にして一なる世界」が、一切の抽象化や還元を免れた現実の具体的根源的な姿である、とするのが〈我－汝〉関係の存在理解である。「人が存在や生成 Sein und Werden と向かい合うものとして出会うとき、常にただ一なる実在性と出会うのであり、実在性としての各々の事物と向き合っている。そこに存在するもの was da ist は、生起する出来事となって自らを開示し erschliest sich、そこに生起する出来事は、存在 Sein として、つまり他ならぬ現在に現前するこの一なるもの、この一なる世界性をもつものとして、彼に迫ってくる」（［1923］：100）。前章で既述の用語で言えば、一方に、対象化された諸事物や出来事が時空的因果的連関の中に「秩序づけられた世界 geordnete Welt」（＝〈それ〉的世界）があるのに対し、〈我―汝〉関係において自らを開示する世界は、現に今ここで諸々の出来事を生起せしめている「根源的現実性 Urwirklichkeit」としての「世界秩序 Weltordung」（＝〈汝〉的世界、実在、全体的世界）であり、前章で限定した意味での「〈世界〉」である（vgl. [1923]：99）。換言すれば、諸事物が秩序をもって実体的に存在していると見なしているレベルの、更にメタレベルには、秩序づけられる以前の〈世界〉そのものがはたらいている。前章で引証したとおり、それは「出会い」において自己を開示する「むき出しの現在する世界」である。その〈世界〉は、たえず新たに生成し、定着させることができないもの、一切が一切に浸透し、実体的な境界をもたないもの、分別知によって把握しようとすれば見失ってしまうものであった（vgl. [1923]：100）。

3　【実践的位相】意味が生成する目的内在的な能動即受動的関係

「〈我〉と〈汝〉の間には、いかなる目的も欲望も見通しもない。……すべての手段は障害である。手段がすべて破れるところでのみ、出会いが生じる」（[1923]：85）。〈我―それ〉関係を基礎づけていた目的―手段連関を、〈我―汝〉関係はもたず、「現在性（Gegenwartigkeit）」という特質をもつ。つまり、見通した未来の目的のために現在を手段化するのではなく、その都度の〈今ここ〉に目的が内在する。また、〈我―汝〉関係においては、どちらかが能動（主体）で、どちらかが受動（客体）といった一方向的な関係ではなく、また、単に主客が順次交代するような双方向でもなく、

「受動と能動が一つになる」（[1923]：85,129）。では、〈我―それ〉関係は〈我〉の目的を実現する実践であったのに対し、〈我―汝〉関係は何を実現するのであろうか。それをブーバーは、相互に関連する三つの点にまとめている。すなわち第一に、相互的な現実のなかで受容され結びつけられているという「全体的充実感」、第二に、定義したり説明したりできない究極的な「意味の確証」、そして第三に、「この私達の人生の意味」を実現するのである（vgl.［1923］：152-153）。

では、このように定義された〈我―それ〉関係と〈我―汝〉関係のもつ意義について、とりわけ両者の相補性に留意しつつ、以下の節において詳しくみていくことにしよう。

4　二重的関係性の相補的意義

近代の行き詰まりとしての現代が人類史的なターニングポイントであり、近代公教育制度に関わる諸問題を含めて、今日の人間形成をめぐる個々の問題に対応するには、この転換期についてのラディカルな洞察を欠くことはできないこと、この点は従来のホリスティック教育研究（吉田 1999a ほか）から引き継がれた問題意識である。以上にみてきたブーバーの対概念は、この洞察を得るための一つの視座を与えてくれる。

ブーバーは、これまでの人類の歴史を巨視的にみれば、〈我―それ〉関係が増大していく過程として捉えることができると言う。「文明以前」にあっては、未だ〈我―汝〉関係が生活の色々な場面で生きられていたが、「進歩」に伴って〈我―それ〉関係が次第に力を増し、高度に産業化された近代文明の成立とともに、〈我―汝〉関係を圧倒するに至った。

ブーバーは、「人間は〈それ〉なくしては生きることができない。しかし人間は〈それ〉のみで生きるものではない」（[1923]：101）と言う。たしかに〈我―それ〉関係は、人間という生物にとって不可欠の条件であるが、しかし人間はまたそこに自足することはできず、〈我―汝〉関係をも同時に生きなければならない。そして近代化を徹底してきた現代は、その二つの関係のバランスが、非常に片寄ったものになり、また両極端に振れやすくなっている時代である。これがブーバーの基本的な時代認識である。この引き裂かれた二重的な関係性を生きざるを得ない人間は、両者の適切な関係を模索し続ける他はない。

とすれば、ブーバーのこの対概念が紹介されるときにありがちな、一方を否定し他方を賞揚するような議論の仕方ではなく、拮抗する両者を適切な関係にもっていくために、二つの相補的な関係のあり方を探っていく仕方が求められる。たしかに「西欧近代」という問題が深刻に露顕した第一次世界大戦直後に著された『我と汝』では、ブーバー自身が、近代化とともに過剰になってきた〈我―それ〉関係を否定し、その反動で〈我―汝〉関係を賞揚しているように読まれやすい。しかし、一九五〇年代以降の後期ブーバーの諸論文なども援用して読み込むと、その二重性を二つながらに引き受けて格闘するところに人間存在の根本事情、かの「高貴な悲劇」を見ていることがよくわかる。

以下に、〈我―それ〉関係と〈我―汝〉関係のそれぞれの両義的な意義を、ブーバーとともに（1）自然との関係、（2）社会との関係、（3）文化との関係という三つの領域において見定めていき、両者の相補的な関係を考えてみたい。

1　自然との関係――〈自然からの自立〉と〈自然との共生〉

「対象化した世界なくしては、人間は生活を維持できない。それのもつ確実さが人間を支えるのである」（[1923]：99）。人間はたしかに他の生物と多くの共通性連続性をもっているが、人間の生物学的特異性に注目すれば、外的環境との確実で安定した関係を本能的器質的に確定されていない特異な生物である。ブーバーは、「ユクスキュルの仕事を参照せよ」との注を付して、この哲学的人間学の基本テーゼに言及する（[1950a]：412）。「《自然によっては》これほどまでに貧しい装備しか与えられていない生物」として人間は、自然を対象化し能動的技術的に支配することによって、その欠如を補わねばならないし、また過剰な負担を免除される必要がある。この対象化的技術的な関係とは、先に定義された〈我―それ〉関係に他ならず、その意味で〈我―それ〉関係は、人間という生物の生存にとって必要不可欠の条件である。

たとえば住居をつくる目的をもって樹木を見るとき、それを有用な「木材」として〈それ〉化する。その際、自然を自らの外部に与えられている物量的な素材として客体化し、それを認識し利用する主体は、自然の外に独立して存在しているものとして思念する。こうして〈我―それ〉関係は、人間と自然の始原にあった紐帯を分断し、技術的主体―客体の関係に還元していく。（この関係性が一面的に徹底されていく延長上に、現代の環境問題や生命倫理問題があるという立論は馴染みよいが、ブーバーは論及していないのでここでは吟味しない。）

では、〈我―汝〉関係による自然との関わりはどうか。樹木との関わりについて、ブーバーは次のように語っている。たとえば「樹木を見つめているうちに、その樹木との関わりの中へ引き入れられる」ような瞬間があり、「この樹木に属しているものの全ては、形、組織、色彩、化学構造、および自然の要素と樹木との密かな対話、樹木と星たちとの密かなささやき等、これら全てはただ一つの全体のなかに包まれてしまう」（[1923]：82）ということが起こりうる。ここでは、「樹木は私と向かい合って Gegenüber 生きているのであり、私が樹木と関わるのと同じ様に、樹木は私と関わる」（[1923]：82）。また、このような関わりにおいては、「私たちは、絶えずほとばしり流れる全ての存在の相互性のなかで、測り知れぬものに包まれながら生きている」（[1923]：88）のを感受する。

このように、〈汝〉的自然との出会いにおいて人間は、既述の〈我―汝〉関係の定義にみたような全一的な相互性のなかに、自己と自然が等根源的に包まれ、生かされていることを感受する。この根源的リアリティの感受が、人間と自然との間の、主体―客体、目的―手段、支配―被支配等の対立を超えた自然観を支える。

自然との一体感。とはいえ、これだけがナイーブに論じられるなら、ロマン主義との誹りを免れない。次章で詳述するレヴィナスによるブーバー批判もまさに、特に自然との関わりにおける〈我―汝〉概念の「アニミストのようにみえる相互性」という特質に向けられている[(5)]。

一面的に〈我―汝〉関係を謳いあげるロマン主義への傾斜を危惧しつつ、繰り返すことになるが、かの二重性を生きるという「高貴な悲劇」を人間は引き受けなければならない点を再確認しておこう。求められているのは、ノスタルジックな「自然に還れ！」ではなく、この二重性の自覚的な往還である。すなわち、〈汝〉的自然との相互的応答的な関わりを基盤としつつ、そこに人間という特異な存在者を通して実現されるべき許された責任を見据え、自ら限定した技術的実践にはたらきでること。そして、その最中にも、たえずその技術的操作の意味を、汝的関わりによって確かめ直すこと。それは、あたかも前章で見たように、物語を生きるほかない人間がたえず出会いによって、新たに言葉を受けとめながら語り直していく不断のプロセスと重なり合うものである。

まずはそのように言えるとして、しかしロマン主義的な「融合的相互性」や「一体感」に対するレヴィナス的な批判の射程は、ここにとどまるものではない。とりわけ他者との関係性においては、次章でみるように、ブーバーの汎神論的な神秘主義への微妙なスタンスが問題となる。そこでは、本章での〈我―汝〉関係の定義の再考を迫られることになるだろう[(6)]。

2　社会との関係――〈共同態からの自立〉と〈共同性の創出〉

「人間の社会生活は、人間自身と同じ様に〈それ〉の世界なしでは済まされない」（[1923]：110）。

人間が他の人々と協働しながら社会生活を営んでいくうえで、やはり〈我―それ〉関係は必要な条件である。次は紛れもなくブーバー自身の言葉である。

「《自然によっては》これほどまでに貧しい装備しか与えられていない生物をして、自らを確保せしめ、地球上の支配を達成せしめたものは、道具や武器といった技術の他に、次のことであった。すなわちそれは、個々人が相互に機能を認め合うという事実であり、この事実によって可能になったところのダイナミックな結合の形式である。」（[1950a]：419）

つまり人間は、個体としての生物学的欠損のゆえに、分業的協働システムの中で各人の資質と能力に応じて機能を果たすものとして認め合うこと、すなわち機能的役割に基づく〈それ〉として他の人間を認知することを必要としている。

そして人類の歴史は、濃密な全人格的関与を伴う「共同態（ゲマインシャフト）」に対して、他者を自己の利害と目的に基づく手段と見なす「利益社会（ゲゼルシャフト）」が優勢になる方向で、つまり〈我―それ〉関係が社会生活のなかに拡大していく方向で進んできた（[1923]：102）。それはなるほど、閉じられた共同態から諸個人が自立していく過程でもあったし、狭い共同態を超えたダイナミックな協働システムによってはじめて可能になるような、物質的生活水準の高さや人的交流の多様性を生み出す過程でもあった。しかし他方では、高度に産業化された近代文明の、その巨大な経済的政治的そして教育的システムにおいては、自己と他者は実用的にも道義的にも匿名化されねばならず、人間関係の直接的相互性が失われてきている(7)。「人間の社会生活の機構は、〈我－汝〉関係から与えられる力を手足の隅ずみに浸透させて満たすことによって生きた生命をもつことができる」（[1923]：110）。経済的政治的生活はたしかに〈我－それ〉関係を必要とするし、それ自体は悪ではない。〈汝〉との関わりから遊離したところで、〈我－それ〉関係が独走を始めたことが問題なのである。ブーバーは言う。「国家や経済は、それ自体では自由にも公正にもなり得ない」（[1923]：111）。「利潤への意志、権力への意志は、人間の〈我－汝〉関係への意志と結びつき、これに支えられているかぎり、自然で正しい結果を生む」（[1923]：110）。〈汝〉との関わりに結びついているときにのみ、「全ての労働に意味と歓喜が生じ、全ての所有に畏敬の念と犠牲の力が湧く」（[1923]：111）のである。

「決定的に重要なことは、〈汝〉に語りかけ〈汝〉に応答する精神が、生活現実の中に保持されているか否か、……人間の人格的生活になおまだ維持されているその精神が、社会的生活でも再び一つになって活かされているか否かである。」（[1923]：111）

それにしても現代の経済的政治的システムは、大工場での生産現場も生産者と消費者との流通システムも、中央集権化され官僚化された国家機構も、ますます「顔の見えない」間接的な人間関係によって支配されている。そのシステムの中で果たして、ブーバーの言うような相互的直接的な〈我―汝〉関係を結びえる余地が残されているのだろうか。「――それにしても現代の人間の社会生活は、どっぷりと必然的に、〈それ〉の世界のなかに埋没しているのではないか?」([1923]:109)

ブーバーはこのような疑問に対して、まず「一切か無か」という考え方をしないこと、と諭したうえで、ただ「まなざしを交わし合うことBlicktausch」からでも始められる、と言う([1930a]:211)。どんなに忙しいオフィスでも、仕事机から仕事机へと「まなざし」を送る(贈る)ことができる。その日その日の限られた状況のなかで、できるかぎりで目の前の人に〈汝〉と呼びかけて応答していくことは可能である。そしてそれで、「量的に十分」である。余暇や休息の時間に限ってしまうのでなく、まさに日常の仕事の只中で、「そのつどの状況を《適当に片付けてしまう》技術万能主義的な欲望や習慣を放棄し」、向かい合う一人ひとりと可能な限り対話的関係を結んでいくこと([1930a]:214)。これをブーバーは、「仕事の対話化Dialogisierung des Betriebs」([1930a]:212)と呼ぶ(8)。

果たしてこれもまた「ロマン主義」だろうか。ここでブーバーは一歩も譲らない。「一切か無か」の発想によって、このような「まなざし」や「対話」は全く不可能だと笑い飛ばす人の方がむしろ、何かしら温かい空間の中での純粋で綺麗なそれをイメージしているロマンティストであって、ここでブーバーが念頭においているのは、「そっけない空間の中の二人の人間が交わし合う非センチメンタルで非ロマンティックなまなざしの交換」である([1930a]:211)。「私の関心は純粋なものにあるのではない。むしろ濁ったものに、抑圧されたものに、けだるい歩みに、つらい苦しみに、息苦しい矛盾に――そして、それらに風穴を開けること Durchbruch に、私の関心はある。大事なのは、ただ風穴を開けることであって、何か完全なものではない」（[1930a]：211）。そして現実に、その抑圧や矛盾が増大しているからこそ、それだけいっそう「仕事の対話化」は切実に望まれており、機はむしろ熟している。「人間の社会学的な制約は増大している。しかし、この増大は一つの課題の成熟であり、それは、そうしなければならないという当為的な課題ではなく、それが必要であるからそうすることが許され、それを切に望むからきっと恵まれるといった意味での課題なのである」（[1930a]：213-214）(9)。

したたかなブーバーは、こうして希望を失わない。ブーバー社会論の代表作『ユートピアへの途 *Pfade in Utopia*』(1950)(10)の結章では、「あらゆる歴史の根源的希望は、真の人類共同体、すなわち至る所に共同態的な内実を含む gemeinschaftshaltige 人類共同体を目指している」（[1950b]：998）と述べる。これまで〈我－それ〉関係を拡大する方向で、狭い地域社会を超えた地球規模の政治的経済的相互依存システムが張りめぐらされてきたが、それ自体は否定されるべきものではなく、人類共同体を目指す一つの準備過程である。この準備のうえにこれからは、そのシステムの至る所で「仕事の対話化」を試み、少しずつでも生きた〈我－汝〉関係による生命を送り込んでいくことが課題となる(11)。「人類社会の至る所」、というのは、グローバルな大所高所ではなく、むしろ顔が見え声の届く小所低所である。そこで向かい合う他者に〈汝〉と呼びかけ語りかけ、そして応答するこ

との意義については、あらためて次の章で詳しく述べることになる。(12)

3 文化との関係――〈文化の伝達〉と〈文化の創造〉

前節では、人間と社会との関係における二重性を、特に経済的政治的システムの問題を中心にみてきた。次に人間の「文化」的生活を考えるが、その際「文化」の意味するところを次のように狭く限定しておきたい。

ブーバーは、人間が関係する世界を、「自然との生」、「人間との生」、および「精神的実在との生」という三つの領域に分けている。この第三の領域は、「精神的な創造行為の諸産物を包摂するもの」であり、「文化」をここでは、この「精神的な創造行為の諸産物」という意味で用いることにする。(13) そしてブーバーは、「精神的実在」の範例を芸術作品に求めているので、主に芸術作品と人間との関係を通して、文化(財)と人間との関係を考察したい。

文化創造の初源の力についてブーバーは、「民族を包み込む偉大な文化はすべて、根源的な出会いの出来事の上に、文化の源泉で生じた〈汝〉への一つの応答の上に、精神の本質行為の上に、その基礎を置いている」([1923]：114)と述べている。芸術的創造の根源も、出会いと応答である。芸術は、人間の内的な主観的世界を表出したものではなく、また外的な客観的世界を対象化してそれを映し取ったものでもない。「芸術は、自然的対象の印象でもなく、心的対象の表出でもない。芸術は、人間の実体と事物の実体との間の関わりの為せる業でありその証しである」([1955]：

418)。ここではまず、芸術が「主体」でも「客体」でもなく、「間の関わり」において実現することを押さえておく。

さらにブーバーは、その「間の関わり」に、創造的にして根源的な「力」がはたらくことを、次のように語る。

「芸術の永遠の起源とは、形象 Gestalt が人間との向かい合いのなかに参入してきて、人間を通して作品になろうとすることである。それは、人間の心から生み出されたものというのではなく、人間の心に参入してきて、そこからはたらき出る力を必要としている出来事である。」（[1923]：83-84）

このように、芸術創造の根源的な力は、「形象」を生み出す形成力である。それは、あらかじめ人間の心の内部に潜んでいるものでも、外部に宿っているものでもなく、向かい合う〈汝〉と間の関わりの中に顕現する。その顕現してくる形象を「作品」にするのが、人間の手による芸術（あるいは狭義の文化）の営みである。では、それはどのようにして可能か。

〈我－それ〉関係に基づく客観的な「対象の吟味」や「観察」によってではなく、〈汝〉的世界との出会いの只中で「観 Schau」ずることによって、芸術的創造が可能になる（vgl. [1955]：434）。しかし、これはあくまで可能根拠であって、形象を観ずることによって直ちに、それが作品として成立するわけではない。それを「形」にし、「事物」にしなければならない。

「すべての知覚、否とりわけ観にまで深まった知覚は、形 Figur を目指す」（[1955]：434）。「観における形象化の遂行」が実現し、「形象物 Gebild」としての作品が成立するには、次のような芸術家の存在が必要である。

「芸術家とは、彼と向かい合って存在しているものを、客観化して対象物とする代わりに、形象化して形象物とする人間のことである。ここでは芸術行為はもはや、知覚のなかで達成される働きだけでは不十分であり、それとともに作品を創る本質的な働きが加わって、向かい合って存在しているものを形象物にまで生成せしめなければならない。」（[1955]：435）

このように「観」において見出された形象が、形象物としての作品となること、これは、〈汝〉的世界との出会いが、〈それ〉的世界につなぎとめられたことを意味する。「私は形象を〈それ〉の世界の中にもたらす。創造された作品は、経験され記述される諸属性の総和として諸事物のなかの一事物となる」（[1923]：84）。

人間は、〈汝〉的世界を純粋にそれ自体として維持することはできないのであり、維持しようとすれば、〈それ〉の姿を借りるしかない。「それぞれの〈汝〉が私たちの世界においては〈それ〉とならなければならないということ、このことは私たち人間の運命の高貴な悲劇である。……作品が現実化するということは、別の意味では非現実化を意味するのである」（[1923]：89）。人間の生の根本的な二重性に関わる「高貴な悲劇」。しかし「これは、人間存在の悲劇であると同時に、また偉大さでもある。というのも、〈汝〉が〈それ〉の世界につなぎとめられることによってはじめて、〈汝〉は生活する人々の間の知識となり、作品となり、形象となり、象徴となるからである」（[1923]：104）。

ここに芸術作品の、そして人間の精神的創造活動一般の諸産物——前章で主題化した「物語」を含む——の存在意義がある。ある人間の〈汝〉的体験が〈それ〉の世界につなぎとめられること、このことによってその人の体験は個人的なものに留まらずに、他の人々と共有できるものとなり、時代を越えて伝達していくことのできるものとなる。「〈それ〉となった〈汝〉は、幾たびも〈汝〉へ変わる性格と定めを持ちながら、諸事物のなかの一事物となる」（[1923]：104）。そして「見る目をもって見る人には、その作品は幾たびも具体的な〈汝〉の形となって現れる」（[1923]：84）。ここで「見る目をもって見る」とは、作品を概念的に分析したり分類したり解釈したりすること（〈それ〉化）ではない。しかしながら「このことは、学問的理解や美学的理解が不必要であるかのように言っているのではない。ただ、作品に正しく忠実であるためには、理解を越えて理解を包み込む〈汝〉との関わりの真理のなかに沈潜しなければならないということなのである」（[1923]：105）。このようにして〈それ〉となった〈汝〉としての作品は、それと出会う鑑賞者を得るたびに繰り返し、〈汝〉となって顕現することができる。

この芸術作品を範例とする文化の創造と伝達・受容の過程に、人間存在の二重の関係性、とりわけ両者の往還的な関わり方が見事に語られている。(14) すなわち、時代を超えて伝承されているような人間の精神的な創造活動の産物は、〈汝〉的世界との出会いにおいて見出された形象や意味や価値を、他の人々との間で伝達・共有可能な〈それ〉の形式に現実化したものであり、したがって人々は、その〈それ〉化された〈汝〉（客観化された精神）との深められた関わりを実現することによって、新たに〈汝〉的世界と出会うことができるのである。

このようにみてくると、芸術作品をはじめ、時代を越えて受け継がれている文化（財）は、人間を〈汝〉的世界との出会いに導く優れた媒体であり、またその出会いから新たな創造を産みだす母胎であると言えよう。それは、言うまでもなく、新奇さを求めて一過的に流行する表面的な現象や、経済的関心にのみ基づく商品や情報とは、質的に異なるものである。そのようないわゆる「消費文化」が、歴史のなかで選び抜かれ洗練されてきた「伝承文化」を駆逐してしまうとき、文化の領域でも〈我─それ〉関係が独裁的に支配してしまうことになる。ここでも問題は、たしかに過去の文化への回帰ではなく、新しい文化の創出であるが、それを〈我─汝〉関係に深く根を下ろしたものにするために、伝承された文化に秘められている〈汝〉を私たちの生活する〈それ〉的世界に活かしていく営みが必要なのである。

以上、〈我─汝〉関係と〈我─それ〉関係に定義を与え、人間存在がその二重性を生きる特異な存在者であることを、人類史の現在の境位をも考慮に入れながら、自然との関係、社会との関係、文化との関係の三つの領域に限って考察してきた。以上の自然・社会・文化の領域における考察から、ただちに教育論に向かうことは可能である。たとえば「社会化」や「次世代への文化の創造的継承」といった教育学に馴染みのテーゼを接続したり、あるいは自然体験学習や芸術教育の課題といった各論的主題に具体化したりすることによって。しかし、そのようなブーバー人間学の教育学的主題への援用とも言うべき論の立て方を、本書は採用しない。その理由については序章の最後で述べたとおり、そうした論法では、かえってブーバー思想のもつ人間形成論的な可能性の中心を見失うからである。次章以下の考察において、ここで述べた広義の〈我－汝〉関係を、狭義の〈我と・汝〉の「対話」として限定して論じていくが、そこにその核心において理解されたブーバーの対話論は、それがそのままで、すぐれて人間形成論なのである。それを明らかにするのが、本書の第II部の課題でもある。

ところで、実はここまで、ブーバー人間学にとってもっとも重要な、具体的他者（二人称の〈汝〉）との関係、そして超越的なるもの（〈永遠の汝〉）との関係については、あえて問い残してきた。以上の考察を踏まえて、いよいよ次の第四章でこれを主題化して、ブーバーの「ホーリネス（聖なるもの）」への独特な関わり方に迫りたい。

註

（1）そのような根本的な二重性に注意を払うことによって、今日なお深刻化する人間形成上の錯綜した問題状況を解きほぐして理解し得ること、それを理解することによって、この拮抗する二重性の間に踏みとどまりつつ両者の適切な均衡をかろうじて模索し得ること、そのことを田中毎実は「システム化」と「相互性」という相補的な対概念でもってとりわけ説得的に示した（田中 1993, 1999, 2003a, 矢野 2001a）。

（2）この対概念に関する先行的な研究として、平石 1991 [1966]、山本 1969、小林 1978、谷口 1978, 1980、松田 1970, 1977, 1982b、稲村 1987ほかを参照。海外の研究書としては、Zoltán B. 1969＝1983を挙げておく。本章がそれらの先行研究の発展に寄与できている点があるとすれば、〈我―汝〉のみならず〈我―それ〉についての考察が優れた〈我―汝〉・〈我―それ〉の概念を、認識論的、存在論的、実践的の三位相において定義した点、そして、自然・社会・文化という三領域に整理しつつ対概念の両義的で相補的な意義を際立たせて論じた点である。

（3）この定義づけと考察は、ブーバー思想を論じるうえで一般的に不可欠な作業であるのみならず、特に次章で、レヴィナスによるブーバーへの批判を契機とした考察を展開する際に、その前提として要請される作業である。というのも、少し先取りして言えば、レヴィナスはブーバーの対概念の「形式性」や「相互性」を批判するのであるが、その批判の対象となる特質が、ブーバーの言説全体において、どのように限定されたものであるかを、あらかじめ見定めておく必要があるからである。

（4）ここで直観されるところの、「世界の構成部分の総和」ではない「全体にして一なる世界としての世界」については、拙著（1999a）の特に第II部第三章で詳述した全体論（ホーリズム）の基本命題：「全体とは、まずはその諸部分の総和以上の何ものかである」を想起したい。ブーバーにおける「全体性 Ganzheit」は、まずは「総和的 total」な「全体 Totalität」ではない特性をもつことが、ここに明らかである。

（5）『我と汝』では、猫の眼を覗き込むときに汝的関わりを実現する瞬間（[1923]：144）、あるいは薔薇の花に向かって「汝はまさにそうであるところのものだ」と語るゲーテ（[1923]：123）について述べられている。同書新版「あとがき」（[1958a]）でブーバーは、初版以来寄せられたいくつかの重要な批判に対して回答しているが、その最初に、こういった「自然との関わり」における〈我－汝〉関係についての疑義を取り上げる。そこで彼は、「自然一般」との関係を、「動物／植物／鉱物」に分節しながら、その順にたしかに〈我－汝〉関係を結ぶのが困難になっていくことを認めている（[1958a]：162-163）。同時にそれでも、「あの樹木の生き生きとした全一性 Ganzheit und Einheit は、ただそれを鋭く探査するようなまなざしの前には拒否して自らを閉ざしているが、〈汝〉と語りかける人間のまなざしに対しては、自らを開示する」ことは、やはり有り得る、と述べている（[1958a]：163）。

（6） 晩年のブーバーが、動物／植物／鉱物の順に汝的関わりが困難になると認めるのは、「言葉」を用いて語りかけ、応答するという相互関係が不可能になるからである。このときブーバーは、「〈我－汝〉関係」を、より「言葉」を重視して厳密に再定義していると言える。それは、次章で「人間と人間との関係」を立ち入って考察したうえで我々が、「〈我－汝〉関係」を、より「対話的」に狭義の「〈我と汝〉」として再定義するものに相当する。つまり注意しておきたいのは、本節で規定した「自然との関係」における〈我－汝〉関係は、本書の研究で主題化していく強い意味で「対話的」に限定された〈我と汝〉からみれば、緩やかな広義のそれだということである。言い換えれば、「人間事象」ではなく「自然事象」に〈我－汝〉関係を適用するとき、私たちはこの概念の核心ではなく、曖昧に広げられた周縁部を用いていることになる。

（7） この点について、たとえばバーガー（Berger, P., Berger, B. & Kellner 1973＝1977）や田中毎実（1993, 2003a）が印象深く考察した。田中の「システム化」は、特に近代以降の「学校複合体」と彼が呼ぶ巨大な教育システム連関において、ブーバーの〈我－それ〉関係が歴史的構造的に具現する様相を解き明かす。しかしそれ以上に重要なのは、その「システム化」と「相互性」とを簡単に調停してしまわない、補完や拮抗、循環や均衡についての理論である。システム（我－それ）と相互性（我－汝）が互いに支え合ったり負担を免除し合ったりするダイナミックな相補関係、システム化への反動のあまりロマンティックで無反省に追求される相互性が、かえって過剰で凝固したシステム化を招き入れるといった悪循環……（田中 2003a：29,55,64,179,260）。その理論は、システム化された日常のなかの目立たない汝的関わりを過大でも過小でもなく評価し、両者の間に立ち続けて「ほどよい」均衡へ向けて重ねる努力を支えるものである。「システムの効率的維持を図りながら同時に、あらゆる場面で相互性を生成させる可能性を追求しなければならない。私たちには、分裂をあえて引受け、分裂を生きる以外の道は与えられていないのである」（田中 2003a：58）。

（8）日常のなかの「仕事の対話化」が、どのような頻度と深さで生じるものだとブーバーは考えているのか。〈我―汝〉関係は、前章でみた「出会い」のように、自明性をもった安定した日常を揺るがすような、何かしら非日常的なものなのか。それとも日常のオフィスでも随時随所で可能なものなのか。この問いをブーバーのテキストに向けてみると、その答えにはかなりの振れ幅がある。そこで私たちとしてはさしあたり、「〈我―汝〉関係」を最も広義に保持し、そのなかでも垂直の深度が深く、非連続な変容度が大きい瞬間を「出会い」と呼び、次章でみるような、日常のなかでそのつど繰り返し試みることのできる「〈汝〉に呼びかけ、応答すること」を「対話」と呼び分けてみる。

（9）この点に関わって、矢野が田中の上述の理論枠組みを最大限に評価しつつも、「相互性が〈生成の相〉において理解されるとき、相互性はシステム化と二項対立的に設定されたレベルの意味よりもさらに深い事象であることが理解できる」（矢野 2001a：93）と述べている点に注目しておく。というのも、ブーバーの「出会い」と「対話」の思想は、田中の「相互性」に垂直の深さを与えつつ、かつ日常のなかでの応答的な責任性や信頼性といった田中の「相互性」の水平面をも豊饒に補って、その立体的な把握を可能にするものだからである。他方で、ブーバーとともに本書では「システム化（我―それ関係）」の側面をこれ以上論じることはなく、その点については、田中をはじめとする理論によって補強される必要がある。

（10）このブーバー著『ユートピアへの途』のフランス語版が出版されたとき、その序文を書いたのは他ならぬレヴィナス（1995＝2001：115-120）である。そこでレヴィナスは、〈我－それ〉関係と〈我－汝〉関係の区別によって、「国家と社会との区別を揺るぎない仕方で思考し、権力なき集団を思い描くことを可能にする」と評価している（Lévinas 1995＝2001：120）。

(11) こうした課題に関わる政治的原理と社会的原理、中央集権と地方分権の間の区別と関係についてブーバーは、彼自身によって「『ユートピアへの途』（[1950b]）の具体的な補足」とされる「社会と国家のあいだ」（[1950c]）において論じている。なお、現代のパレスチナ・イスラエル問題の文脈においてこのブーバーの共同体論の「普遍性と特異性のアポリア」を論じた早尾 2002は示唆に富む。

(12) さらに、旧来の「共同態」ではない新たに呼び求めるべき「共同体」、すなわち、同じところを共有する共同性ではなく、他者の異他性を媒介した共同性のあり方については、向かい合う二人の全体性を探求する第II部の特に第六章のテーマとなる。

(13) 「精神的実在 Geistige Wesenheiten」を、この意味での「文化」と理解するにあたっては、田口義弘の広義の解釈（[1923]＝1967：262、訳注7）に依拠する。つまり、この議論の余地のある「精神的実在」概念について田口は、まず狭義に捉えた場合の二つの解釈：(1)「芸術作品や哲学体系など」、(2)「人間の精神的な創造行為がそれにもとづいているところの精神的存在」を示したうえで、広義には「精神的な創造行為の諸産物を包摂するもの」と解釈した。なお、前記の狭義(2)の「創造がそれに基づく形成力」については、その力のはたらきがまさに「精神 Geist」そのものである、というのが前章の最後に結論づけた本書の立場である。なお、この点については、稲村秀一の優れた検証がある（稲村 1987：253）。

(14) この芸術家の仕事がまさに教育者の仕事と根本的に同じ性格をもつこと、すなわち、向かい合って存在する人間との間に顕現してくる根源的な形成力を通して人間を形成していくことが、ブーバーの基本的な教育観であること。このことは、本書の結論に近い第八章を待って明らかにされるだろう。

第四章　汝への呼びかけと応答
――神秘主義から日常のなかの対話へ

「あなたが語るとき、声と言葉の秘密を心しておくがよい。畏れと愛において語れ、そして言葉の世界があなたの口から語っているのだということを思え。そのときあなたは言葉を高めるだろう。」（[1927]：61）

第Ⅰ部の最初に確認したように、今あらためて人間形成における宗教性や超越性が問われている。ブーバーは、それを伝統宗教への原理的な回帰でも、直接的な神秘的体験の賛美でもない、両者の間の「狭き尾根道」を歩きつつ問い究めた。以上の三つの章の考察を踏まえて、この問題についてのブーバー対話論の意義を明らかにしていこう。

1　宗教性への微妙なスタンス

人により、思想家により、「宗教的なるもの」や「聖なるもの」へのスタンスの取り方は様々である。その違いによって、生きられる現実の、そのありようが違ってくる。信仰を持っているか、いないか、という違いだけではない。何も信仰していない、と（意識的には）考える立場であっても、自己を越える現実へのスタンスを、実に様々な仕方で、すでにいつも選び取っている。私たちは、それらの質の違いに、どこまで自覚的でいられるのだろう。ブーバーのような研ぎ澄まされた宗教思想に取り組むことは、そのスタンスの違いを見分け、またその影響を見定めるために役立つ。

ブーバーの宗教的なものとの関わり方は、とても微妙なものだった。絶対的なものについての何か確固とした教義の上に安住することなく、第一章でみたように、ブーバー自身が「狭き尾根道」と呼ぶ、実に不安定な足場を探りつつ歩み続けた。両側に深淵を見下ろす岩尾根のうえの、細く続く狭い道。それは、右手と左手に回避すべきどのような危うさを見極めた、その間に挟まれた狭い選択であったのだろう。それを本章では探っていきたい。

生涯に経験した忘れがたい「真の対話」の一つとして、彼の『出会い：自伝的断片 *Begegnung: Autobiographische Fragmente*』（[1960b]）にも収められた次のような「神」をめぐる対話がある。

「そんなにたびたび「神」という言葉を使って、いったいあなたはどう始末するおつもりですか？　あなたの読者がその語を、あなたが受け取って欲しいと望むような意味で受け入れるとどうして期待できるのですか。……人間のもつ言葉のなかで、この語ほどに濫用され、汚され、傷つけられているものが他にあるでしょうか？　この一語のために流されたすべての無実の血が、それから輝きを奪い去ってしまいました。……」（[1953]：508）

ある日の朝、尊敬すべき老人からブーバーが、このように強く問い詰められたことがあった。しばらく言葉を失ったブーバーは、少しずつ言葉を紡ぎ出して応答する。「そうです。これは人間の語るすべての語のうちで最も罪深い語です。……しかし、だからこそ……」（[1953]：509）。語りえぬものについては語らないことにしよう、という多くの人の提案は至極もっともである。たしかに「神について」は、語るべきではない。しかしそれで、この語の濫用による悲劇を回避できるわけではない。私たちに必要なのは、語り方を変えることである。そのようにブーバーは言う。

では、彼はどのように語りえぬものに向き合い、そして、どのような語り方で、それについて、否、それに向かって、語るのであろうか。

2　〈我―汝〉関係への批判と「対話」概念

1　ブーバー対話論の再評価

ブーバーの出会いや対話の思想と、狭き尾根道をゆく独特な宗教的スタンスは、現代の教育思想において、そしてホリスティック教育研究においてもまた、あらためて注目されている。それについては第一章で検証したが、再確認しておこう。

『ホリスティック教育レヴュー』誌は、創刊一〇年を迎えた一九八八年に、雑誌タイトルを『出会い *Encounter*』に改めた。「ホリスティックな観点から教育をみる雑誌」との編集方針は、それ以降も目次頁に毎号明記して継承しつつ、その焦点をとりわけ「出会い」に定めたのである。編集長のJ・ケーンはその理由を、ほぼ全面的にブーバーの「我と汝の出会い」論に依拠して、それがホリスティック教育論の核心をなすと同時に、その論の弱点を、的確に補強してくれるからであると述べる（Kane 1997：2-3）(1)。

ケアリング教育学の第一人者のネル・ノディングス（本書第一章参照）も、ケアの倫理を基礎づけるために、ブーバーを現代的に読み直した。ケア倫理が、つきつめれば「信仰」や「聖なるもの」の問題と結びつくことに自覚的であったからである（Noddings 1993）。『ホリスティック教育レヴューー』誌の編集委員でもあった彼女は、同誌に寄稿した「対話的倫理」に関する論文において、「いま発展しつつあるケアの倫理は、ブーバーとシモーヌ・ヴェーユを、他者への配慮と関係性を強調する点において受け継いでいる」（Noddings 1994：7）と述べている。

対話的倫理に関しては、レヴィナスの『全体性と無限 *Totalité et Infini*』（1961）等での議論を想起しておこう。西洋形而上学の、外部・他者を同一化して回収し尽くしていこうとする「全体（トータリティ）」を批判したレヴィナスは、他者の他者性に向かい合う倫理を練りあげる際、とりわけブーバーに注目していた。「対象の認識に還元不能なものとして〈他者〉との関係を捉える考え、……この考えが現代思想に本質的な意味で寄与しうるものと化したのも、ブーバーの考察においてである」（Lévinas 1961＝1989：90-91）。あるいは、「常にそうであったように、今日でもユダヤ思想は自己とは他なるものとの対話の最たるものなのです。……現代的な生ならびに思想としてユダヤ教が実在していることを西洋世界に示したのは、ブーバーでした」（Lévinas 1987＝1997：8）。

レヴィナスという最良の理解者＝批判者を得て、次節で述べるように、ブーバーの「他者との対話」論の「その最も有効で最も斬新な部分」が現代によみがえる。

2　〈我－汝〉概念の「相互性」と「形式性」

「対話」という語にブーバー以上に強い意味を授けた者は誰ひとりとしていません。ブーバー以降、広範に流通したために、対話という語がすり減ってしまったとしても、です」(Lévinas 1987＝1997：26）とレヴィナスは述べる。その「対話」の「強い意味」を、本稿では最大限に汲み取りたい。そのために有効なのは、やはりレヴィナスによるブーバーへの批判である。それは、ブーバーの対話や出会いの概念が「すり減る」弱さをもっていた、その弱点を的確に突いている。彼の批判のポイントを手がかりにして、ブーバーの概念を洗練したい(2)。

そのポイントは、二つである（Lévinas 1976＝1994：39–48)。第一に「相互性」、すなわち、〈我－汝〉関係では、我と汝が一体化して融合する瞬間を捉えていて、他者と自己は互換可能な相互性（対等性・対称性）をもち、そこでは責任の主体と対象の区別が曖昧になる点である。第二に、「形式性」、すなわち、〈我－汝〉関係では、人間の他者だけでなく、樹木や馬など自然界の事物や芸術作品など広範な関係を含むため、人間の他者と自然の事物との間の決定的な違いなど、相手の違いによる内容の違いが不問にされること。たしかに、このような「相互性」と「形式性」という特徴は、前章で見たように、ブーバーの主著『我と汝』の前半部分、とりわけブーバーが自然との関係における〈我－汝〉関係を語る際に顕著なものであろう（前章でみた「自然との一体感」を想起しよう(3)）。

前章における考察は、従来の多くのブーバー理解と同様、主客二元論的実体論的な近代的認識論・存在論に対する批判を光源とした際、そこに照らし出されるブーバーの「我と汝」の特徴を捉えたものである。そこで提出した定義を振り返っておけば、【認識論的位相】において、〈我－それ〉は、主観－客観分離の認識図式による対象化、それに対し〈我－汝〉は、主客の対立を超えた直接的な全体直観として定義され、また【存在論的位相】において、〈我－それ〉は、物象化された諸実体を基礎とする存在理解、それに対し〈我－汝〉は、現在に生成する全体的世界を現実とみる存在観だとされた。さらに【実践的位相】においては、〈我－それ〉は、目的－手段連関で有用性を追求する能動的主体－受動的客体の関係であり、それに対し〈我－汝〉は、意味が生成する目的内在的で能動的即受動的な関係である、と定義されたのであった。明らかなように、このような定義にあっては、〈我－汝〉の「相互性」が際立つし、〈汝〉が人間の他者に特定されず、自然でも芸術作品でも許される「形式的性格」をもつことになる。実際に前章では、この広義において、二つの対概念の意義を明らかにした。

3 レヴィナスによる批判の意義

このように〈我－汝〉概念は、少なくともそれが最広義に理解されたとき、レヴィナスの言う「相互性」と「形式性」という特徴をもつ。大切なのは、この特徴が両義的な性質をもつことである。つまり、これによって〈我－汝〉概念は、一方で西洋近代の諸原理を文明論的に批判する広範な射程を得るが、他方でそれと引き替えに、ともすれば「曖昧模糊たる精神主義のいささかロマン派的な形式主義」を招き入れてしまう。後者が、ブーバーの思想のなかの、一九世紀から二〇世紀初頭のドイツにおけるロマン主義－生の哲学－汎神論・神秘主義的な思潮の影響に対する、レヴィナスの鋭敏な嗅覚による批判である。その批判的言辞はときに、「エーテルのごとき友情の純粋な精神主義」、「アニミストのように見える自然との関わり」、「芸術家的な人間への関わり」といった表現にまで強まる（Lévinas 1976＝1994：49）。その背景には、リトアニア出身のユダヤ人としてナチズムの時代を生きたレヴィナスの、生の哲学から地続きに全体主義へと傾斜していったドイツ思潮一般への深刻な懐疑がある。レヴィナスには、ブーバー思想のもつ最良の部分、つまり（ユダヤ的な）他者論的意義を現代に救い出すために、そのなかのドイツ・ロマン主義的汎神論的残響にトドメを刺しておく必要があったのだ。(4)

このようなレヴィナスによる批判の意義を踏まえて、私たちは次のようなアプローチで以下の考察に臨みたい。〈我―汝〉概念を、広義に理解すればレヴィナスの批判は当たっているが、汎神論的な神秘主義を自己批判して「転向」したブーバーの、その転換方向に照準して狭義に理解すれば、少なくともロマン派的な精神主義や忘我陶酔的な神秘主義は免れている。そこで、脱神秘主義的な視角からブーバーの概念を照射し、周縁の緩いソフトな部分を削ぎ落としてハードな核心部分を浮き上がらせる。このアプローチによって、ブーバー思想のデリケートでかつ先鋭なスタンス、つまり組織宗教と近代合理主義に対峙したばかりでなく、神秘主義とも対峙しながら歩んだ、かの狭き尾根道が、そして「対話」概念の強い意味が、見えてくるはずである。

第一次大戦期に経験した神秘主義からの「転向」について、ブーバー自身が、「自伝的断片」（[1960b]）においても、最晩年のエッセイ「ある哲学的弁明」（[1961]）においても、自らの思想形成の決定的な分水嶺であると強調している。とはいえ、「転向」によってブーバーは単純な反神秘主義者＝合理主義者になったわけでもない。ここでもちろん、「神秘主義」が意味するもの、その体験の内実が問題になる。短絡的には理解できない彼の宗教や神秘主義へのスタンスを捉えるために、その変化の推移を少し伝記的に跡づけておく(5)。

3　神秘主義から「日常のなかの対話」へ

1　組織宗教の伝道への嫌悪

ウィーンで生まれてポーランドの祖父母のもとで育ったブーバーは、一〇歳になって通い始めた学校で、後の「宗教」への関わりにとってトラウマのように作用する経験をした。

そのポーランド人の学校では、毎朝八時からキリスト教の全校礼拝があった。大きな十字架が見下ろしている講壇に先生の一人が登ると、全生徒が起立する。一斉に十字をきり、厳かにキリスト教の祈りの言葉を唱和する。けれども、その間ずっと、ブーバーと何人かのユダヤ人生徒だけは、じっと目を伏せ、再び座ることを許されるまで黙って立ちつくしていなければならなかった。それは毎朝毎朝、卒業までの八年間にわたって繰り返された。その学校で表立ったユダヤ人への迫害があったわけではなかった。しかし、とブーバーは言う。

「しかし、私にとっては、異教礼拝の響きに満ちた部屋のなかに、毎日立つことを強制されたことは、迫害の実行よりも、いっそう悪い結果をもたらした。この八年間の毎朝は、少年の生命の核心に消しがたい傷を刻印した。……あの当時の経験のうちに、すべての伝道に対する私の嫌悪は根ざしているのである。キリスト教のユダヤ人に対する伝道ばかりではなく、独自の信仰を有する人間のなかでのすべての伝道を私は嫌う。」（[1960b]：6）

こうしてブーバーは、他の宗教を信じる人に対してなされる宗教的な伝道を嫌悪し拒否するようになった。ここから先ずもって、ブーバーの「宗教」に対するナイーブには済まない関係が生まれてくる。

ブーバーは、宗教的哲学者として知られる。たしかに、ユダヤ教の民衆的な宗教改革運動であるハシディズムChasidism研究(6)や、旧約聖書のドイツ語訳で高い評価を受け、当時のユダヤ教学を代表する一人であった。しかし最後の最後まで、ユダヤ教の正統派からは異端視され、キリスト教や他の宗教との対話につとめた。狭い意味の宗派宗教組織の枠に収まることなく、宗教のともすれば陥りがちな独善的・排他的な傾向に対し、生涯にわたって警鐘を鳴らし続けた。

2　根源的な直接体験を求めて

特定の宗教の伝道は生涯しない、と心に決めたブーバーであったけれども、諸々の宗教に通底する根源、その核心にある宗教性そのもの、その直接的な生きた体験そのものは別であった。子ども時代に触れることのできたハシディズムの共同生活では、正統派ユダヤ教にありがちな硬直した祭儀法の遵守よりも、日々の生活における内面的で直接的な神との交わりや奉仕を重視しており、「子どもの自然な直観」によって、「畏敬を共にし、魂の歓びを共にすることは、人間の真の共同性の基礎である」との印象を刻んでいた（[1917]：964）。しかし、十代ですでにカントやニーチェに魅了された哲学青年でもあった彼は、素朴には信仰共同体に入り込むことはできず、むしろ「それを思考力や理性によって、高みから見下す」ような態度をとっていた。

世紀の変わり目（一八九六年～）に学生時代を送ったブーバーは、ウィーン、ライプツィッヒ、ベルリンなどで、社会変革の運動に活動的に関わっている。社会主義協会の会合で講演などもするようになり、また、当時勃興してきたシオニズム運動の若き指導者の一人ともなった。しかし波瀾万丈の活動のなかで、彼は次第に政治的社会的な運動に疑問を深め、ディルタイやジンメルの生の哲学などの影響もあって、文化的精神的な関心を強めていく。一九〇四年頃からすべての外的活動を中止し、クザーヌスからヤコブ・ベーメまでの神秘主義研究（学位論文）を皮切りに、内面的な探究に没頭しはじめる。それはハシディズムの説話の収集編纂から、タオ（荘子）の研究までと幅広く、その成果を、古今東西の神秘家の忘我体験（神秘的合一）の語録『忘我の告白 *Ekstatische Konfessionen*』（[1909]）など、いくつかの著作にまとめて公刊した。

この編著『忘我の告白』の序文および解読論文「忘我と告白」は、この時期の研究が集約された高密度の論考である。「忘我（エクスターゼ）とは根源的なものである」と言って、ブーバーはその体験を次のように形容する。「魂のすべての力が働き、すべての力が合一し、一体感を体験して、その只中で、愛された人が、眺められた石が、生き生きと輝く。自己の一体感と、自己と世界との一体感を体験する」（[1909]：12）。根源的な忘我的一体感。そして、この「人間の最も内奥的な体験が、同時に最も普遍的で人格的な体験であること」、それを明らかにするために、言語を絶した体験を言葉にしようとした「生きた声」を集めたのが、神秘体験語録『忘我の告白』である（[1909]：9）。しかし、ブーバーは次節で述べるように、後年にこの「若い頃」の仕事を自ら批判することになる。

3　忘我的陶酔体験から「日常の対話」へ

「若い頃、私にとって《宗教的なるもの》とは、非日常の特別なものであった。……《宗教的なるもの》は、外部へ連れ出されることであり、そのとき通常の生活は遠く向こうの方へ退き、こちらでは、忘我と光明と陶酔とが時間を超えて溢れ出している。」（[1930a]：186）

このような忘我的な「宗教的なるもの」から方向を転ずる「転向 Bekehrung」がブーバーに生じたのは、一九一四年、ブーバーが三六歳のある日のことである。その朝、まさに上のような忘我体験の陶酔を体験したが、それがまだ冷めやらぬうちに、一人の見知らぬ青年がブーバーの家を訪問してきた。青年たちが相談事を抱え、アドバイスを求めて訪ねて来ることは、当時もよくあることだった。ブーバーは温かい歓迎の態度で迎えたが、とはいえ、その日は朝の恍惚をひきずって、どこか上の空で応対していた。青年の発する問いかけの、その言外に語られている生命に関わるほどの深刻さを聞き取るほどには、十分に集中しきれずに対話を終えてしまった。その後まもなく、彼は第一次大戦で亡くなった。その訃報を耳にしたブーバーは、取り返しのつかないことをした、と自責の念をもつ。青年が絶望しつつもなお、一つの生死を賭けた大きな決断をするために、自分のところへ運命に導かれてやってきたのだということ、そして自分がどのように応答すべきであったかを、はっきりと感じ取った。

「それ以来私は、非日常であり、脱我であり、忘我であるような《宗教的なるもの》を放棄した。あるいは、それが私を見捨てたのである。私は今や、日常性以外の何ものをも持たない。そこから決して離脱しない。神秘はもはや開示されないが、しかしそれは遠ざかってしまったのではない。むしろ、今ここに、すべて一切のものがありのまま生起する足下にある。……（その都度の現在において）いまや私は、自分が呼び求められ、語りかけられており、それに応答する責任をもっていることを知っている。」

（[1930a]：187）

こうしてブーバーは「転向」し、「日常性」に還帰する。日常の世俗の生活から身を引いて、自己の内面に向かうことで生じる忘我的体験を、もはや「宗教的なるもの」とは理解しなくなる。「宗教的なるもの」は、俗から聖を区別し、日常から非日常を区別した特別な時空で生じることではない。目の前にいる人と向き合うことよりも、自己の内面に向かうことで生じるある特殊な経験なのではない。そうではなくて、今ここの、足下の「日常性」の只中に生じる。目の前に現前する一人ひとりの人と向き合う日常のなかに、聖なる神秘も含んだ一切がある。(7)

右の引用に続けてブーバーは語る。「……いまや私は、自分が呼び求められ、語りかけられており、それに応答する責任をもっていることを知っている」（[1930a]：187）。日々の現実の、その都度の今とここで、向かい合いつつある他者に呼びかけ、他者からの語りかけに応答すること。この日常のなかの応答的な対話にこそ、「生きられる全て」があり、そしてまた、それをそう呼びたければ「宗教的なるもの」がある、と言う。いわく、「もしこれが宗教であるなら、この宗教は、まさに一切の全てである。常に対話の可能性に開かれている生の、シンプルな生きられる全てである」（[1930a]：187）。日常の外ではなく、日常のなかの一つひとつの対話に、宗教的なるもの、聖なるものが生起する。

したがって、この「転向」とは、神秘主義から「日常の対話のなかの聖性」への、一言では「神秘主義から対話主義」への転向だと言ってよい。しかし、ここで「対話」という語で理解してしまうと、先に引用したレヴィナスの指摘のとおり、それがすでに「擦り切れてしまった言葉」であり、ブーバーがそこに込めた「強い意味」、まさにそれを忘我的合一体験に対抗する概念として用いた意味合いを見落としかねない。その強い意味合いをこそ見極めるために、私たちは、いま少し「対話」以前に踏みとどまって考察してみたい。

この問題意識からブーバーのテキストを検討していくとき、浮かび上がってくるのが「汝に語りかけることDusagen」という（非常に訳しにくい）概念と、さらには「応答すること」である。(8)

4　語りかけ、応答する対話の聖なる深み

1　二つの神秘的体験の区別

転向以降のブーバーは、硬直した既成宗教の教条主義や組織主義への批判のみならず、忘我的一体感を称揚する神秘主義に対する批判を――ときには『忘我の告白』を出版した頃の自分の誤りを自己批判しつつ――重々に論じている。たとえば、『我と汝』で「永遠の汝」が主題にのぼる最終第三部でも、「神秘主義の、二元性が滅した合一体験の報告は、いかがなものか。その体験談を誠実なものとして信用していいのだろうか。」と自問したうえで、「二元性が消え失せるような体験に

は、一つの場合だけでなく、二つの場合があることを知っている。この二つを、神秘主義の語り手は時々混同してしまっている。実に私自身もまた、過去にその同じ過ちを犯していた」（[1923]：135）と述べる。

さて重要なのは、その混同されやすい神秘主義的体験の二つの場合を区別することである。すなわちその二種とは、（1）専心没頭による力の集中／全身全霊を傾ける精神全体の統一、（2）恍惚とした神と自己との合一／大我への忘我的没入、である。

前者（1）のような専心没頭の体験は、ブーバーによれば、日常生活で人が創造的で精神的な仕事をしていくために是非とも必要なものである。人生のなかで一つひとつの大切な決断をする瞬間にも味わう体験である。そして、これを到達地点として目的視するのではなく、逆に、それをその後の仕事や人生に活かすことが大切である（[1923]：136）。またブーバーは別の箇所で、「人間が全身全霊を傾けて行為すると、能動的な行為が受動的な行為に転じて区別できなくなる」ことがあるが、そのときに人は「もはや切れ切れの断片ではなく、いまや自己の全てをあげて行為する全体的人間である」と述べる（[1923]：129）。つまり、このような精神の集中や統一にあっては、自己は、全体性を取り戻しているのであって、無我夢中であっても我を失っているのではない。

ブーバーは言う。「根源語〈我―汝〉は、存在の全体をかけてのみ、語られ得る。存在の全体への集中と溶解は、私の力によって生じるのではないが、私なしで生じるものでもない。汝に接して我が生成し、我が生成することによって私は汝に語りかける」（[1923]：85）。存在の全体への専心集中、そのようなものとしての溶解的な体験にあっては、自我喪失に陥ることがない。そして、他者（汝）との関わりも失われることがない。ここで「汝に語りかける我」が、「我と汝」の全体的関わりにおいて不可欠な前提となっていることを押さえておこう。

それに対して後者（2）のような体験では、自分が神的なるもの（大我）に溶け込んだり同一化することによって、我を失ったり、逆に我が肥大して自己を絶対視する問題が生じる。この場合には、もはや汝に語りかける我を喪失してしまうし、あるいは宇宙と一体化した自己には外部がなく、語りかける他者を持たない。「汝に語りかけることができること Dusagenkönnen」という造語も使っているほど、ブーバーは「汝への語りかけが可能である我」を重視している。「決して、多くの神秘主義が言うような、なにか我を放棄するようなことではない。一つひとつの関わりにとっても至高の関わりにとっても、我 Ich は不可欠である」（[1923]：130）。

要するに、神秘主義の陥穽を回避しようとするブーバーの論のポイントの一つは、自己喪失や自己充足と自己肥大化を帰結するような忘我没入的な一体感を問題視したこと、そして、他者（汝）に対して語りかけることのできる自己（我）を不可欠の「前提（可能根拠）」として重視したことである。(9) 以下、このポイントに絞って考察を進めるが、ここで踏み込んでおかなければならないのが、その不可欠な「我（自己）」の特質である。すでに、ここで私たちが用いた「我」や「自己」といった概念の曖昧さが問題となりはじめている。

2　汝に語りかける主体

二つの「我」を識別する必要がある。一方に、他者に語りかけるのに必要不可欠な開かれた「我（人格）」が、他方に、他者に向かい合わずに自己充足して閉じられた「我（個我）」がある。『我と汝』第二部の論の途上で、ブーバー自身がこの区別をしている。「〈我―それ〉関係の〈我〉は、「個我 Eigenwesen」として現れ、「主体 Subjekt」として自らを意識する。〈我―汝〉関係の〈我〉は、「人格 Person」として現れ、「主体性 Subjektivtät」として自らを意識する」（[1923]：120）。

この区別を用いれば、先のポイントは、より厳密に次のように言い換えることができる。つまり、個我の閉じられた主体が破られ開かれるような存在全体への集中的専心には大きな意義があるが、しかし、そこで主体性をもった人格を喪失しないことが重要なのである。というのも、人格を喪失していないからこそ、〈我―汝〉の我は、自分の方から「主体性」をもって「汝と言うこと・汝に語りかけること Dusagen」が可能であり、応答する責任性を、その人格に求めることができるからである。

それにしてもなぜブーバーは、ここで「主体性」などという言葉を、ことさらに選んだのか。もう少し、この「主体性」や「人格」にこだわっておきたい。これによって、従前のブーバー解釈にあっては死角になりがちな側面に光を当てることができるからである。もしも、近代主義批判の文脈において、〈我―それ〉を主客分離の関係、〈我―汝〉を主客未分ないし合一的な関係であると了解しつつ『我と汝』を読み進めたとすれば――それは前章でみたように、決して例外的な読み方ではない――、右の引用箇所は、理解が困難な所である。というのも、〈我－それ〉の「我」の近代的「主体」主義への批判を旨とするブーバーが、「主体」が破られ溶解しているはずの〈我－汝〉の関係性から、個別に〈我〉だけを分離して「人格」と名付け、しかもそれに「主体性」といった特質を与えているからである。それは、いわば「超個我的人格」のもつ「脱主体的主体性」、ともいうべき、相当に逆説的な特質である。

これをどう理解すればよいか。個我（近代的自我）の主体主義の超克という視角から光を当てるばかりでなく、神秘主義批判の方から光を当てて『我と汝』のテキストを読むときにこそ、脱「主体」的な我－汝関係における「主体性」や「人格」を強調したパラドキシカルな理由がよく理解できる。〈我－汝〉関係の、とりわけその脱主体的、超個我的な自他の相互的無媒介的な関係性のもつ意義を、あれほどまでに見事に表現したブーバーは、しかし他方で、それが忘我没入的関係性と同義に読まれることを避けなければならなかった。「脱」主体的な我－汝関係が、語りかけ応答する主体性を持った人格の「没」主体的な喪失を容認するならば、「応答的責任の主体」をも曖昧にしてしまうからである。

そう考えれば、『我と汝』に続いてすぐに公刊した次作『対話』で、青年への応答に禍根を残した「転向」のエピソードを書き記して「応答的責任」論を強調し、そして「言葉なき深み」と題された節で「東洋的一如」批判を展開した理由も、同様に理解できる。(10) ブーバーは、近代批判と伝統宗教批判だけでなく、さらにその間で忘我的な神秘主義をも批判する実に狭い足場（「狭き尾根道」）で、「我と汝」と「対話」の思想を形成していったのである。

かの「転向」の日、朝の忘我的陶酔の余韻のなかで青年への応答に禍根を残したブーバーは、それ以降、応答する対話、その対話的責任を担い得る人格的主体性を堅持する立場を強化した。この点を彼が重視するのは、ブーバー自らが、青年たちを教え導く「師」であったからである。単なる友愛関係ではなく、（たとえば師弟関係のような）一方の側が他方より重い応答的責任をもつ関係性を、ブーバーは念頭においている。つまりここまでの考察は、「相互に対等」ではない、とりわけ教師－生徒関係や医師－患者関係といった「非対称」な関係において、格別の意義をもつのである。だからこそ本書はこの主題圏を第II部を通して（特に第七章で）探求していくのであるが、以下に少し予備的に言及しておく。

3　非対称の応答的主体性と責任性

〈我－汝〉の関係は、「主客合一」ではあっても「自他合一」ではない。まず、人間以外を相手にする場合と、人間（他者）を相手にする場合とを明確に分けて、議論を整理しておこう。ブーバーが、自然や芸術作品との主客合一的・全体直観的・溶解的関係について述べる際に〈我－汝〉関係を用いる場合が確かにある。まさに形式的・相互的なその「主客合一」関係を、私たちは「〈我－汝〉関係」と記そう。それに対して、自己と他者の間の人格的関係、言葉を交わし合う他の人間との間で結ばれる関係を、「〈我と汝〉」と記そう。

さて、〈我と汝〉の方では、「我」と「汝」との「間」の領域が開かれていて、自他は「合一」的に融合していない。「汝」という二人称に語りかける一人称の「我」の人格的な主体性が保持されている。とすれば、「〈我－汝〉関係」ではなく「〈我と汝〉」の方にのみ、ブーバーが他でもない〈汝〉という「二人称」を用いた強い意義を見出すことができる。つまり、この概念の、より核心に近い狭義（強義）の規定である（翻って明らかになるのは、前章で定義した「〈我－汝〉関係」は、広義のそれだということである）。

たとえば、「ある人について話すこと」と「ある人に向かって語りかけること」とは違う。「私について話されている」とき、私は三人称に、つまり〈彼／彼女／それ〉として扱われている。「私に向かって語りかけられる」とき、私は二人称で呼びかけられている。ブーバーの〈我と汝〉の〈汝 Du〉は、「親密な友愛関係」などを想起すべき言葉ではなく、呼びかける言葉、ほかならぬあなたに向けて贈り届ける言葉である。私たちの会話には、二人称のあなたと話しながらも、実はあなたについて解釈したことを話しているだけの場合がよくある。それを書き言葉にして伝えたとしても同様の、独白の伝達としての会話。

それに対し、顔を合わせ私自身の声を出して、その時その場所で語られるべく形をあらわした一度かぎりの言葉を贈るのが、ブーバーの現在化（現前化）する対話である。それは、その内容もさることながら、その人に向けて呼びかけることが、その人の存在を、現にそこに生成しつつあるその人の生命を、確かめ証す（確証する）ことになるような対話である。

そうであるから、汝に語りかける瞬間には、（レヴィナスが鋭く指摘したように）「相互性」ではなく非対称な「語り手の能動性」が働いている。まさにその能動的行為を一語に凝縮して概念化したのが「汝に語りかけることDusagen」にほかならず、レヴィナスは「それ自体がすでに贈与だ」と言っている（Lévinas 1976＝1994：56）。もちろん先にみたように、この能動性は、応答的な受動性と相即的であるが、この点を強調してブーバーは、「汝が我に出会ってくるのであるが、汝との直接的な関わりに入り込んでいくのは、我である」（[1923]：85）と言ったり、「他者に向かって出ていくこと」（[1930a]：194）とか、「応答と責任のなかへ真に自己を賭けること」（[1930a]：206）といった表現も用いる。

あるいは、この自己を送り（贈り）出す「対話の基本運動」として、「身を向けることHinwendung」が強調されもする。呼びかける言葉がきちんと相手に届くためには、斜に構えていては届かず、まっすぐに言葉を送り出さなくてはならない。「すなわち、誰かを見つめ、彼に語りかけるとき、その相手の方に身を向けるのはもちろんのこと、彼の方に気持ちを向けること。そのことによって心を込めて向かい合うことができるようにすること」（[1930a]：195）。「心ここにあらず」ではなく、心を今ここにしっかりと存在させて、目の前の汝に「まっすぐに向き合って、語りかける」ことができるとき、相手に言葉が届く。そうすると、「いかに目立たぬ、いかにすぐにまた抑え込んでしまうものであれ、なんらかの応答が、相手のなかに引き起こされる。それは、心のなかで見上げたり、心のなかで言葉にしてみたりするだけで、そのまま消えてしまうかもしれない。そのようなわずかな応答であっても、しかし、それは現実に生じる」（[1930a]：195）。その現実に生じる小さき声に対して、しっかりと耳を傾け、応答していくこと。

「身を向けること」、「まっすぐに向き合うこと」、「語りかけること」、「耳を傾けること」、「応答すること」。応答する、という受動性のために、実に能動的な主体性、つまり「応答的主体性」が必要なのである。この瞬間に限れば、それは相互的ではない。私の方から、身を曝し、自己を開き、他者に呼びかけ、語りかける言葉を贈り与えていく。そのためにも、「我」が「汝」に呑み込まれた融合的な癒着関係ではなく、距離をとって主体性を保てる関係に、つまり〈我－汝〉関係でなく〈我と汝〉の関係でなくてはならないのである。

4　永遠の汝との聖なる対話

ブーバーの〈我と汝〉の対話にとって、汝に呼びかけ、語りかける人格の主体性が不可欠な可能根拠であることをみてきた。ブーバーが主客合一的な忘我的一体感に浸ることを自己批判して「対話」に向かったのは、我を忘れた陶酔のなかでは、汝に語りかけ応答する責任の主体も融解してしまうからであった。

とりわけ他者への教育や援助やケアを意図する「非対称な〈我と汝〉」において、以上にみてきた応答的主体性の意義が際立つ。呼びかけ語りかける主体性と応答する責任を、ブーバーは一人ひとりの大人たちに求めた。ブーバーの言うように、医療心理の臨床や教育が、すぐれて対話的実践であるかぎり、「呼びかけ語りかけること」から、それは始まる。自分の方から呼びかけ、語りかける責任の重みは、大人と子ども、教師と生徒、治療者と患者にとって、相互に対等ではない(11)。それればかりではない。現実に生きられている実際の人間関係においては、純粋な友情のような、まったく対称・対等な関係の方が稀である。それゆえにブーバーは、汝に呼びかけ語りかける人格の主体性と、その応答的責任性を再三にわたって強調した。

それにしても、大人や教師や治療者といっても、いわば聖人ではなく凡夫である。自らも戸惑い悩み傷つき、ときには我を失って取り乱す有限な一個の人間である。しかも対話の相手は、二章でみたような強い意味で「他者」、つまり異質な他者である。いつでも、どんな相手にでも全存在をかけて呼びかけ語りかけられるわけではない。日常の只中で、語りかけ応答する人格を保つのは至難のわざである。ブーバーの求めは、やはり過度に精神主義的な聖職者モデルのものではなかろうか。

この疑問に、ブーバーなら、だからこそ「永遠の汝」に支えられるのだと答えるだろう。だからこそ、有限な人間どうしの関係だけでは足りないのだと。好き嫌いもあれば浮き沈みもある人間が、いつでも誰にでも、呼びかけ、語りかけられるわけではない。しかし、永遠の汝は、いつでも誰にでも、呼びかけている。語りかければ、心の奥深くからか、天の高みからか、必ず応答してくれる。この永遠の汝との垂直の呼びかけと応答があるからこそ、たえず挫折や中断を繰り返す地上の汝への呼びかけと応答が、かろうじて支えられる。水平的な呼びかけと応答が、垂直的なそれによって支えられる。あるいは、再び二章でみた対話の深みを思い起こせば、それは「言葉のもつ力」によって支えられる。ブーバーは、次のようなハシディズムの賢者の教えを伝えている。

「あなたが語るとき、声と言葉の秘密を心しておくがよい。畏れと愛において語れ、そして言葉の世界があなたの口から語っているのだということを思え。そのときあなたは言葉を高めるだろう。」（[1927]：61）

ブーバーはこの教えを、「言葉のもつ力についてVon der Macht des Wortes」と題した節に収めている。「言葉の〈世界〉」、「聖なる根源語」がもつ力に支えられて、呼びかけ語りかける。そして、ここがブーバーのとりわけブーバーらしいところであるが、そのような単に私の口から出るだけでない垂直の言葉の力は、水平的な汝への語りかけを通してこそ実現する。永遠の汝との対話は、決してそれだけで実現したり完結することはない。「一人ひとりの汝はすべて、それを通して永遠の汝を垣間見る窓である。一人ひとりの汝を通して、我は永遠の汝に呼びかけている」（[1923]：128）。――次のようにまとめてみよう。

まっすぐに身を向けて、心を込めて呼びかけ、語りかける。存在の全体をかけた専心と集中。今ここ、目の前にいるあなたに向けて、その都度新たに生成してくる現実性のなかに身を投げ入れる。

その全存在を賭けた主体性が極まるとき、その極みで能動性は反転して、自己を捧げる絶対的な受動性に転化する。その一瞬に、あなたに呼びかけている私は、呼びかけ返される。その瞬間、すでにそれは、この私のわざを超えている。もはや私が呼びかけているというよりも、呼びかける声が、私を通して、あなたに届く。そのとき同時に、あなたを通して、どこからか私に語りかけてくる声が聞こえる。この瞬間にだけ、どこか遠くから、私とあなたを超えたところから、呼びかけてくる声がある。

そのとき、誰が呼びかけているのか。(12)「言葉」そのものが、「言葉の〈世界〉」が、呼びかけ語りかけている、ということもできる。それを「擬人法(13)」的に言うとき、「永遠の汝」と呼称される。「永遠の今」とも言うべき、聖なる言葉の生成する瞬間に語りかけてくる語り手を、ブーバーは「永遠の汝」と呼んだ。私が存在の全体をかけて、目の前の汝に語りかけるとき、近くの汝を通して永遠の汝に語りかけている。全存在をかけた呼びかけが汝に届くとき、その瞬間にだけ、私と汝の間に永遠の汝が語りかけるのである。

ここに、ブーバーに独特の、対話の深みにおいてこそ触れられる、聖なる次元がある。「聖なるもの」の垂直軸と、水平的な人間関係の軸が、ブーバーにあっては、呼びかけに応答する二人の間において直交する。ブーバーの「聖なるもの」は、たえず目の前の水平的な他者への対話において顕現するものなのである。

そして、そのような他者との対話においてはたらく垂直の力は、また人間を形成していく根源力でもある。だとすれば、ブーバーの対話論は、単に宗教論ではなく、それがそのまま人間形成論となるはずである。しかしその事情については、彼の「全体性」概念に着目しつつ、次の第II部の四つの章を通して解明していこう。

註

（1）ケーンには、『ホリスティック教育レヴュー』の誌名の変更以前から、ブーバーの「神秘主義からの転向」を参照して他者との応答的な関わりを強調する編集者序文（Kane 1996 : 2-3）があるし、『出会い』への誌名変更後も、副編集長のD. Snauwaertとともに、ホリスティック教育は「ブーバーによって深く理解された対話的出会いとそれに基づく教育学」の「人と人の間 intrapersonal」における意義にもっと関心を寄せるべきだと示唆している（Kane & Snauwaert 1996 : 3）。教育哲学を専攻するこの副編集長D. Snauwaertは、ブーバーの対話的出会いを平和教育の文脈で考察した論文も発表した（Snauwaert 1999）。この二人から2003年に編集長を引き継いだW. Crainも、ブーバーの「すべて真に生きられる現実は出会いである」を編集方針ステイトメントに記している（Crain 2003 : 3）。

（2）特にF・ポワイエの解説とレヴィナスへのインタヴュー（Poiriè 1987＝1991）が〈我－汝〉関係との対質についてバランスのよい議論を展開していて参考になった。英語圏では、『レヴィナスとブーバー：対話と差異 Lévinas and Buber: Dialogue and Difference』（Atterton, Calarco & Friedman（ed.）2004）という研究論文集が公刊されており、とりわけ編者の一人のブーバー研究を代表するM・フリードマンによる論考が興味深い。日本のすぐれた多くのレヴィナス研究書に（それらを列挙しないが）助けられたが、ブーバーのテキストをレヴィナスからの批判を介して吟味する研究は限られていて、ここでは教育学領域で着手されているもの（皇紀夫 1998：117-122、岡田敬司 2002、小野文生 2002）を参照した。とりわけ小野は、ドイツ語圏での先行研究を踏まえてレヴィナスとブーバーの比較検討を主題化している。

（3）たとえば次の『我と汝』からの引用文においては、やはりこの意味での「相互性」と「形式性」が共に際立っている。「汝との関わりは相互的である。私の汝が私に働きかけるように、私は汝に働きかける。私たちの生徒によって、私たちが形成されるし、私たちの作品によって自分が形作られる。《悪人》も、聖なる根元語にふれるときには真意を明かす。いかに私たちは子どもたちによって、あるいは動物たちによっても教育されることであろう！」（[1923]：88）相互的な人間形成とともに、ここで「聖なる根元語」という言葉が使われていることにも注目しておきたい。

（4）以上のレヴィナスによる批判はさしあたり、ブーバーの存命中に執筆された「マルティン・ブーバーとその認識理論」（ブーバー研究論文集 Buber 1963c への寄稿論文：Lévinas 1976＝1994：23-52）に基づく。これへのブーバーの「応答」（Buber [1963]：619-620）と、レヴィナスによる再度の問いかけ、さらにブーバーによる短い返答が、レヴィナス自身の手によって『固有名』（Lévinas 1976＝1994：53-59）に収録されている。注目すべきは、このやりとりの後もレヴィナスによるブーバーの「相互性」批判は、晩年のインタヴューにいたるまで再三再四（たえず「他者への応答」論の領域を開拓したブーバーへの敬意とともにであるが）繰り返されていることである（Lévinas 1987＝1997：38, 76-78, 1991＝1993：147-151, 1995＝2001：105-108, Poirié 1987＝1991：165-168）。そのことによってたしかにレヴィナスの自論の「非対称」な他者関係を際立たせることができる（が、そこでは本書で検証するような特に後期のブーバーによる相互性・対称性の限界の強調について触れられることはない）。むしろこのすれ違いの根底にあるのは、ハシディズムに深々と傾倒したブーバーに対する「ハシディズムというのは私には決定的に無縁なものです」（Poirié 1987＝1991：166）と語るレヴィナスの違和感が横たわっている。とすれば、神秘主義へのブーバーの微妙なスタンスを追いかけながら、単に「相互的」ではない「他者への語りかけと応答」についてのブーバーの所論に迫る本章の考察は、その次元で両者の異同を理解する助けにもなるだろう。

（5）「神秘主義」が混同しがちな諸体験の弁別を、ブーバーに即して本論で後述するが、さしあたり「ハシディズム」をブーバーが、「全ての合一（Alleinheit）の体験のために全ての多元性（Allvielheit）の体験が弱められることなく」、存在の全体を賭けた関わりの直接性と具体性を保持する限り、「一つの神秘主義」、とりわけ「現実主義的行動主義的な神秘主義」と名付け得る（[1927]：49）、と述べている点を指摘しておく。なお、特に神秘主義の教育における意義については、教育思想史学会『教育思想事典』（2000）の項「神秘主義」（矢野執筆）を参照。

（6）ハシディズムとブーバーの関連についての研究は、松田高志の「ブーバーとハシディズム」（1974および平石・山本編 2004所収）のほか、参照すべき優れた先行研究が本邦でも蓄積されている（平石 1991 [1966]、田中進 1966、小林 1978、福田 1992、関川 1999a ほか）。

（7）ブーバーは、ハシディズムを「決して汎神論的な世界観と同一視できない」と述べ、世俗の生活の一つひとつの物事すべてに宿る神の火花を、日々の具体的な行為によって再発見するのがハシディズムの核心であると強調している点を参照（vgl. [1917]：962）。

（8）レヴィナスとブーバーの、註（4）で触れた一往復半の短い対話においても、Dusagen は重要な概念であった（Lévinas 1976＝1994：54-57）。ブーバーの生誕百年を記念した論考（1978）のなかでもレヴィナスは、「『きみは』と語ること、それは〈語ること〉の最初の事態である」と述べ、他者へ〈語ること〉と他者について〈語られたこと〉の峻別がブーバーとともに始まることを記している（Lévinas 1995＝2001：100）。

（9）この「前提」については、「原離隔」を「第一の運動＝前提」と呼び、それを踏まえて「我以後的」に「関わりに入る」ことを「第二の運動＝実現」と呼んで、その二重の媒介的なダイナミズムを主題化した後年の論文「原離隔と関わり」（[1950a]）が重要。この点は第六章で詳しく論じる。その際、神秘主義の弱点を補強する他の残されたポイントをも扱う。すなわち、自己肥大化による外部喪失を他者論的観点から批判すること、および調和的一体感や歓喜に対して矛盾や葛藤を組み込んだ全体性を対置すること、といった点である。

（10）ブーバーの徹底した非実体論、生成論が、「東洋の英知」と類似することについて言及しつつ、しかしながらブーバーは、もしも「言葉なき深み」や「沈黙の一如」において、自己の「一」と宇宙的普遍的な「一」が融合して「二」や「多」が溶解して終わるなら、それに対しては首肯できない、と論断する（[1930a]：197）。というのもそれは、応答すべき「言葉」の喪失、さらには生活を聖と俗に引き裂く二分法を帰結し、現実の世俗生活での応答的責任から離脱してしまう傾向をもつからである（本書第二章三節参照）。とはいえ、「東洋の英知」も「往相」にとどまらず「還相」を視野に入れているわけで、必ずしもブーバーの批判は当たらないと思われる。この点について筆者には論じる用意はないが、ホリスティック教育研究との接点において、（東洋的「一如」というよりも）「無」の思想を教育に持ち込む試みを重ねる中川（2000，Nakagawa 2000）、西平（2001，2002，2003a，Nishihira 2003）を参照。

（11）この点は人間形成論的に重要なテーマであり、本書においては第七章で、援助関係における相互性や対等性の限界についてのブーバーの認識を、特にロジャーズとの対比によって詳しく検証する。

（12）この問いに、本書第二章ではブーバーとともに「〈世界〉」や「言葉＝ロゴス」、「精神」という言葉でもって答えた。「神」という言葉を持ち出すのに慎重なブーバーは、こう答える。「この返答として神という語を持ち出してきても無益であろう、もしも、私たち一人ひとりが自らの生におけるあの決定的な瞬間を踏まえて、そう答えるのでなかったら。そしてあの瞬間、神について自分が知っていると思い込んでいたすべてのことは、忘れ去られねばならなかった。……私たちがその語りかけの語り手を神と名づけるとき、その神とは常に、ひとつの瞬間における神、ひとりの瞬間神（Augenblicksgott）なのである」（[1930a]：188）。

（13）ブーバーは、スピノザの「神即自然」的な汎神論に対して、人格神の「語りかける神」といった「擬人法」のもつ意義を論じている。語りかけ応答する対話の相手であるかぎり、「一種の人格でもあることは必要やむを得ない」（[1958a]：169）というわけである。「永遠の汝」という人称代名詞による表現もまた、この意味で擬人法であることに注目しておく。本章で「神秘主義から対話へ」という観点から明らかにされたのは、まさにこの「人格性」の意義であるとも言えるだろう。

第II部　「全体性《ホールネス》」とブーバーの人間形成論

――〈全体としての人間〉の対話的形成

第I部では、ブーバー思想の「聖なるもの（ホーリネス）」へのスタンスを見極めつつ、「出会い」や「対話」や「我と汝」といった彼の基本概念を解明し、「呼びかけと応答」を中核とするブーバー対話論の（垂直の）深さを探求してきた。

第II部では、「全体性（ホールネス）」を、個人でも集団社会でもなく、対話する二人の間で実現するものだと考えたブーバーにあって、彼の対話論はすなわち、「全体としての人間」を形成していく人間形成論であることを、（水平的な）他者と向かい合う人間関係の諸相に立ち入りながら明らかにする。そして、対話的な人間形成において、他の人間の形成にあえて関与する教育者に求められる要件を、第I部でみた応答的な対話の深層においてはたらく「〈世界〉の形成力」という垂直の力との連関で立体的に解明したい。

第五章　全体性への第三の道

――個人主義と全体主義、そして対話的全体観

「個人主義が、人間の一部分のみを捉えているにすぎないとすれば、集団主義は部分としての人間を捉えているにすぎない。人間の全体性 Ganzheit des Menschen、全体としての人間には、両者ともに迫りえない。」（[1947]：401）

他者の「他者性」との対話において、その瞬間に生きられる「全体性」というものがある。マルティン・ブーバーというユダヤ思想家は、全体性を重視した「生（生命）の哲学」の薫陶を受け、他方、一九三〇年代のドイツで全体主義に対峙しつつ自らの思想を練り上げた。(1) さらにパレスチナへの脱出移住後は、イスラエルの排他的な国家主義教育に反対し、先住アラブ人との互恵同権の相互扶助的な共同体建設のために格闘した。(2)

本章では、二〇世紀前半の両大戦間にあって、ブーバーと同じく「生の哲学」的な背景をもち、

「全体性」概念を重視したドイツ教育学や日本の「全体観の教育」の潮流が、時局に抗えずに全体主義に傾斜する弱点をもっていたことを振り返ったうえで、その同じ歴史的状況下で、ブーバーが「全体主義」に対置した彼独特の「全体性」概念の特質を明らかにする。そこに、ブーバーがどのような時代認識をもって、個人主義と全体主義の二項対立を克服する「二人ずつ主義」、あるいは「対話的全体観」とでも呼ぶべき第三の立場を提案したのかを捉えたい。

一　一九世紀「生の哲学」に連なる教育学の系譜

1　「生の哲学」と宇宙的全体性

人間をその生の全体性において捉えようとすること、全体としての人間への問いとの連関で教育の意味と課題を見定めていくこと、これは教育学の一つの本道であった。まずは、主にボルノーを手がかりに、その系譜を簡単に振り返る。

ルソーの自然主義、ゲーテらの疾風怒涛、ペスタロッチ、フレーベルのロマン主義的な教育学、そしてニーチェやベルクソン、ディルタイが代表する一九世紀後半の「生（生命）の哲学」。この近代教育思想の源流には、「生命」や「有機体」、あるいは「全体性」や「宇宙的生」といった概念が、すでに豊かに含まれていた(3)。近代の文明化された生活の拡大にしたがって、ますます断片化し間接的なものになってきた生命とのつながりを取り戻し、「生（生命）の全体性」を回復すること。ルソーの「自然に還れ！」も、フレーベルの「子どもと生きよう！」も、またニーチェのディオニソス的なるものへの回帰も、この生命の根源との再結合を意味していた。その根源から溢れ出る生命の躍動性こそが、硬直化し形骸化した文化を超えてはたらく、人間の成長と形成の原動力に他ならないと考えられたのである。（vgl. Bollnow 1969＝1969）

この「生の哲学」の思潮の核心には、ボルノーも言うように、汎神論的な、あるいは神秘主義的な体験がある。「喜びに満ちた歓喜の中で、一個の人間は、大きな生き生きとした全体の中に自分が溶け込むのを感じ、そして、他の全ての生と合体したように感じる」、こういった宇宙的全体との忘我的な一体感。（vgl. Bollnow 1958b＝1975）もっとも、たしかにディルタイやベルクソンは、素朴な非合理主義に陥ることなく、生を生成の相において、生の全体連関において理解する学的方法を模索した。固定した静的な存在としてではなく、不断に流動する生成の相において、客体化され要素に分析される以前の、生の全体連関のなかで、「生をそれ自身から了解しようとする」方法。そうであるにしても、ディルタイ自身、自ら「汎神論の立場にある」と述べることも、また、教条化した宗教に対して神秘主義が功績をもつと述べることもあったという。（vgl. Bollnow 1967［1936］＝1977：41-44）

このように一九世紀後半から二〇世紀初頭にかけて、一方で、近代啓蒙の理性主義や合理主義、あるいは機械論モデルの人間観・世界観に対して、他方で、硬直した伝統的な組織宗教の教条主義に対して、汎神論的宇宙的な生命の全体性が注目を集めた。そして欧州のみならず、二〇世紀の初頭から世界各地で展開した改革的な教育の実践と理論の諸潮流は、その多くのエネルギーをこの水源から汲み上げていた。北米におけるエマソン、W・ジェームズ、デューイの流れも、相違点はあるにしても、大きくはこの潮流に位置づけてみることもできる。さらにそれは、後述するように、日本にも少なからず影響を与えたのだった。

2　ブーバーの「生の哲学」への傾倒と転向

ここで、一八七八年生まれのブーバーが、この思潮の真っ只中で、青年期の思想形成を行ったということに注目しておこう。ウィーンに生まれ、ポーランド圏を含む当時のオーストリー・ハンガリー帝国内で育ったブーバーは、一七歳のギムナジウム時代にニーチェの『ツァラトゥストラ』に魅了され、「この本は、私には贈り物というよりは、不意の襲撃のようなもので、それによって自由を奪われ、それから解放されるまでに長くかかった」と彼自身が言うほど、強烈な影響を受けた（vgl. 1960［1986］: 30, 91 ブーバーはこの本のポーランド語への翻訳を決意して第一部を訳了している）。一八九六年にウィーン大学に入り、学期ごとにライプツィッヒ大学、ベルリン大学、チューリッヒ大学を転々としたあと、ディルタイやG・ジンメルのいた、まさに生の哲学のメッカであるベルリンを拠点にする。彼は後にディルタイのことを「私の師」（［1947］: 317）と明言しているし、ジンメルとは公私にわたる親交を結び、ジンメル著『宗教 *Die Religion*』は、ブーバーが編集出版した社会心理学研究叢書の一巻である。演劇・音楽・文学・美術にも傾倒し、ドイツ・ロマン主義から生の哲学への文化潮流に深く身を浸した(4)。

ブーバーは、前章で詳述したように、この生の哲学と子ども時代に触れたハシディズムの影響から神秘主義に傾倒するが、しかし第一次世界大戦の前後において、そこからの決定的な思想的転回を経験する。「全体性」に関するブーバーの思想は、「生の哲学」的あるいは「汎神論」的な影響をいったん深々と受容し、そのうえでその神秘主義的傾向を内在的に批判し、その弱点を克服すべく鍛え上げられたものだった。

生の哲学は、そしてブーバーの思想も、形骸化した伝統宗教への批判と近代啓蒙合理主義への批判という両面対峙において成立してきた思想である。しかしそればかりでなくブーバーの思想は、その両面批判の間で陥りがちな神秘主義と全体主義から自覚的に脱却した思想である。本章では以下、この全体主義をめぐる問題に関心を集中する。

実際に歴史を振り返れば、ロマン主義から生の哲学を経る近代文明批判の系譜は、一九三〇年代にドイツでも日本でも、政治的な全体主義に取り込まれていった。そして第二次大戦後の日本の場合、その全体主義への反省から個人主義が賞賛されたが、その個人主義もたえず批判にさらされ、現在にいたるまで個人主義と全体主義の両極の間で振り子は揺れ続けている。一方で個性の重視が語られつつ、他方で愛国心が強調されて全体主義へ傾斜していくような教育状況もある*。そしてこの状況は、一九二〇年代から三〇年代の日本の教育をめぐる思想状況と似通っている。そこで次に、当時のその状況を瞥見し、ブーバーに対して問いかける関心の所在を明確にしたい。

＊　ホリスティック教育（研究）はこの状況にあって、「全体 totality」に対して「個人 individuality」を対置することで抵抗するのではなく――この仕方の限界はすでに歴史の教えるところである――、「全体性 wholeness」を再定義する仕方で対抗しようとする（詳しくは『ホリスティック教育論』吉田 1999：17,209-211,240,247,306）。しかしそれは容易ではなく、危ういチャレンジでもある。本章と次章で明らかにされるブーバーのユニークな「全体性」理解は、その困難な再定義に向けた有力な手がかりとなる。(5)

3　一九三〇年代日本の「全体観の教育」論

いわゆる大正生命主義の時代以降、昭和戦前期までの間、「生命」や「宇宙」、「全体性」は、哲学・思想・文学等の言論界において、そして教育（学）界においても、相当に多用されたコンセプトであった（鈴木 1995）。そこには、ニーチェ、ベルクソン、ディルタイの直接の影響をうかがうことができる。注目すべきは、「生（生命）の哲学」を基礎とした教育学の潮流が、一九三〇年代に入ると、「全体観」という概念をはっきりと主題化しはじめることである。ここで立ち入って、当時の論説から主なものを引用し、この動向を検証しておく。

東京帝国大学教授（当時）の入澤宗壽は、一九二九年の著書『現象学的教育思想の研究』において、「現象学派においてはシェーラー以下の人々すべて、理想と現実、社会と個人、普遍と特殊とを統一する見地に立っている。その統一、結合は彼らのいはゆる全体観である」と述べ、この全体観の見地からすれば「社会的教育学と個人的教育学とを結合し得る」とする（入澤 1925：125）。（――なお、引用文中、旧字体を現代常用体に改めた箇所がある。本節の以下の引用文も同様。）

そして一九三六年に入澤は、「全体観」そのものを主題にした体系的な『全体観の教育』（1936）を著した。その章節構成に従ってそれを概観すれば、第一章が「全体観の立場」（節：全体観の立場、全体性と現実性、全体性と個性、構造の概念、了解と体験）、第二章が「全体観と生活」（節：生の哲学、生活教育、清明学校と全体性）、第三章が「全体観と文化」（節：文化哲学、文化教育学、文化科）であり、ここまで、主にディルタイ学派の生の哲学、シュプランガーやノール、リットらの文化教育学を参照しながら「全体観の教育」を基礎づけている。そのうえで以下、第四章「全体原理としての郷土」、第五章「全体観と教授」において、各論的に郷土教育、合科教授、体験教育、総合教育、各教科教育などを論じるものである（入澤 1936）。

ここでは、「精神生活は部分から集められて生長するものでなく、又要素から構成せられるのでなく、即ち一つの合成でなく感覚感情のアトムの成果でなくて、根原的に常に進動的なる統一である」（入澤 1936：66）と述べられているように、要素還元主義や原子論や機械論に対置される全体観の特性にも論及される。その特徴がより鮮明なのは、次の一九三三年の長田新（広島文理科大学教授）の記述である。

「現代教育に数多の悲劇の依つて生ずる顕著な源泉の一つは、現代教育が其の主要なる立脚点とする原子論的な機械観にある。此の悲劇の源泉を取除く為めに、新教育はあげて其の立脚する基礎を文化の全体性と生命の全体性との上に求めなくてはならない。既に早く近世の初めにペスタロッチーに依つて、教育は人間諸能力の全体的教養を目指すべきことが教へられ、現代においてシュプランガー一派の生命哲学は教育の基礎を原子論的機械観から有機的生命観へ転回せしめ、全体性の立場に教育が新な方向を取るべきことを暗示した。」（長田 1933：1）

原子論的機械観から有機的生命観への転回による文化と生命の全体観の立場が、ペスタロッチからシュプランガーへの教育学的系譜を踏まえて主張されている。この一節は、島根県女子師範学校の津田萬夫著『全体観に立つ生活教育の理論と実際』への序文として書かれた。同様に熊本県師範付属小学校著『全体観の修身教育』（1934）にも、長田新の「平生全体観の教育学を唱導して来た者として」の序文が付されている。こうして学校教育の実践者にも一定の広がりをみせてきた一九三八年九月には、広島文理科大学付属小学校の編集で当時大きな影響力をもっていた雑誌『学校教育』が、「教育と全体観」と題した特集を組んだ（学校教育研究会編 1938）。

この『学校教育』「教育と全体観」特集号は量・質ともに充実しており、入澤、長田の他に、木村素衞（京都帝国大学）、稲富栄治郎（広島文理科大学）、海後宗臣（東京帝国大学）ら一二名の研究者が揃って「全体観」をテーマにした論説を発表している。加えて、一七名の実践家が全体観による教科教育や学級経営を各論的に報告した（特集部分総二六五頁）。佐藤熊治郎が『全体観と国民教育』を著した一九三九年には、「全体観は学界の趨勢であり、実践的生活の主方向ともなりつつある」（佐藤 1939：96）と記すまでになった。

2　「全体観の教育」と全体主義

1　全体観と全体主義との区別

さて、この三〇年代後半の日本は、言うまでもなく国家総動員体制へ向かう時期であり、すでに政治的には「全体主義」という立場が術語化されていた。当時編纂された『教育学辞典』（岩波書店）では、「全体主義」と「全体性」は別々に独立した項目として掲載され、「生の哲学の全体観は又、今日人々の悩んでいる個人的教育学と社会的教育学との分裂、教師と生徒の間の階級づけ、権威と服従との間の対立の克服のみでなく、更に体験学校・生活協同社会学校・労作学校・生産学校等の改革運動にもあらわれている」との記載も登場する。(6)

「全体観」は当初から、国粋主義的な「全体主義」との異同を自覚していた。たとえば入澤宗壽は、はっきりと「統制主義や併呑主義の性格をもつ全体主義」から「全体観」を区別して概念化している。

「全体観の哲学を政治上に適用すると、一見昨今流行の全体主義、統制主義の見解に到達するが如くにして実はその間に差違を認めねばならぬ。今日の全体主義と統制主義の理論及び実行には個人と個性を不当に圧迫することをも意としないものがあるが、かかる全体主義、統制主義は全体観の企図せざることは前節の中にものべた如くである。却って全体観は個性を甚だ多く念とするものである。」(入澤 1936：26)

ここには国家と個人の関係において、個を圧迫し全体のなかに併呑して統制する「全体主義」には明確に反対して、個人と個性の意義を救い出そうとする意図がうかがえる。そのために入澤の場合は「Individuality」概念を持ち出し、部分的要素への分割不可能な「全体＝個」と捉えて、「個」を全体の下位に従属する「部分」として捉える見方に反対する。いわく「個性即ち不可分性（Individuality）を念とすることが全体観の中心思想である。……それ故全体観は全体性と同時に個性を力説するのである」(入澤 1936：26)。

同様の時代認識から、個人主義と全体主義の二者択一を回避しようとする『全体観と国民教育』(1939) の佐藤熊治郎は、「個全一如」といった概念で応対する。「既に個人意識を離れて集全意識なしとすれば、個人と国家の間に前後を立てることは出来ない。相即不離又は個全一如と呼ぶ外に言葉がない。個人主義も全体主義も、共に離すべからざるものを人為的に引離し、抽象した極の一方を絶対価値に高めてをる点で大きな錯誤に陥ってをる」（佐藤 1939：53）。

しかし、「個即全」「個全一如」といった論理では、当時の国粋主義的な全体主義に対抗しえず、多くの場合、結果的には取り込まれていくことになった。この動向を危惧した木村素衞は、前出の『学校教育』掲載論文「教育と全体観」において、あえて、次のような時事的な発言をしている。

「全体がかくの如く本来普遍と個体との否定媒介的な弁証法的総合であるのであるからして、今若し全体の名において個体の独特の意義を無視或は軽視してこれを単なる普遍の為の手段的存在であると考へる如き立場に立つ人があるとするなら、それは決して真の全体観の立場に立つものではあり得ない。……このことは教育の実際に当って、或は更に広く一国の文化政策に関して、極めて重大な、時としては恐るべく重大なことではないかと考へられる。」（木村 1938：33）

このように木村においても、「全体の名において個体の独特の意義を軽視するのは真の全体観ではあり得ない」わけだが、では、「真の全体観」は、どのように全体性を思想化したのだろうか。

2　生命哲学的な全体観のもつ弱点

個を全体に埋没させてしまうことのない全体性は、ありえるのか。それはいかなる全体性であるか。それを以下でブーバーに問い質そうとするのだが、その前哨として、前節でみた「生命哲学（生の哲学）」に基づく全体観の限界を見定めておく。

先の木村素衞は、「今日全体観と云ふとき人々は生命哲学の立場を持ち出して来るのが普通である」が、その生命哲学の立場は、次の弱点をもつと考えた。「本質的、原理的に重大な点にのみ着眼して云ふならば、独りディルタイに止まらず一般に生哲学の立場に立つと云はれる人々には、否定性の契機が看過されているのではないであろうか」（木村 1938：34）。では、その「否定性」の契機とは何か。たとえば、木村は次のように言う。「個性的なるものは必ず他の個性的なるものと否定的に媒介し合ふと同時に、また普遍的なるものとも否定的に媒介し合わなければ、それ自身の意義と存在とを絶対に得ることができないものなのである」（木村 1938：32）。ここには、水平方向の「個的媒介」、すなわち自己でない他の個に媒介される否定性と、垂直方向の「普遍的媒介」、すなわち普遍ではない特殊として限定される否定性との二つが含まれる。ところが問題は、汎神論的な忘我的・陶酔的一体感や宇宙的合一においては、自己と他の個体との、あるいは普遍的全体との間が無媒介に融合するため、否定的媒介（異他性や限定された特殊性）が失われるのである[7]。「人間はかくの如く否定的媒介に依て自己ならぬものへ、他者へつながる存在なのである」とも言われるように、問題は「自己ならぬもの、他者との関わり方」である。とすれば、これは優れてブーバー的な主題圏に踏み込んだ問題である。実際に木村自身、「個的媒介が自覚的に生きられるとは何を意味するであろうか」と問うて、「そこに成立するものは即ち我と汝との意識にほかならない」（木村 1946：67 傍点は木村自身）と述べる[8]。

ここで確認しておきたいことは、次の点である。すなわち、汎神論的な傾向をもつ生（生命）の哲学においては、「否定性の契機の欠如」、すなわち「自－他、個－全の無媒介な融合化・同一化」という弱点があったこと、そして、全体観は、それが克服されないならば、全体主義への転化を免れないという教訓である。この木村の示唆を活かしながら、以下のブーバー思想の考察では、他者を同化していくよりも、他者を異化していく媒介的な関わりが、際立てられることになるだろう。

3 ブーバーにおける「全体性」の問い方

ブーバーは、「全体としての人間」への問いを「生の哲学」から受け継ぎつつ、しかし彼自身の観点から、人間の全体性を問い直した。そして、それのもつ弱点を克服する思想を、（「我と汝」や「出会い」、「対話」にとどまらず）「向かい合う二人」や「原離隔」、「間」といった概念に結晶化させた。ここでは、一九三〇年代ドイツの全体主義との対決によって結晶化したブーバーの後期思想に照準を当てたい。当時の社会哲学的な主著である『人間という問題』[9]（［1947］）の検討から始めよう。

その冒頭でブーバーは、「人間の全体性、全体としての人間」を問うのが、彼の「哲学的人間学」の方法であると力説する。

「人格の全体性 die *Ganzheit* der Person と、それを通して人間の全体性 die Ganzheit des *Menschen* を認識できるのは、彼がもはや主観性を排斥せず、もはや無感動な観察者ではなくなったときである。人間の全体性を感得しようとするならば、彼は、自覚という行為において、現実のなかに全身全霊でもって入り込まなければならない。」（[1947]：316　太字は原著イタリック）

この「人間の全体性」を捉える方法を、彼は「人間学的自覚 die anthropologische Besinnung」と呼び、それがディルタイ学派の影響下にあることを自ら記している。いま学的方法論は措いて、本章の課題にとって重要なのは、「この自覚に向かって最も近づきやすく、最良の資質をもつのは、孤独を感じつつある人間である」（[1947]：317）とブーバーが明言していることである。「孤独」をどう自覚し、どう克服するか。まずそれが、彼の「全体性」を「全体主義（集団主義）」から峻別してくる最初のポイントである。「孤独を感じつつある人」とは、共同体の外部に出てしまった人であり、人生の意味と人間の地位を教えてくれる「宇宙論的安心感 kosmologische Sicherheit」（[1947]：352）、つまり自己のアイデンティティを支える共同体の物語を共有できなくなった人である（本書第二章一節参照）。このような人においてはじめて、自分が生きていることが当たり前でなくなる。単にあれこれの人間についての部分的な知識ではなく、そもそも人間とは何か、この私はどこから来てどこに行くのか、といった「宇宙における人間の地位」への、あるいは「全体としての人間」への問いが生じる。

それゆえ精神史的にみて、構築された共同体が安定していた時代よりも、それが揺らぎ解体する家郷喪失（Hauslosigkeit）の時代に、人間学的な思想がその深みを獲得した。そう前置きしたうえでブーバーは、アリストテレスからカントまで、そして近代に入ってからの、ヘーゲルとマルクス、フォイエルバッハとニーチェの問い方と答え方を、その思想家が生きた「孤独」と「家郷喪失」の状況を絡めて概観する。さらに、現代ほど孤独の不安が深まった時代はないとしつつ、フッサールとキルケゴール、同時代（二〇―三〇年代）のハイデガーとシェーラーの回答の仕方を、まさに一刀両断に論じていく。

大鉈を振るってザックリと、特徴的な輪郭だけを次々に浮き彫りにしていく、それは実にスリリングな思想史であるが、ここでは結論だけを述べよう。要するに、ニーチェ、キルケゴール、ハイデガーらの思想は、「孤独となりつつある人間」としての自らの境遇を敢えて肯定し、それを賛美することによって孤独に耐えようとするものだと言う。「超人」、「単独者」、「死への先駆的覚悟」等は、共同体内部の人間集団（大衆）の非本来性に対置された、賞賛されるべき本来的な個人の生き方である。これらは、人間の個の確立（孤立）を敢えて称揚する、その意味で個人主義の立場である。しかしブーバーは、このような個人主義を、三〇年代に強く批判するのである。

3　全体主義を回避するブーバーの「全体性」

1　全体主義を招き寄せる個人主義

ブーバーのよく知られたキルケゴールへの批判論文「単独者への問い Die Frage an den Einzelnen」も、一九三六年の公刊である。全体主義へのレジスタンスの最中に、なぜ、全体集団の立場を批判するばかりでなく、個人や単独者の立場を批判したのか。その理由は、個人主義では全体主義に対して有効に対抗できないし、むしろ個人主義は全体主義への呼び水になっている、――このような認識を、ナチズムの圧政のなか、ユダヤ自民族のみならず、キリスト教系ドイツ人との対話も重ねたブーバーが持っていたからである（cf. Friedman 1991＝2000：421-449）。

前節で垣間見た思想史的な状況認識を、単に突出した思想家たちにかぎらず、大衆社会を生きる人々にも適用できるようになってきたのが、現代の状況である。このブーバーの時代認識を、彼の語るところに即して、以下に少し詳しく追いかけておく。

「現代の個人主義と集団主義は、他の諸々の原因がいかに異なるものであっても、根本的には、一つの同じ人間状態の結果あるいは表現であり、ただ段階的な違いがあるだけである」（[1947]：401）とブーバーは言う。その同じ一つの状態とは、先に触れたように、宗教的宇宙観の動揺、共同体の崩壊などによる近代人の「宇宙的かつ社会的な故郷喪失」（[1947]：401）である。

このような状態に対する第一の反応が、「敢えてこの境位を肯定しようとする」個人主義であり、自己以外の何ものによっても意味づけられず、他者と結合せぬ単独者こそ最高次のものであるとして、「孤立化することによってともすれば陥りがちな絶望から逃れるために、孤立を賛美するという苦肉の策に訴える」（[1947]：402）。しかし、ニーチェのように、自己を越える何ものにも依らずに自己自身の手によって自己の生を意味づけようとする自我は、真にそれを徹底しようとすれば、究極的にはニヒリズムに逢着せざるを得ない。というのも、自らが既に意味を持っているとすれば、そこでは意味を賦与する主体が自己の外に想定されるので、意味付与の絶対的な主体・起点たろうとするものは、それ自体としては無意味なものでなければならないからである。したがって、無意味に意味を見出すというような自己矛盾に陥るか、時流に対して自己放棄的に身を委ねることになる。

こうして、「第二の反応、すなわち集団主義が、第一の反応である個人主義の挫折ののちに主として出現した。ここでは人間の人格は、現代の集団的組織の一つの中に自己を完全に埋没させることによって、孤立化の運命から逃れようとしている。この組織が巨大であり緊密であり強力であればあるほど、彼は、社会的および宇宙的な二つの故郷喪失から救われたと感じることができる」（[1947]：402）。ここでは、ナチズムのみならず、中央集権的社会主義を含めた現代の大衆的管理社会の出現が指摘されている。このような集団主義的社会では、「他者との共感を求める人間の人格の、あのしなやかな感受性は、次第に抑え込まれるか、鈍化させられる。人間の孤立化は克服されるのではなく、むしろ紛らわされる。孤立しているという認識は抑圧されているが、心の深層では、その事実は何ら克服されないまま作用していて、知らず知らずのうちに増幅してきて一種の残酷さにまで高められる」（[1947]：403）。これがブーバーのドイツ全体主義の背景を理解する基本ラインである。

問題はどこにあるのか。ブーバーは、そもそも個人と集団の二項を対立させて、その二つの間の二者択一や折衷的調和として人間の生き方を考える人間理解の枠組みそのものに、問題の所在を見ている。「生きた認識を得る第一歩は、我々の時代の思考に浸透している〈個人主義か集団主義か〉という二者択一的選択肢そのものを、誤ったものとして破棄することでなければならない」（[1947]：404）。

2　個人主義と集団主義との二項対立

個人か集団社会か、この二者択一は、たしかに実に根強く私たちの思考に浸透している。教育の目的を考えるときの思考の枠組みの中にも、「……平和的な国家及び社会の形成者として……個人の価値をたっとび……」（教育基本法第一条）とか、「自由自律と公共の精神」（臨時教育審議会答申「二一世紀のための教育目標」）とかいうように、個性の尊重（個性化）と社会への適応（社会化）との二項を立てる図式が浸透している。個人的価値と集団的社会的価値とを二分したうえで、両者の間の調和を図ろうとする。いわく「社会における自己実現」「集団の中の個性の発揮」等々。しかしそれを為しえずディレンマに苦しみながら、個人主義と集団主義との間を、極端にはエゴイズムとファシズムとの間を揺れ動く。これは、近代以降の時代を生きる我々にとって、相変わらず基本的な問題であろう。たとえば、「ひとりはみんなのために、みんなはひとりのために」というスローガンも、言うは易し行うは難し、かえって〈ひとり〉対〈みんな〉の対立図式を浮き彫りにする。あるいはまた、近年の〈公〉か〈私〉か、の議論のなかで、「滅私奉公」に陥らない「公共性」のあり方が問われているのも同型の問題である（たとえば佐々木・金編 2001参照）[10]。

この文脈に、前節でみた三〇年代日本の「全体観」の事例をのせてみよう。そこでは、人間の全体性とか、生の全体性と言われるとき、概ね二つの全体性があった。一つは、世界／大東亜／国家／社会といった、諸部分を統合した大きな集団としての全体性であり、生の意味や価値は、このような全体を通して得られるものと解された。もう一つは、いわばインディビデュアル（不可分）な個としての全体性で、そこでは知／情／意などの諸属性に分割できない全体としての個人が捉えられた。当時の「全体観」の立場でも、個人を不当に抑圧する「統制主義や併呑主義の性格をもつ全体主義」に反対する多くの論者が、個人と社会全体、個性と普遍性とを統一・結合するところに全体観がある、と主張した。しかしながら時局のなかで、結局のところ全体か個人かの二者択一を迫られる構図に陥り、国家的な全体主義に取り込まれていった。つまり、個（私）と全体（公）を二つの対極に振り分けたうえで、その調和や折衷を図ろうとする論理では、全体主義化する歴史的現実の奔流に抵抗するには、あまりに脆弱だったのである。

個人（私）主義と全体（公）主義は、相互に転化し補完する同位対立物にすぎない。個人主義と集団主義の二項対立的な思考を破棄しなければならない、と明言したブーバーは、続けて次のように言う。「そのための最初の問いは、個人主義と集団主義とのどちらにも還元されず、かつ両者の単なる折衷でもないような、その意味で〈真に〉第三の、ある一つの立場への問いでなければならない」（[1947]：404）。では、そのような第三の人間理解とは何であるか。

4　第三の立場——「二人ずつ存在」による対話的全体観

「個人主義が、人間の一部分のみを捉えているにすぎないとすれば、集団主義は部分としての人間を捉えているにすぎない。人間の全体、全体としての人間には、両者ともに迫りえない。個人主義が人間を自己自身との関わりにおいてのみ見ているのに対し、集団主義はそもそも人間を見ずに〈社会 Gesellschaft〉を見ている」（[1947]：401）。個としての全体性でも、集団としての全体性でもなく、ではブーバー的な第三の全体性は、どのような大きさの全体なのか。

「〈ひとり〉は〈みんな〉のために、〈みんな〉は〈ひとり〉のために……」。ここで抜け落ちているのは、〈あなた〉である。ブーバーの立場を鮮明に際立たせるためにシンプルに人数で表現すれば、それは、〈ひとり〉で全体でも、〈みんな〉で全体でもなく、〈ふたり〉で全体、という立場である。個人主義でも集団主義でもなく、いわば「二人ずつ主義」。実際すぐに見るように、ブーバー自身が「二人ずつ存在」というキーワードを用いる。社会集団でも、個々人でもなく、一対一で「二人」が向かい合っている場が、「人間の全体性」である。この「二人性」は、ブーバーのテキストを理解する際、もっと強調されてよい。次は、よく引用されるブーバーの一節である。

「人間的実存の基本的事実は、それ自体における単独者でも、それ自体における全体社会でもない。どちらもそれ自体で考察されるなら、強引な抽象物にすぎない。単独者は、他の単独者との生きた関わりに参入するかぎりにおいて、全体社会は、生きた関わりの単位から自らを構成するかぎりにおいて、実存的事実である。人間的実存の基本的事実は、人間と共にある人間（一人と一人）である。」（[1947]：404　傍点は引用者）

この重要な「人間と共にある人間 der Mensch mit dem Menschen」という定義は、「一人と一人」と訳してもよい。そのポイントは、「不特定多数の人々の共生や共同性」よりも、（日本語訳では人間 Mensch の単数形が見えないために看過されやすいのだが）「一人と一人」の「二人性」にある。『人間という問題』の著書全体を締め括る最後の一文には、「二人ずつ存在 Zu-zweien-sein」という造語が入る。

「私たちが人間を、対話（Dialogik）において、つまりお互いに相手を目の前にしている二人ずつ存在において、他者との出会いがその時々に実現され認識されている存在者として理解するとき、そのときこそ、人間とは何かという問いの答えに、今よりももっと近づくことができるだろう。」（[1947]：407　傍点は引用者）

ここにブーバーのお馴染みの鍵概念、「対話」と「出会い」もそろって登場している。大切なのは、「対話」も「出会い」も一人ではできず、集団同士では成り立たず、三人でも無理で、「二人ずつ存在」に特権的だということである。もし三人以上でも対話が成り立つとすれば、その場でその都度、一人と一人がしっかりと向き合って「向かい合う二人ずつ」の関係が生きてはたらいている時のみなのである。ブーバーの「対話 Dialogik」は、彼の著作タイトル『対話 *Zwiesprache*（＝二人して語る）』（[1930a]）にもあるように、「〈二人して語る〉対話」である。

人間の生の最も基本的な事実、まだそこから何の抽象も分析も還元もされていない第一次的な生きた全体性は、ある一人が他の一人と向かい合って共に存在している、その「二人ずつの全体」である。先に、人間が孤独に耐えられない理由は、人間の基本的な存立の単位が「個人」ではないからだと述べたが、ではその「基本単位」は何かといえば、「私たち」や「共同体」や「社会」ではなく、ブーバーにあっては「二人（一人と一人）ずつ存在」なのである。[11]

このような「二人ずつ主義」の、「二人して語る対話」に全体性をみる全体観を、ここで「対話的全体観」と呼んでおこう。では、その「二人して語る対話」において、その二人ずつの存在は、どのようなダイナミズムで、どのような関係性にあるのか。先に我々は、木村素衞とともに、否定性を媒介しない融合的な全体観がもつ弱点を確認しておいた。その意味では、ブーバーの対話的全体性は、どのように他者の否定性を媒介しつつ、全体として生成するのであろうか。章を改めて、『原離隔と関わり』（[1950]）をはじめ、後期ブーバーの哲学的人間学の諸論文を参照しつつ、その考察を進めよう。

註

（1）ブーバーの教育に関する諸論は、この過酷な両大戦間に集中している。ドイツに一九三八年まで踏みとどまって全体主義と対決したその歴史的文脈を精査し、この時期のブーバーの研究を網羅して詳細に研究した齋藤昭（1993 特に第二部）を参照。

（2）パレスチナに移住後の、ブーバーのアラブ・ユダヤ両民族共存のための格闘とその教育論、とりわけユダヤの民族性の滋養のための民族教育と国家主義教育とを峻別する教育論について、齋藤（1993 第三部）の研究を参照。

（3）「生命主義」を研究する鈴木貞美は、その源流たるゲーテの自然学を「全体論」と絡めて次のように評している。「これは各部分に分解して自然をとらえようとする要素還元主義とは異なり、生命を生命たらしめているある統一性ないしは全体性を考慮する全体論（ホーリズム）の傾向を示すものだった。……このゲーテの生命観は、第一次大戦後、ドイツの「生の哲学」の系譜を世界の諸文化の歴史的変遷に適用して『西洋の没落』(1918–22)を書き、大きな反響を呼んだオズワルト・シュペングラー(1880–1936)によって再発見される」(鈴木 1996：75)。

(4) フランスでのこの潮流に関わって言えば、後年にベルクソンのヘブライ語訳が出たとき、その入門的解説「ベルクソンにおける直観の概念」([1944])を執筆したのは他ならぬブーバーである。

(5) 全体主義的「全体(totality)」とホリスティックな「全体性(wholeness)」の異同をめぐっては、従来からホリスティック教育研究が深刻に自問自答を繰り返してきた。とりわけ九〇年代の北米でなされた議論について、『ホリスティック教育論』(吉田 1999)で詳述したところであるが、ここではブーバーへの問いかけを念頭において、次の三つの論点を提示しておく。エコロジー教育分野出身の理論家が、人間一人ひとりは地球生態系という大きな一枚のジグソーパズル(全体)の一片ずつ(部分)であると説明したモデル(cf. Clark 1991)が、論争の格好の題材となった。このジグソーパズル・モデルの含意は、個々人が(国家主義的な利害を超えて)より大きな全体的な視野をもって考え行動すべきこと、バラバラに見える部分も実は他のすべてのものと支え合っていること、個々の部分がそれぞれに異なり独自の位置をもつからこそ全体が成り立つこと等であった。ところがこのモデルは、全体主義的と批判されてしかるべき、次の三つの難点をもつ。第一に、パズルの個々の断片それ自身には意味がなく、全体へと統合されてはじめて意味をもつこと(**=部分の存在意義の全体への従属**)。国家主義のような排他的全体主義を、たとえば人類共同体や地球生命圏のような「より大きな全体」を持ち出して克服しようとする場合も、つまるところ同じ構図に陥っている。これは、部分(個)と全体をともに実体論的な与件として前提する帰結でもある。ブーバーにあっては、全体と個のどちらも、他を意味づけ得るような意味を、それ自体で所有することはない。ではブーバーにあっては、どのように存在の意味を確かめることができるのか。第二に、パズルの完成されるべき全体像が、別様ではありえず、あらかじめ一つに固定されていること(**=外部をもたない一なる全体への同一化**)。すべてのピースの特性（それぞれの違い）が、一つの全体を形作る手段とされ、その全体を、はみ出すことは許されない。違いやズレや多様性は、全体のなかへ回収され解消されるべきものだと見なされる。それに対して、ブーバーの「他者性との出会い」の思想は、違いとどう向き合うのか。第三に、ジグソーパズルがそこへ向かう全体像＝完成図は、空間的に固定されているだけでなく、時間的に言えば、予定されている。あらかじめ定められた絶頂期へ向けて、すべてがそこへ向かって直線的に進み、あらゆる矛盾はそこで解消し、完全なる調和が完成して完結する（＝完成した調和的全体の予定）。それに対しブーバーにあっては、出会いは予定できず、対話は完結しないのであった。対話的な人間形成は、それへ向けて漸進的に発達するような、全人的な完成像をもつのか。「完全に調和した人格の完成」といった目標と、ブーバーの言う「全体としての人間」とは、どう違うのか。ホリスティック教育の前記のアポリアを考慮しつつ、これらを以下の第II部でブーバーに問いかけ、彼の「全体性」理解から学ぶ。

（6）阿部重孝・城戸幡太郎・佐々木秀一・篠原助市編『教育学辞典』（岩波書店、一九三六－三九年）、項目「生の哲学」、一四三七頁。

（7）この点の詳細は、木村教育学に関する先行的な研究、たとえば本稿と問題関心も重なる大西（1996）を参照。

（8）この「我と汝」は、多分に西田幾多郎の論文「私と汝」（西田 1987［1932］）の影響であって、直接にはブーバーの概念ではない。しかし、我々としては、この木村の示唆（否定的媒介）を念頭において、ブーバーの「我と汝」に迫りたい。

（9）ドイツ語初版は一九四七年であるが、この著書は、三八年にドイツを離れてパレスチナのヘブル大学教授に着任した、その最初の「社会哲学」講義原稿に基づくもので、ヘブライ語では四三年に公刊されている。

（10）なお、ブーバーの次の言葉も参照。「このようなことは、ある種の道徳家たちが考えているような〈利己主義〉と〈利他主義〉との対立と混同されてはならない。私は、〈社会運動〉に熱中しながら、共に在る人間

との存在から存在への語り合いを全くしない人々を知っている。」（[1930a]：193）

（11）「二人ずつ存在」に「全体性」をみる視点、これはホリスティック教育の諸論（『*Holistic Education Review*』誌および『*Encounter*』誌）を見渡しても皆無である。ブーバーの二人ずつ主義による対話的全体観は、個人主義と全体主義の両極に向けて振り回される現代の思想状況にあって、新機軸を打ち出すものだといえる。ただし興味深いのは、「二人ずつ」に「全体」をみる着想は新奇なものではなく、「ホリスティック holistic」の語源「ホロス holos」の故郷である古典ギリシャに遡れば、二人のカップルにおいて「全きもの（ホロス）」をみる発想があった。たとえばプラトンの『饗宴』でアリストファネスは、「ホロス」への限りない憧憬と探求こそが「愛（エロス）」だと語る（Plato ＝1965：84）。しかしながら、あえて言えば、失われたベターハーフを求める（男女の）補完的なカップルをモデルとするとき、それは二人のカップリングによって完結して閉じられる、静態的な全体をイメージさせはしないだろうか。その点、ブーバーの「対話」的な「二人ずつ存在」は、どこまでも完結することのないダイナミズムをもち、その都度の現在において応答すべき他者へと開かれている。このダイナミズムをまさに、次章で追究する。

第六章　〈全体としての人間〉の対話的実現

――他者との間の距離と関わり

「まったく何にも還元されない全体的な生 des ganzen Lebens とは、ひとりの人が、まっすぐに自分を他者に向け、他者自身としての他者と関わるような、そのような生である。」（[1947]：363）

前章では、〈ひとり（個人）〉でも〈みんな（集団）〉でもなく、〈二人ずつ〉の次元に、人間の最も基本的な存在の単位、その意味での全体性を見出すブーバーの立場を見た。もちろん人間は、ある位相では個人として生きているし、また他の局面では集団の一員として生きている。しかしそれらの在り方は、ベースとなる「二人ずつ存在」の次元からいったん歩み出て、二次的三次的に一人になったり集団で行動したりしているだけで、いずれまた他者と向き合う二人の次元へ立ち還ってくる。個人主義と集団主義の二項対立を克服しうる立脚点は、この〈向かい合う二人〉にこそあるのだということ、それがブーバーの立場だった。

では、そのような「二人ずつ存在」は、どのようなダイナミズムで、どのような関係性において向かい合うときに、「全体性」を実現すると言えるのか。本章では、他者と自己が向かい合う、その関係性のダイナミズムを解明する。それは、「距離をとることと関わること」という二重の運動や、「間の場」といった後期ブーバーの哲学的人間学の基本概念の検討を通して、異質な他者との「対話的」な関係性を明らかにする考察となる。(1)

一　〈向かい合う二人〉の距離と関わり

ブーバーが「向かい合う二人」に全体性を見て取るとき、その「向かい合い」の原語は、「Gegenüber」である。「対立」を意味する「gegen」（対立）と「超越」を意味する「über」の二重のダイナミズムが、この一語に込められている。向かい合う二人の間にあるのは、まったく対立や葛藤のない融合的な同一性ではない。決して自己と同じではない、異なる他者と向き合うことが前提されている。(2)

この「向かい合い」の二重のダイナミズムを主題化したのは、後期の論文「原離隔と関わり Urdistanz und Beziehung」（[1950a]）においてである。まず、ひと通り、この論文における議論を整理しておく。

1　「原離隔」と「関わりへの参入」

ブーバーは、彼の哲学的人間学の最も重要な論文の一つとして知られる「原離隔との関わり」の中で、「人間存在の原理は、単一の原理ではなく、二重の運動において構造化されている二重の原理であり、その二重性は一つの運動が他の運動の前提となる仕方で二重になっている」と述べて、その第一の運動を、「原離隔 Urdistanzierung」、第二の運動を「関わりへの参入 In-Beziehungtreten」と名付ける（[1950a]：412）。

この「原離隔」と「関わりへの参入」という二つの契機は、「運動 Bewegung」と呼ばれているように、静的固定的なものではなく、動的生成的な契機である。またこれらの二つは、「同じ一つの事象あるいは過程の二つの側面として把握されてはならない」（[1950a]：415）。これらの運動が並行して同時に生じることはなく、第一の「原離隔」は、第二の「関わりへの参入」の前提、「つまり第一の運動が生起することでもって与えられるのは、第二の運動のための場が開かれるということ以上のものではない」（[1950a]：415）のである。さらに予め注目しておきたいのは、「原離隔の事実は、人間はいかにして可能になるか、という問いに対する本質的回答であり、それに対して関わりの事実は、人間存在はいかにして実現するか、という問いに対する本質的回答だ」（[1950a]：416 傍点は引用者）ということである。つまり、「原離隔」によって人間は「実現が可能」になり、「関わりに入る」ことによって人間という存在が「実現」する。では、まず「原離隔」とは何か。

「原離隔」とは、他者や世界から「距離を取り自立化すること Die Distanzierung und Verselbstandigung」（[1950a]：415）である。人間はその発達の初期において、たとえば母子一体感のような自他未分の融合的関係の中にあるが、次第にその関係から距離を取って、他者を自己の外側に、それ自体で自立しているものとして見ることができるようになる。ここに他者を自らとは異なる存在者として承認することが可能になる。アプリオリな融合的で未分化な関係性（「生得の汝」）から「距離を取り自立化すること」が、人間が他者を他者として受けとめるための「前提」であること。ブーバーの「原離隔」という概念は、（主著『我と汝』では必ずしも強調されなかった）この点を、十分に強調するための概念である。

「原離隔」を「前提」として、動物ではなく「人間」であることが「可能」になるが、しかし、これに留まるかぎり、「人間」という存在は未だ「実現」されない。第一の運動によって成立した他者との間で、第二の「関わりへの参入」が遂行されなければならない。

「関わりへの参入」とは、〈汝〉との「真の出会い」「真の対話」を実現することにほかならない。そしてこの「関わりへの参入」において、「私と共に他者の自己が生成する」（[1950a]：423）。つまり、人間としての自己の実現は、他者の自己実現と同時に相即して成就する。しかし、にもかかわらず、自己と他者は融合的に一体であるのではなく、上にみた「原離隔」によって向かい合う「人間の個性化の厳格さと深さ、他者の基本的な他者性」（[1950a]：421）を介していなければならない。

「真の対話、つまり人間と人間との間の関わりの生ける充実は、他者性を受け入れることである」（[1950a]：421）。「関わりへの参入」とは、他者を自己の中に取り込むのでも、自己を滅して他者に盲従するのでもなく、互いの「他者性・異質性 Anderheit」を積極的に認めつつ対話的な関わりに入ることである。それは、互いに相手の個性を確かめ合うことでもあり、それがまた「出会い」でもある。「人間であること、人間性は、真の出会いの中で生成する。……人間にとってなくてはならず、また許されていることは、真の出会いの中で一人ひとりの個性的な存在を確証し合うことである」（[1950a]：421）。

このように「距離をとること」と「関わること」という一見対立する正反対の二つの契機が、拮抗しつつ協働することによって〈向かい合う二人〉の〈他者との対話〉が実現する。その拮抗するダイナミズムを理解するには、以上のような人間同士の水平的関係だけでなく、次節でみるように、人間を超えるものとの関係を交えて立体的に把握しなければならない。が、その考察の前に、ここで次のような二つの問いを立てて、これらの契機の相互関係についての理解を深めておきたい。

2　孤独と「関わりへの自立」

一つは、前章の考察との関連で、近代個人主義の意義についてである。つまり、「原離隔」による「人間の個体化の厳格さと深さ」を承認することが「前提」であるならば、個人主義もまた前提ではないか、という問いである。

この問いに対しては、ブーバーが別の機会に論じる「孤独」の意義についての議論を交えて考えると、次のように答えられよう。他者や集団から距離を取ることのできる個体化は、人間であることの前提であり、その自覚としての「孤独」もまた、避けたり紛らわせたりすべきものではない。というのも孤独の意識は、人間が「二人ずつ存在」であるからこそ生じる欠如意識であり、むしろそれが他者との「関わりへの参入」の準備意識となるからである。その意味で、「孤独もまた、ひとつの門である」（[1923]：148）。だが、孤独の境位はあくまで通過すべき「門」であって終着点ではない。それゆえ、もし個人主義がそれを人間の行き着くべき目標として賛美するなら、そのような個人主義はやはり誤った人間理解の上に立っていると言える。「孤独になった人にのみ、その深みにおいて人間の本質への問いが開かれるのであるから、孤独のもつ問いかけの力を失うことなく孤独を克服した人のみが、その回答への道を知ることができる」（[1947]：400）。その意味で「原離隔」の「孤独」は、人間の十全な「実現」である対話的な関わりへの「前提」なのである。

二つめの問いは、ブーバーにあって「自立」とは何か、である。上にみてきたブーバーの人間理解では、「自立」を単に「個の確立」として理解するだけではすまない。「他者との関わり」と「自立」との関係を今少し検討しておく。

自立は、もちろん「関わりの中への埋没」ではないが、「関わりからの自立」にとどまるものでもない。それはいわば「関わりへの自立」である。関わりへの自立とは、今ここで関わるべき相手と、いつでもどこでも誰とでも、自在に関わることのできる用意ができている態勢を意味する。ある一つの関わりに縛られて身動きのできない状態では、あるいは、一つの関わりにしがみついて他を顧みない状態では、その時どきに求められる関わりへ自在に出入りすることができない。その意味で、特定の排他的な関わりからは自立していなければならない（＝原離隔）。同時にその自立は、全ての関わりから自己の身を引き離して他者と向き合うことを拒絶する閉鎖的な孤立ではなく、あくまで他者との必要な関わりを実現する（＝関わりへの参入）ための前提でなければならない。

「対話的な人生とは、人々とたくさんの関わりをもつ人生ではなく、関わるべき人としっかりと関わる人生である」（[1930a]：193）とブーバーは明言する。つまり、関わる人の数が問題なのではなく、数は少なくとも、限られた人生の中で出会う関わるべき人と出会うべき時にしっかり向き合うことが大切なのである。そのためには、関わるべき人との出会いを、時には孤独に耐えながら、その機会を「待つこと」ができなくてはならず、「自立」はそのためにも必要なのである。

2　他者の他者性を介した全体性

「真の対話、つまり人間と人間との間の関わりの生ける充実は、他者性を受け入れることである。」
（[1950a]：421）

1　異質な他者を引き受け合う二人

以上の考察を、次に焦点化する「他者性」をめぐる問題を念頭において、要約しておこう。〈向かい合う二人〉は、二人で一体となるような同一的融合的な関係ではない。もたれ合う依存関係やしがらみに縛られていると、いつも特定の人だけと癒着した関係をつくることになる。〈距離を取ること〉ができてはじめて「向かい合い」、そして〈関わりに入ること〉ができる。適切な距離を取ることができてはじめて、関わるべき人と関わるべき時に、自在に関わりに入れるようになる。自立が終着地になると孤立に陥るが、自立による「孤独を感じつつある状態」は、むしろ「関わりに入る」ためのステップ＝準備状態の意識なのである。その意味で、自立とは常に、「関わりへの自立」であると言える。

さて、重要なのはさらに、そのように距離を取り、自立することができてはじめて、相手と自分との違いを違いとして認めることができるようになる、ということだ。他者を、自己と同じであるから認めるのではなく、他者を他者として、つまり、その他者の「違いを違いとして」認めつつ関わりに入ること。そのためには、他の人たちと同じでなければ不安だという、そのような不安を克服して自立していなくてはならない。それぞれが互いに異なる人格として個体化され、そのかぎり二人は決して同じにはなりえず、二人の間には「根源的な距離（原離隔）」が横たわっているのだということを、認めることができなくてはならない。そうできてはじめて、相手が自分と同じだから尊重するのではなく、違うからこそ互いを尊重できる深められた関わりに歩み入ることができる。〈向かい合う二人〉は、違いを違いとして認め、異質な他者を引き受け合う二人である。

『我と汝』の〈我―汝〉関係の概念は、一般に、自（我）と他（汝）の自他未分や自他融合的な関わりの印象が強く、それを危惧した後期のブーバーは「人間の個体化の厳格さと深さ、他者の根源的な他者性」（[1950a]：421）を、「原離隔」という概念によって前面に押し出そうとした。[3] このような解釈が許されるほどに、後期のテキストにおいては実際に、他者の異質性が強調されている。たとえば、「ゲームのルールを共有したことがなく、また共有できないような存在者が現れて、今ここで私の眼の前に立つ」ような他者との出会いについて、以下のように言葉を尽くして、その他者性を語る。

「私の前に現存する存在者は、姿、形、表現が次々と異なり、それはしばしば驚くほどに私とは異質で、また、しばしば驚くほどにまで、私の期待するところと異なっている。その彼の前にしっかりと立ち、その存在を引き受けるとき、つまり現実に、私の全体的な存在の真実をかけて出会うとき、そのときにこそ、私は〈本来的に〉そこに存在する。」（[1947]：363）

〈異質な他者を引き受け合う二人〉において、全体としての人間が実存する。このような〈二人の間〉で生起する関係性こそが、ブーバーの言う人間の存在の本来的な単位である。

ポイントは、異質なものを、自分と同じものに同一化するのではなく、また、自分と同じゲーム仲間に取り込むのではなく、他者を異なるままに受け入れることである。それを強調してブーバーは、「彼が他者であること、つまり、私とは本質的に異なっていること、この彼に固有の、特殊な、一回的な仕方で本質的に私と異なっていることを感得し、そのように認めた違いをありのままに受け入れること」、それができてはじめて、まっすぐにその他者との関わりに入れる（[1954]：277）、と述べる。同じところ・共通するところがあるから受け入れるのではなく、自分とどのように異なるのかをしっかり確かめられたときに、むしろ他者としての他者を受け入れ、確かめ証すことができるのである。この文脈で、ブーバーの「確証」という概念が重みを増すのであるが、これについては、次章に譲る。

2　多彩な異他性の交響する共同性

この同化する一体化へ傾きがちな共同性に対する異議が、最晩年のブーバーにとって重要な論点であったことは、一九五六年の論文「共同的なものに従うこと Dem Gemeinschaftlichen folgen」にもうかがえる。彼は、他者の我を自己の我と同一視する「同一化 Identifikation」の傾向を東洋の教説に見て取りながら、それを批判する。

「しかし、共同的な存在の現実において、他者に対してまさに汝と語りかけること Dusagen が根本的に意味するのは、他者が根源的に他者として異なっていることの肯定、私によって受け入れられ私によって愛される異なった他なる存在 Anderssein の肯定である。それは、この同一化によって価値を失い、その精神において無に帰されてしまう。」（[1956]：460-461）

同じところを共にする「共同性」ではなく、異質性（すなわち個性）を介して関わる「向かい合う二人」。他者と距離を取り、「他者の他者性」、他者の自己とは異なるところ、自他の異他性（個性）を介した関わり。ここに、全体の中に個性を同化融合してしまう全体主義の隘路から脱却する可能性を見出すことができよう。

違うことを許さず、同じであることを強調していく全体主義化に対しては、何よりまず二人ずつの間で、どれだけ違いを違いとして認めながら、その違いゆえに深まる関わりを大切にしていけるか、それが勝負どころになるのである。「他者が根底的に異なっていることの肯定」としての「汝と語りかけること」、その意味での「対話」が、その強い意味において、ここで決定的に呼び求められる。

このように言い換えることもできようか。全体主義は、その集団全体のメンバーの同一化による共同性によって、個人主義は、各メンバーの差異化による個別性によって特徴づけられる。そうだとしても、個人主義はしかし、その個性的な差異を、個々人が互いに関わりをもたずに無関係である限り、特徴づけることができない。すなわち、その差異は、ある人と他の人とが向き合った、その「対話」においてそのつど際立てられる違いにほかならない。とすれば、個性は、向かい合う二人の他者性を介した対話のなかでのみ、具体的なのである。個性を基礎づけるのは、個体性ではなく、二人性である。より正確には、違いにおいて向かい合う二人性であり、すなわちそれが、強い意味での「向かい合う二人の対話」である。

前章でみたように、木村素衞が全体観に対して、生の哲学の汎神論的な傾向のもつ融合的一体化の問題を警告したのと同様の危惧を、まさにブーバーも共有していた。そしてブーバーは、全体に対する個、普遍に対する特殊の強調では不十分なことを見抜いて、人格的な主体と主体が向かい合う「二人の対話」を――本書第四章での定式で言えば、〈我－汝〉関係の神秘主義的傾向を克服した〈我と汝〉の対話を提案したのである。他者性を介した〈向かい合う二人の対話〉のダイナミズムが、同化された一体的な閉じられた共同性に陥ることなく、たえず新たな異なる他者との出会いに開かれた共同性を可能にする[4]。

このような対話的ダイナミズムをもった二人ずつの全体性は、同一性に支えられた共同性ではなく、差異性・多様性をもった共同性をも基礎づけることができる。多様性の強調は、自他の異質性を際立たせ、ともすれば共同性をバラバラに解体して断片化させてしまう。他者を自己とは異なるものとして認めつつ関わりに入る「向かい合う二人の対話」こそが、バラバラに分散してしまうことのない多様性を支え得る。異質であることを前提として関わる他者と自己との関係性のネットワークを生み出し得る。集団の外部との境界線の内側に閉じられた共同性ではなく、「二人ずつ」を関わらせながら縦横無尽、当意即妙に伸縮する網目状の共同性である。

それが伸縮自在なのは、その「二人ずつ」の関係が密着・固定化されず、「原離隔」による「距離を取ること」を介した関係である限りにおいてである。密着依存の関係から距離を取って、他者を他者として送り出すことができ、しかも、そのような他者に、関わるべき時に関わるべくして関わることができるとき（「関わりへの参入」）、「向かい合う二人の対話」が実現する。さらにまた、そのように参入した関わりに固執することなく、再び適度な距離を取りつつ、しかるべき次の機会と相手を「待つこと」ができる。(5) ブーバーの〈二人ずつ存在〉の〈対話〉という提案は、二人ずつを結ぶ糸が編み込むネットワーク型の共同性を基礎づける人間観でもありえるだろう。

こうして「他者性」を介した「向かい合う二人の対話」のダイナミズムを明らかにしてきた。しかしここでなお、疑問が生じてしかるべきである。すなわち、二人がそれほどまでに異なる違いを認めて向かい合いつつ、にもかかわらず、なお行き別れずに関わり続けることは、何によって支えられるのか、と。いわば「差異化する遠心力」と「同一化する求心力」とのあいだで、いかにして「他者性」と「共同性」が拮抗しつつ両立しうるか。(6) この問いを探求するには、ブーバーの言う「間の場」という概念に迫りつつ、二人の間の対話をより立体的に解明しなくてはならない。

「原離隔」によって、個体化の厳格さと深さを介して向かい合った二人の間に開かれている「場」が、二人を分断する「深淵」ではなく、その隔てられた距離を越えて、あえて対話に歩み入ることを促す「磁場」でありえるのは、いかにしてなのか。その磁力は、どこからどのようにはたらいているのか。節をあらためて考察しよう(7)。

3 「間の場」の展開としての「対話」

1 根源的現実性としての「間の場」

他者を同化する関係性ではなく、他者を異化する関係性。他者の違いを違いとしてそのままに認め合う関係性。異他性を介した二人ずつの存在。しかし、二人の間の違いを、これほどまでに強調すれば、人々はバラバラになってしまうのではないか。ブーバーはなぜ、この他者性や根源的な距離の強調が、人々の四分五裂を生まずに、むしろ真の対話的共同性を生み出すと信じることができたのか。以下に、その共同性を支える場所、つまりブーバーの言う「間の場」の立体的なあり方についいて考察していこう。

「向かい合う二人」とは、実体的な二人の個体の結合体ではなく、二人の「間」において、距離を取りつつ関わる動的な二重の関係性が実現するダイナミズムそのものであった。このダイナミズムがはたらいている「場」そのものは、目に見えない。しかし、二人の間に磁力(引力/斥力)がはたらく磁場のようなものがあり、それを摑み取る道具として、ブーバーは「間の場」という概念をつくる。その「間の場」の方が根源的な現実であり、可視的な二人(一人と一人)はいわば、この磁場の両極に、二次的に派生してくる極性のごときものである。

「（人間であることの特徴は、）ある一人の存在者が他の一人を、他者として、つまりはっきりと自らとは異なる存在者として見なしながら、次のような場においてその他者と交わること、すなわち二人の共同の場であり、しかも二人だけの領域を越えて包み広がる場において他者と交わること、そこに基礎づけられている。このような場は、人間としての人間の存立とともに位置づけられるのであるが、未だ概念的に把握されていないものであり、私はこれを間の場 die Sphäre des Zwischen と名付ける。これが現実化する程度は全く様々であるにしても、この間の場こそ人間の現実の根源的カテゴリーである。」（[1947]：404, 405）

あるいは「人間の間の場とは、互いに向かい合う者の場であり、その間の場の展開を、我々は対話的なるものと呼んでいるのである」（[1954]：272）とも言う。このように「間の場」は、向かい合う二人の「対話」がそこにおいて展開する場であり、対話の実現を支えるものである。それは単なる空間的場所ではなく、また人間の心理現象や社会関係に由来する二次的派生物でもない。それは、「人間の現実の根源的カテゴリー」である。この「間の場」そのものがメタレベルの根源的現実性として先ずあって、それの「現実化」、それの「展開」として、「出会い」や「対話」などの人間の間の現象が生ずるのである。(8)

2 「支え」としての立体的な「間の場」

「間は、補助的な一つの構成物ではなく、人間の間の現象の現実的な場所であり同時にその支えである」（[1947]：405）。「間」は「人間の間の場所」であるのみならず、同時に「その支え」である。水平的な次元に視点を置いてみれば、そこでは「原離隔」と「関わりへの参入」という二人の人間の間の動的契機が働いている。同時に、その底に、それを支える垂直次元の深さをもった立体的な「間の場」が潜在している。「間の場」が常に二人の人間を包み越えながら支えているからこそ、「原離隔」によって距離をとった二人が、再び引き寄せられて「関わり」を実現し得る。他者を離隔した自己が、自己と他者との間の深淵を越えて他者と関わることができるのも、その間が実は底なしの虚無ではなく、「間の場」によって支えられているからである。(9)

水平方向の「関わり」は、垂直方向の「間の場」への信頼によって支えられている。「現在する世界は、他者との出会いをあなたに教え、その出会いを支えてくれる」（[1923]：100）。他者との出会いと対話の瞬間に、その聖なる深みにおいて開示されるのは、第二章で見たように、〈世界〉であり、〈言葉（ロゴス）〉であった。「世界はあなたを出会いへと連れ出すためにやって来る。出会いが起こらなければ、消え失せる。しかしそれは再び姿を変えてやって来る。世界は、あなたの外部にあるのではない。あなたの存在の根底に触れているのだ」（[1923]：100）。このような「間の場」に開示される〈世界〉の力が、繰り返し挫折しつつも関わりに入ることを、つまり出会いと対話の実現を支えている。こうして、対話する「二人ずつ」の水平方向の「間」と、それを支える〈世界〉との垂直方向の「間」とによって、全体性を実現する「二人ずつ存在」の立体構造を捉えておきたい。(10)

3　他者との間の深淵と〈世界〉の光

自己と他者が徹底的に異なるものでありつつ、その深淵を超えて共同し得る可能根拠をどこに求めるべきか。先に問うた問いであるが、いま一度、第二章でみたような他者との対話の深みにおける〈世界〉との垂直方向の「間」を念頭に入れて、もう少し考えておきたい。

出会いは、自己が予期できないような他者の異質さに出くわし、しかもその違いを違いとしてそのままに引き受けるときに生じる。他者を自己に同化するのではなく、他者を他者自身の自己に送り出す。それゆえ出会いにおいては、「私に対して、他者が他者自身の自己と成る」（[1950a]：423）。これができたとき、ブーバーは、「私と共に、他者が自己と成る」（[1950a]：423）という。出会いの相互的な関係性のなかで、自己と他者が、それぞれの相手の異質性・個性を受けとめ、他者を他者自身に還しつつ、共にそれぞれの自己自身に立ち還っていく。

さて、この立ち還りの時に、「個体化の厳格さと深さ」に見合った「深淵」を覗き込むと同時に、それに終わらず、そこに「〈世界〉の光」、「永遠性の輝き」を垣間見る、と考えてみよう。(11)そうすると、以下のブーバーの引用文の含蓄を読み込めていけるように思われる。

次は第二章でも引用した一節である。

「他者そのものに自己を向け、他者そのものに自己を関与させる者のみが、他者のなかに世界を受け取る。私の存在によって受けとめられ、濃密な現存の全体として私と向かい合って生きる存在の、その他者性のみが、永遠性の輝きを私にもたらす」（［1930a］：204 傍点は引用者）。

向かい合う二人の対話において、自己と他者は、それぞれに特殊な異なる仕方で表現している〈世界〉を、あるいは「永遠性の輝き」を、それぞれの他者との間に垣間見る。あたかも、プリズムを通して異なる色合いで輝く彩光が、光源を同じくする一つの光であることを確かめるように。異なる色（個性）をもつ自己と他者が、実は同じ〈世界〉の光の異なる表現であること。この事情をブーバーは、〈世界〉の輝く光を「真理」と呼びつつ、次のように語る。

「真理に対する自己の関係は、その同じ真理に対する他者の関係によって高められる。その真理に対する他者の関係は、その人の個性に応じて異なっており、各々に違った仕方で芽を出し、育っていく。人間にとってなくてはならず、また許されていることは、真の出会いの中で一人ひとりの個性的な存在を確証し合うことである。そしてさらには、自らの魂が得た真理が、関わりをもった他者の許で異なった仕方で光り輝き、まさにそのことによって、その真理が確証されるのを見ることなのである。」（［1950

a]：421 傍点は引用者）

他者において、自己と同じ輝きを見るからではなく、異なった輝きを見るからこそ真理が確かめ証される。真の出会いや対話にあっては、そのような他者性（異質・特殊）を介して真理（光）にふれる場が、自己と他者の間に開かれる。ブーバーが、「間の場」という概念で摑み取るのは、このようなダイナミズムが生まれる場である。向かい合う二人の水平的な共同性、その意味でのブーバー的な「全体性（ホールネス）」を支えるのは、この真の出会いの垂直の深み（ないし高み）でふれることのできる「真理の光」、すなわち「聖なるもの（ホーリネス）」にほかならない。本章ではしかし、この水平方向の全体性と垂直方向の聖性とのブーバー的な直交点としての「向かい合う二人の間」＝「人〈間〉」を確認するにとどめ、先の引用にある「個的な存在の確証」と「真理の確証」については、章を改めて、より人間形成論的な文脈において追及することにしよう。

4　〈向かい合う二人〉の対話的人間形成論へ

異質な他者と向かい合う対話が、それに支えられて展開する「間の場」の構造をみてきた。ところで、「真の対話」のみならず「本物の授業」もまた、「最も厳密な意味で二人の間 zwischen beiden」に実現すると、ブーバーは言う。

「真の対話――すなわち、前もって個々の分担を打ち合わせてあるものではなく、どちらかが相手に直接語りかけ、予想もしなかった応答を呼び起こすというような全く自発的な会話や、本物の授業――すなわち、ビジネスライクに繰り返されるものでも、教師がその結末を事前に予測できているものでもなく、お互いに思いがけないことに驚きながら進展していく授業、また習慣的ではない本物の抱擁、あるいは演じられたものではない本物の決闘、これらにとって本質的なものが生じているところは、一人の当事者やもう一人の当事者の中ではなく、また両者と他の物事をすべて包んでいる中性的な世界の中でもない。むしろそれは、最も厳密な意味で二人の間に、いわばその二人だけが歩み入ることのできる次元の中に、生じているのである。」（[1947]：405　傍点は引用者）

たとえクラス集団の全体が学習に参加していたとしても、本物の授業がリアルに実現する瞬間には、〈向かい合う二人ずつ〉の対話的な関係性が、その教室の随所に生じている。それは、その教室で学んでいる一人ひとりの当事者個人のなかに生じているのではない。また、その教室の一人の教師とクラスのみんな、という一対多の集団的な関係のなかに生じているのでもない。その授業が生き生きと生じている場所は、一人が一人にそのつど向かい合っていく「二人ずつの間」である。そして、そのような向かい合う二人の間に、ブーバーにとっての「全体性」があり、人間がそこで「人〈間〉」として実現する「真の対話」が生じるのであった。

ブーバーの「全体性（ホールネス）」からホリスティック教育研究が学ぶことのできる、その可能性の中心は、まさにこの、向かい合う二人ずつの対話的関係に〈全体性〉を見て取り、そこに人間形成の原基を見出す点にある。

「自己というものの内奥の成長は、よく今日そう思われているように、ある人間の自己自身に対する関係からではなく、ある人の他者との間において成し遂げられるものである。とりわけ人と人の間において、あの現前化 Vergegenwärtigung の相互性が生じることによって。」（[1950a]：423）

次の章から、この人間の奥深い自己形成を可能にする〈向かい合う二人〉の相互関係をさらに追究し、そこにブーバーの対話的な人間形成論を解明していくことにする。

註

（1）前章をうけて本章で、〈全体性〉が実現する場としての「対話」のダイナミズムをみるわけであるが、「対話」と〈全体性〉を結びつけてブーバーの対話論を読み解いた先行研究に、松田高志（1980）がある。本章の考察が導かれたその結論は、こうである。「「対話」は、存在の「全体性」において成り立つ（又「対話」において存在の「全体性」が発現する）が、その「全体性」は、「他者」に対し開かれ、「他者」に生かされつつ、「他者」に生きる全体性」である。かくて「対話」において、「他者」に生きることと自己に生きるこ

とは一つである。」（松田 1980：40）

（2）　前章で、全体観が、否定的な媒介性を失って同化融合を強めると、全体主義に転化してしまう歴史的教訓を学んだ。その観点からも、ブーバーのこの、他者の他者性との「向き合い方」は、極めて興味深い。ただしブーバーの場合には「否定的媒介」という弁証法的な術語でなく、この「向かい合い Gegen-über」という語を選び取っていることに注目しておきたい。

（3）　〈我―汝〉関係の「相互性」を批判したレヴィナスも、ブーバーがこのような「根源的な他者性」の承認を本義としていたことを見逃してはいない。そして次のようにそれを強調する。「〈私〉―〈きみ〉の関係の本義は、外部の存在、言い換えるなら根底的に他なる存在の正面に位置し、この存在をありのままに承認することである。他性のこのような承認は他性についての観念を抱くことではない。何かについての観念を抱くことは、〈我〉―〈それ〉だからだ。他者を思考し、他者を他なるものとして思考することではなく、他者に向かい、他者を〈きみ〉と呼ぶことが、他性の承認なのだ。」（Lévinas 1976＝1994：30）

（4）　したがってこのような共同性による「共同体」は、他者に向かって絶えず新たに応答していく対話の結果、その副産物として生成してくるものである。逆に言えば、共同体を、そのものを目的として作り上げようとすると、決して作れない。このアポリアをブーバーは、「いかにして共同体は可能か」という講演のなかで、次のように印象的に語る。「人格者になるには色々と多様な道があるが、人格者に決してなれない道は一つである。すなわち、人格者になろうと努めることである。残念ながら、それは共同体にとっても同様である。人格が作れないのと同様に、共同体も作れない。こうした高貴な価値は、副産物としてのみ生起してくるのである」（[1930b]：363）。言うまでもなくここでブーバーは、単に共同体が作れない、ということを言いたいだけでなく、共同体を作るという先行目的のために、他者との関係がその手段とされてしまうような、しばしば生じる本末転倒を戒めている。

（5）　この点をブーバーは、原離隔による「他者の現前化 Vergegenwärtigung」という術語を用いて強調する

([1950a]: 422)。つまり、自己の面前に立ち現れてくる他者の、再び応答すべき呼びかけが、その他者から発せられるのを待ち続けること。ブーバーにあって、現前してくる他者の声を聴くために待つ warten ことが、現在 gegenwärtig を生き尽くしていくことにほかならない。

(6) 「同一化する求心力」と「差異化する遠心力」の間で引き裂かれつつ、いかにして「他者性」と「共同性」を両立しうるか。この問いは、ホリスティック教育論が、脱構築論的ポストモダニズムとの対話を重ねるなかで、問い続けてきたものでもある。両者の相補的な連携を追及してきたケッソンは、「ポストモダン派は、ホリスティック派と、要素主義や還元主義に対する批判的立場をとることで一致しているが、……もし、ホリスティック派の強調点を、全一性、調和、体系性、同一性、真理、そして存在、といった求心力で特徴づけるとすれば、ポストモダン派は、差異性、多様性、矛盾葛藤、あいまいさ、不確実性、相対性、そして生成、といった遠心力で特徴づけられる」(Kesson 1991: 46-47) と述べる。この間をつなぐ可能性を求めて、論者のあいだで九〇年代後半から「批判的ホーリズム critical holism」や「ポストモダニズムにおけるスピリチュアリティ」の研究が主題化されていった(吉田 1999a: 特に第II部第二章、本書第一章の註(3)、参照)。本書でブーバーの対話的全体観に見出そうとしているのは、上記のタームで言えば、「全一性」や「真理」を手放すことなく、しかも「差異性」や「不確実(不安定)性」や「生成」をも同時に生きる可能性である。

(7) ここまで論じてきたような、「根源的な隔たり(原離隔)」や「他者の他者性」によって全体主義的「全体」の克服をめざしたブーバーの、この側面を徹底して峻厳な思想にまで鍛えあげたのが、レヴィナスであったろう。『他性と超越』所収の、ブーバー生誕百年を記念した論考でレヴィナスが強調するのも、この点である。「対面の直行性、「われわれのあいだで」はすでにして対談[間の維持]であり、対話[分離的言説]であり、ひいては隔たりであって、一致と同一化がそこで生起するような接触とは正反対のものなのだ。……このような関係のなかでは、私と他者との差異が消滅することはない。ただし、差異(différence)は、隔たりであるような近さのなかで、みずからの否定を否定するものとして、ある者が他の者に対して無-関心-ならざること（non-in-différence）として維持される」（Lévinas 1995＝2001：100）。『全体性と無限』のレヴィナスが、「全体性 totalité」との徹底した対決において「無限の隔たり」を切り出してくる議論の水準に、「全体性 Ganzheit（≠Totalität）」を保持するブーバーの「他者性」や「原離隔と関わり」を持ち込む考察は重要だが、本研究はそこにまで至りえていない。

（8）「間・あいだ」の概念については、日本にも独自の優れた研究がある。なかでも木村敏（1988）は、ブーバーの盟友でもあったヴァイツゼッカーの「主体」概念から論を起こして、「あいだ」の「メタノエシス的原理」を解明しており、ここでの考察への示唆を得た。

（9）このように「間の場」を「水平的な間」と「垂直的な間」という立体的な構造において捉えるにあたっては、特に稲村（1987：57-58, 189-190）の研究に依拠している。

（10）ブーバーには「人間の間柄の諸要素 Elemente des Zwischenmenschlichen」（[1954]）という論文もある。この「間-人間 Zwischen-menschlichen」という合成された術語を、日本語では「人〈間〉」と訳してもよい。「全体としての人間」は「人〈間〉」において実現する。とすれば、ブーバーとともに我々が「人間形成」を語るとき、それはいつも先ずもって「人〈間〉形成」に他ならない。あるいは「全人教育」を語るとき、それは誰かある人の全体性を教育するのではなく、人〈間〉の全体性を、つまり自己と他者の間にそのつど生成する全体性を育成するものでなくてはならない。このような対話的全体性を実現する人〈間〉形成を、我々は後章で「対話的人間形成」として定式化するのである。

（11）「深淵」も「世界の光」も、ブーバーの著作にはしばしば登場するメタファである。たとえば、次のブーバーから妻 Paula に捧げられた『対話』の扉への献辞（[1930a]：172）。ここから示唆を得て、両者が単なる対立関係にあるのではなく、逆対応的に相即するようなものとして考えてみた。

P. に

深淵と世界の光、
時代の苦難と永遠への渇望、
ヴィジョンと出来事と、そして詩歌《うた》……
それは汝と交わされた対話、
そして今も交わされている対話である。

第七章　対話的な援助関係の特質
――非対称な応答責任と形成力の確証

「強制の対極は自由ではなく、結びつきである。」（［1926］：795）

「全体性（ホールネス）」を探求するホリスティック教育（論）はこれまで、全体としての個、また個と全体との関係に配慮して、個々人の全人的な成長を促し、また社会的文化的な、あるいは地球的宇宙的な多次元の全体性と諸個人とのつながりを育もうとするのが通例であった。そこで決定的に欠落していたのは、すぐれてブーバー的な、〈向かい合う二人〉に全体性を看取する観点である。これまでの二つの章で、全体主義の陥穽を克服するうえでのこの対話的全体観の有効性と、〈向かい合う二人〉が織り成すダイナミックな「対話」という概念の、その強い意味を明らかにしてきた。それを踏まえて本章以下では、その「対話」的関係を、一般的な人間関係のレベルから、より教育的に特殊な関係にまで具体化して論じることにしよう。

「教育的な関係というのは、純然たる対話的関係である」（[1926]：803）。よく引用されるこのシンプルな命題における「対話的」という形容詞の、その教育的関係における意義を十全に理解すること、それが本書の残された二つの章の課題である。ブーバーは、教育的関係と治療的関係を、対話的関係を実現する際に特別な配慮の必要な領域として特筆する。たとえば、晩年に主著『我と汝』の改訂「あとがき」を記したときに、特にそれに言及している。それを特記する契機になったと考えられるのは、その直前に行ったアメリカ講演旅行での心理療法家カール・ロジャーズとの対談である。そこで本章では、その対談を主たる題材として取り上げ、教育および医療・心理の領域を含む援助者と被援助者とが向かい合う関係についての考察を深めたい。

一　「自由派」と「強制派」に対するブーバーの異議

1　援助者と被援助者の間の「結びつき」

教育においても心理療法においても、被援助者の自発性や自由を最大限に尊重しようとする児童中心・クライエント中心の立場と、援助者（教師や治療者）による指示や指導を重視する立場との、二つがある。両者のあいだの葛藤や対立、調停やバランスは、近代の援助関係論の基本問題の一つだろう。この論題に対しブーバーも、「じょうご（注入）に象徴される強制派」と「ポンプ（内発）

に象徴される自由派」との双方の一面性を指摘して、二つの立場の対立地平を越えうる観点を提出しようとした（vgl.［1926］：792-794）。

「強制の対極は、自由ではなく、結びつきVerbundenheitである」（［1926］：795）とブーバーは語る。教師・治療者や社会集団からの統制に対する批判原理を、それへの素朴な反対概念としての「個人の自由」や「児童中心・クライエント中心」といったコンセプトに求めても、結局は対極から対極へと振り子が振れるだけである。ブーバーは、それに対する第三の立場として、「結びつき」、つまり援助者と被援助者とがしっかりと関わりをもつ関係性を対置するのである。それは、前章と前々章でみた、全体主義と個人主義に対する第三の立場としてブーバーが提案した「向かい合う二人」の「対話」的な結びつきだと考えてよい。この勝義の「対話」の立場は、教育学の根本問題だと言われてきた、指導・強制か自由・放任か、といった二項対立の克服にも効力を発揮するのである。本章は、この対話的な関係の特質を援助的関係において解明しようとするものである。

そのために注目するのが、クライエント中心療法の創始者であり、また学習者中心の授業論にも大きな影響を与えたカール・ロジャーズとブーバーとの、貴重な直接対談である(1)。この対談における、ロジャーズとの対比によって際立てられたブーバーの主張のなかに、「クライエント（学習者）中心派」に対する彼の鋭い批判を読み取ることができるからである。「強制派」に対するブーバーの批判点は、『我と汝』をはじめ彼の一連の主要著作から自ずと明らかであるが、「自由派」に対するそれは、ときに混同されやすい類似性をもつ記述があって曖昧な点が残る。ところが、ロジャーズに対する議論は、この点を主題的に論点化しているので、ブーバーと「自由派」との間の、微妙ではあるが根本的な相違点を明らかにする格好の題材となっている。一方でロジャーズと同様に「強制派」に反対するブーバーが、他方で「自由派」に対しても抱いている異議をみることによって、二つの間で第三の立場を取るブーバーの援助関係論の特質を、浮き彫りにすることができるだろう。

2　ブーバーとロジャーズとの対談

一九五七年、アメリカを講演旅行中のブーバーと、ロジャーズとの対談が行われた（cf. Friedman 1965：29-33）。この対談は、ロジャーズが自らの基本的見解を述べたうえで、それに対するブーバーの意見を求める形で進められた。まず、両者の議論の前提となった、このロジャーズの見解をみておきたい。

最初にロジャーズは、「私たちセラピストの多くが、あなたが著書の中で書いているのと同じようなことを感じたり経験したりしているように思える」（R→B：209）と切り出して、「あなたが〈我－汝〉関係という言葉で考えているものが、私が治療関係の中で期待どおりの効果があったと思う瞬間とよく似ているのではないかと思う」（R→B：210）と述べる。続いて、このような治療関係の特質について説明するのだが、それは次の五点に整理できよう。

第一に、効果的な治療関係においては、「私は検査官や科学者としてではなく、主体的人格として、その関係の中に入り込んでいる」ということ。第二に、最も効果的な瞬間には、私はいわば「透明」であり、「隠されているものは何もない」ということ。第三に、「受容 acceptance」、すなわち「相手がありのままにある be what he is ことに私が心から喜びを感じること」、「相手が、今感じている気持ちを感じており、今取っている態度を取っており、今あるあり様であることに対して、私が喜びを感じる」ということ。第四には、「私は相手が自分の経験についてどのように感じているかを、まさに彼の心の中から見ているように、非常にはっきりと感じ取ることができている」ということ。そして第五に、私の側からだけでなくクライエントの側でも、「私における以上のような態度をある程度まで感じ取ることができている」ということ。ロジャーズは、治療関係が以上のような特質を持つ時に、クライエントだけでなく私自身も変わるような「真の人格的出会い」が成立しているように思われると言う。そしてブーバーの考え方との間になんらかの類似点あるいは相違点があるかどうか、と問いかける（R→B : 211）。

たしかにロジャーズの述べる治療関係のこれらの特質には、ここで引用によって例証するまでもなく、ブーバーが書いている「我と汝」や「出会い」の特質と、少なくとも文言上の多くの一致がある。しかしながら、対談のなかでブーバーは、その類似点を個々に確認していくことはせず、むしろロジャーズの視野には含まれていない問題点を指摘していく。両者の議論は論点が多岐に渡り錯綜していて、十分に噛み合わないまま終わっている観があるが——そしてこのことが、先行する研究があまりこの対談を立ち入って考察してこなかった一因でもあろうが(2)——、しかし本章の関心からすれば、その噛み合わなさ自体が考察の興味深い対象となる。以下に明らかにするように、そのくい違いがちょうど、相互的な〈我—汝〉関係と非対称の対話的援助関係とのズレに対応するからである。

そこで以下、先にみたロジャーズの基本的見解に対してブーバーが唱えた異議の中から、両者の間でくい違いがみられた二つの論点を取り上げる。その一つは、援助的関係が相互に対等であるか否かという問題であり、二つめは、「受容」という援助者の態度に関わる問題である。

なお、両者の対談は心理治療関係についての理解を契機とするものであり、直接的には教育的関係について論じられてはいない。しかしそこで主に議論された問題は、援助が必要な他者への助力を目的とする関係には、単なる人間関係とは違って、特にどのようなことが要請されるのか、あるいは人間の成長の根本的な動因をどのように理解し、援助者はそれに対してどのような基本的態度を取るべきか、といった問題である。つまり治療関係に固有の問題であるよりもむしろ、教育的関係にも通じる援助的関係一般についての問題であり、本章では、このような援助的関係一般に通じる論議にかぎって考察する。

2　援助的関係の非対称な現実

ブーバーは、セラピストもクライエントも相互に対等であるとするロジャーズの見解に対して、異議を唱える。この、援助的関係における「対等性」や「相互性」をめぐる問題から考察を始めよう。

1　援助的関係における「対等性」の問題

ブーバーはロジャーズに対して、治療関係というものが成立している状況の中では、「あなたの役割と、あなたに援助を求めている人の役割との間には、明らかに本質的な相違がある。彼は援助を求めてあなたの許へ来ている。が、あなたは彼に援助を求めるために来たのではない」(B→R：211) という現実を強調する。そして、治療関係がこのような援助的関係であるかぎり、「その状況のなかであなたはクライエントとは違った態度を取る必要がある。あなたはクライエントにはできないようなことをすることができる。あなたたちは対等ではないし、対等ではありえない」(B→R：212) と言う。つまりこの意味で、能動的に援助する者と援助を受ける者との関係は、相互に対等ではありえず、援助者がある種の優位性を持つ非対称な関係であり、またそうでなければならないと言うのである。

これに対しロジャーズは次のように反論する。援助を求めている相手も一人の人間として自分と対等であり、相手の見方も「自分が人生や経験を見る見方と対等の権威や正当性を持つものとして尊重する。まさにそのことが、ある意味で相手を助ける基盤になっている」(R→B：213)。また、もし「私は比較的健全な人間で相手は病的な人間だ」などと思い込んでいれば、期待しているような治療関係は成り立たないだろうと言う（R→B：211）。全ての人間関係の前提として、このロジャーズの見解についてブーバーに異論があるわけではない。他者を人間存在としての根本的な同等性において尊重するということは、「我と汝」や「対話」の概念に言及するまでもなく、むしろブーバー自身が主題的に論じてきたことである。それだけに、このブーバーの異議は唐突に響くし、ロジャーズもまたその真意を理解できないまま、この議論は平行線をたどることになる。

この点について対談記録からは、ある人間関係が援助的関係であるかぎり、援助者の主観がどうあれ客観的に両者の関係を規定している、現実的状況をブーバーが指摘しているのに対し、実践者としてのロジャーズは、援助者の側の主観に重点をおきながら、そのあるべき姿勢について自戒を込めて答えているために議論が噛み合わなかったのだとみることもできる。このように考えれば、両者の間には立場の相違による議論の位相のズレがあっただけで、援助的関係の理解については特に問題とすべき相違点はなかったように思える。だがそうだとすると、なぜブーバーは、援助する者と援助される者とは対等ではないという、ほとんど援助的関係の定義と共に自明的であるようなことを、ここでことさらにロジャーズに対して強調しなければならなかったのだろうか。ブーバーには、援助者が被援助者と対等であろうとすることに賛同しない、何か積極的な理由があったのではないか。対談の中だけでは必ずしも明らかにされなかったこの理由を、以下我々はブーバーの著作の中に探っていきたい。

2　援助者と被援助者の相互的な形成

ところでこの論点は、本章の課題意識と次のように結びついている。ロジャーズが相互的な対等性を強調するのは、セラピスト主導の指示的強制的な療法に対する批判を意図しているからであろう。教師主導の注入的指導を批判する立場からも、たとえば「子どもと同じ目の高さ」とか「友達のような裸の関係」とか、あるいは「共に育ち合う共育」とかいった表現で、教師と児童の対等性がよく強調される。これらの言葉は、たしかに教育的関係を成立させるための、ある限定された局面をよく表現している。が、その限界を踏まえて用いられる時にこそ、これらの言葉は生かされるものである。ブーバーは、ロジャーズと同様に強制的注入主義的なあり方に批判的であったが、同時に、援助者と被援助者は対等であるという認識の、その限界についても極めて自覚的であったと考えられる。その意味で、この点に関するブーバーの主張に関心を寄せるのである。

援助的関係における相互的な対等性を強調するロジャーズに対し、ブーバーはその限界を指摘して、援助する者とされる者とを区別して考える必要を訴える。ただしブーバーは、援助的関係の結果として、被援助者と共に援助者も積極的に形成され変容していくという事態を軽視しているわけではない。ロジャーズの、「治療関係が成立した時、真の人格的な出会いを経験しており、その出会いの中で、私たちの双方が変えられているように思う」(R→B：211) という言葉に呼応するように、すでにブーバーは、『我と汝』の中で次のように書いている。

「汝との関わりは相互的である。私の汝が私に働きかけるように、私は汝に働きかける。私たちの生徒によって、私たちが形成されるし、私たちの作品によって自分が形作られる。……いかに私たちは子どもたちによって、あるいは動物たちによっても教育されることであろう！」（[1923]：88）

ブーバーは、援助的関係がもたらすこのような相互的な人間形成を、それ自体として積極的に尊重している。しかしそれは、結果として生じる事実であって、援助的関係の直接の目的はやはり、助力を必要としている人への、援助者による援助である。一般の人間関係ではなく、援助を目的とする関係を考慮するとき、ブーバーは、その関係を単に相互に対等であるとする認識に対して、その限界を強く主張せざるをえなかったのである。

3　友愛関係から援助関係を区別するもの

その理由はまず、援助的な関係は、友愛関係から明確に区別される必要があるからである。この点については、ロジャーズとの対談の直後（一九五七年一〇月）に書かれた『我と汝』新版への「あとがき」の中で、〈我—汝〉関係の相互性の限界を論じながら、特に注意を促している。ここでブーバーは、よく知られている彼の「包擁 Umfassung」の概念[3]に触れながら、クライエントや生徒が、セラピストや教師と同じ立場に立って同じ体験をするようになる時、その時には両者の関係はすでに終結しているか、破壊されているか、あるいは友情という全く別の関係に転じていると述べている（[1958a]：167,168）。親称（Du）で呼び合うような親しい友愛関係――それは必ずしもブーバーの言う〈我－汝〉関係であるとはかぎらない――は、援助者が理想として求めるべき関係ではない。むしろ〈我－汝〉関係としての援助的関係を実現するためには、友愛関係と援助的関係とは決して混同されてはならないのである。では、援助的関係は友愛関係とどのように区別されるのか。

援助的関係においては、相手に対して「距離」を保つことも必要だという点で、友愛関係とは区別される。右の「あとがき」の中でブーバーは、「心理治療も教育も同様に、生き生きと向かい合って関わり合いつつ、しかも距離を保っている者だけに可能である」（[1958a]：168）と述べている。「関わりつつ距離を保ち、距離をとりつつ関わりに入る」という、この動的な関係性については、前章でみたところの、『原離隔との関わり』で明らかにされた「人間存在の二重の原理」を想起すればよい。ブーバーの言う「対話」における向かい合う二人は、自己と他者の区別を失って、互いに呑み込まれたような融合的関係にあるのではない。それは「原離隔」を可能根拠として、つまり「人間の個性化の厳格さと深さ、すなわち他者の基本的な他者性」を承認し、「他者の存在を自立化すること」によってはじめて結ばれ得る関係であった。「原離隔」とは、「私に対して他者が他者自身の自己に成るための前提である」（[1950a]：423）。特に援助的関係が最終的に他者の自立を目的とする関係である限り、融合的な一体感から歩み出て、他者を彼自身の自立へ向けて送り出さねばならない。

そのために援助者には相手との関係に埋没したり依存したりしていないこと、その意味で相手に先立って自立しているということが要請される。この点で、援助を必要としている者と援助者との関係は、対等であるとは言えないのである。したがってブーバーはこの点を明確にするために、主著『我と汝』の冒頭から強調された〈我－汝〉関係の直接性や相互性に対して、特殊な限定を与え、そのことによってロジャーズ的な〈我－汝〉的相互性との違いを強調したのだと考えられる。ここでも「対話」という概念がその効力を発揮する。第Ⅰ部の最後に定式化したような、〈我－汝〉を超える「応答的な我と汝の対話」のもつ意義を想起しよう。それは、次にみる「応答的責任」論によって、より鮮明になる。

4　意図的に影響を及ぼす自覚と責任

ブーバーが、ロジャーズの相互的対等性に賛同しなかった理由を、もう一つ考えることができる。それは無意図的結果的に他者に影響を及ぼしている場合とは違って、仕事として意志的に援助する場合には、援助者の側に特別の自覚と責任が要請されるからである。対談の中でもブーバーは、人間が他の人間に影響を及ぼそうとする状況は、「時には悲劇的、いや悲劇よりももっと恐ろしいものである」（B→R：212）ことをロジャーズに対して語っている。この重みを十分に自覚し、同時に、にもかかわらず敢えて影響を与えようとしている自らの意志と責任を自覚すること、それは被援助者にではなく援助者の側に固有に求められていることである。呼びかけに応答する責任については、援助を求める者とその求めに応答する者との間で、対等ではありえない。この自覚や意志や責任の内容については、ブーバーの教育についての諸論のなかに幅広い議論がみられる。たとえば他者に影響を及ぼそうとする意志が、「権力意志」や「エロス」に基づくものではなく、「謙虚さ」や「高度の禁欲」を伴ったものであること（[1926]：797–800）、また自らの為す一定の選択が、「成長しつつある人間に対して、あるべきこと、〈正しきこと〉の選択を代表しているのだという自覚」、そして「その選択に対する責任」などが要件となる（[1939]：819）。これらは次章で詳述したい。

「あなたたちは対等ではないし、対等ではありえない。あなたには、大きな任務がある。自己に託された大きな任務がある。相手が必要としているものを満たしてやらねばならないという、普通の状況よりもずっと大きなことを為さねばならない任務がある」（B→R：212）。それゆえ、仕事としての心理治療や教育は、誰にでもできるし誰でもしてよい、というものではない。ブーバーは、このような援助者に要請される大きな任務を、十分に自覚し自戒することの重要性を訴えようとした。そうであるから、援助者と被援助者とが相互に対等であるという認識が無条件に主張され、一面的に理解されることによって、他者の援助に携わる者が自らに課すべき応答的責任や、彼に必要とされる優位性・指導性の内実が、不問に付されることを危惧したのである。このような危惧は、「強制派」を批判する際に「自由派」が陥りやすい陥穽として、傾聴に値するものであろう。

以上、ブーバーが援助的関係における相互的な対等性の限界を強調した理由を、彼の著作に読み取れる範囲で考察してきた。ここに焦点づけられた援助者の側に固有の責任について、あるいはその優位性の内実について、我々は次の「受容」の問題の追及を通じて、さらに内容的に踏み込んだ議論を試みたい。

ところで、このようにブーバーが、特にロジャーズに向けて対等性の限界を強調したその意図の根底には、ロジャーズの人間観そのものに対する疑義が潜んでいるように思われる。たとえばブーバーは対談の中で次のように語っている。「自分と相手が、いわば、お互いに同じように一つの平面の上に立っているといった素朴なヒューマニティには限界がある。……ヒューマニティ、人間の意志、人間の理解、それだけで全てではない」(B→R：212)。ここではロジャーズの、単に平面的水平的な人間理解、ナイーブに人間的なるものだけに依拠したヒューマニズムを問題にしている。ロジャーズの人間理解が実際にそのようなものであるか否かの検証は本章の課題を超えるが、ブーバーがそのように見なしている限り、ロジャーズとの論点は、この平板なヒューマニズムの限界という問題にまで深めて理解されなければならない。前章でも見たようにブーバーの視野には、いわゆる人間的なものを超越した垂直次元との関わりが含まれている。この点にまで次節では論及したい。

3 「受容」から「潜在力の確証」へ

ブーバーとロジャーズとの対談におけるもう一つの論点は、ロジャーズが提出した「受容acceptance」の概念に関わるものである。第一節でもみたように、「受容」という概念は、助言や命令、禁止、訓戒などを伴う指示的な療法に対する、ロジャーズの非指示的な療法の中心となる概念である。そしてこの概念は、教育の領域においても、教育者の積極的な指導性よりも、被教育者のありのままの姿を受け入れ、そこから生起する自発性や自主性を尊重する立場において、好んで用いられる言葉である。日本の教育界でも「カウンセリング・マインド」といった造語とともに「受容的態度」という言葉が多用されるが、この言葉の乱用によって、むしろその本来の意義を見失わないようにするためにも、援助者の指導性との連関でこれを捉え直そうとするブーバーの試みに注目したい。

1 「無限の可能性の受容」に対する「潜在力の確証」

「受容」をめぐる論点は、司会者のモーリス・フリードマンによって導入された。フリードマンは、ロジャーズの書いたものを引用して、言うところの「受容」が、相手の人がある時点で持っているあらゆる側面を無条件的に受け入れることである点に注意を促しながら、ブーバーに意見を求める。

ブーバーはそれに次のように答える。「二人の人格の間の真の実存的関係はすべて受容とともに始まると言うことはできる」（B→R：219）が、しかし援助的関係を考慮するとき、「受容」だけでなく「確証 confirmation」の概念が必要である。「確証」とは、「相手の人の現在のあり様をそのまま受容するにとどまらず、……その人にとって大切な意味を持っている潜在力 potentiality、すなわち今まさに展開し発展し生の現実に応えようとしている潜在力と結びつけて、その人を確かめ証す」（B→R：219）ことである。このようなブーバーの説明を受けてロジャーズは、「もし相手の潜在力をなんらかの意味で理解したり承認したりする事実がなければ、外見上の彼はかなり悲惨な様子をしていることがよくあるので、その人をありのままに受容することはできないだろう」（R→B：219）と述べ、その意味で、「潜在力の確証」に賛同している。つまり、相手の現状のたとえ否定的にみえる側面をも肯定的に受容するための条件として、相手が好転し得るという意味での「潜在力」を理解する意義を認め、ブーバーに同意している。

それに対してブーバーは、「受容」と「確証」の間にある微妙な違いを厳密に理解する必要性を再度訴えるが、対談ではこの点について十分な議論が為されずに終わった。ブーバーは、援助者の態度は「受容」にとどまってはならないと考えており、それに代わるものとして「確証」概念を提出している。問題となるのは、ロジャーズが、これら二つの概念の区別を踏まえたうえで「確証」概念を理解したのかどうかである。

ロジャーズは、この対談の直後の著作において、ブーバーのこの概念を取り上げて解説しているが、その内容から、「受容」と「確証」、とりわけ「潜在力」の概念の理解に、ブーバーとの間でくい違いのあることがうかがえる。つまり、ロジャーズによって理解された「潜在力の確証」とは、どんな人間も計りしれない多様な可能性を秘めていることを認めるということである（cf. Rogers 1958：14）。ところがブーバーの言う「潜在力」は、後に考察するように、一般的で無限定な諸可能性のことではない。このくい違いの背景には、両者の間の人間理解の相違が、深く関与している。では、ブーバーにおいて「潜在力の確証」とはいかなる意味か。それは、ロジャーズの「受容」と厳密に言ってどのように異なるのか。以下、ブーバーの人間観にまで遡って、彼が「確証」の概念とともに言おうとした援助者の態度を解明する。

2　「全面的」受容に対する「全体的」確証

ブーバーにおいて「確証 Bestätigung」という概念は、特に一九五〇年代の後期著作において重要な地位を占めている。たとえば『原離隔との関わり』の中で彼は次のように述べている。

「人間の人格は、確証を必要としている。なぜなら、人間は人間としてそれを必要とするものであるから。動物ならば、確証される必要はない。なぜなら、動物は問題なくそれであるところのものであるから。それと違って人間は、……生まれた時から混沌 Chaos によってとりまかれた人間は、ひそかにおずおずと存在許可の肯きを待ちうけている。そしてその肯きは、ただ人間の人格から人間の人格へと為し

えるのみである。」([1950a]：423)

この肯きは、人間の存在の全体へ向けられた絶対的肯定であり、人間は、この「確証」を必要としている生物である。「確証」において人間は、他者によって自らの存在を全体として絶対的に肯定され、自らがこの世に存在する意味を証される。それは、他の動物とは違って生きることが必ずしも自明ではなく、この世で自らが生きる意味や価値を問うてしまう人間という生物にとって、生きていくうえで不可欠の条件である。そしておそらく、ロジャーズがブーバーに深く共鳴するのも、この点においてであろう。（多くのクライエントが生きる意味を確かめ直す途上でロジャーズのもとに来るのだとすれば）特に心理治療関係において、これはとりわけ重要であろうから。

しかしここで厳密に理解しなければならないのは、「確証」はたしかに、他者の存在をその根底から全体として絶対的に肯定することであるが、それは必ずしも他者の現状の、個々の全ての側面を肯定することではない、ということである。他者の存在を全体として肯定しつつ、しかし、否むしろそれゆえにこそ、他者のある側面は否定するということもありえる。ロジャーズの「受容」が、他者の全ての側面を全面的無条件的に受け入れることであるとすれば、ブーバーの「確証」との間には、微妙な、しかし重要な相違があり、これを我々は見逃すことができない。そのようなものとしての「受容」は、いわゆる「自由派」の陥りがちな「放任」に容易に転化し得るからである。

そこで、他者の存在を全体として肯定しつつ、しかも全面的には「受容」しないという、この

「確証」の特質を、さらに以下で追及していきたい。この特質を矛盾なく理解するには、いささか迂遠ではあるが、真理を確かめ証すという「確証」の本来的な意味にまで立ち還って考察する必要がある。

3 他者との間に輝く垂直次元の「真理」

ブーバーの「確証」の概念は、平面上の二人の人間の間の水平的な作用としてではなく、前節の最後でも触れたように、単に人間的なるものを超越した垂直次元との連関において理解されなくてはならない。このような超越次元を語る際にブーバーは、文脈の違いに応じていくつかの言葉を慎重に使い分けるが、「確証」との関連では、主として「真理」という概念が選ばれる。ここで次のブーバーの言葉、これは立体的な「間の場」の垂直次元について論及した前章の最後に引用したのと同じものであるが、いま一度これを吟味したい。

「真理 Wahrheit に対する自己の関係は、その同じ真理に対する他者の関係によって高められる。その真理に対する他者の関係は、その人の個性に応じて異なっており、各々に違った仕方で芽を出し、育っていく。人間にとってなくてはならず、また許されていることは、真の出会いの中で一人ひとりの個性的な存在を確証し合うことである。そしてさらには、自らの魂が得た真理が、関わりをもった他者の許で異なった仕方で光り輝き、まさにそのことによって、その真理が確証されるのを見ることなのであ

る。」(［1950a］: 421)

ここでは他者の存在の「確証」が、ブーバーに独特の「真理」概念に結びつけられて、「真理の確証」にまで深められている。これを理解するためには、まずこのブーバーの「真理」概念の特質に言及しておかなくてはならない。本章の論旨に適うかぎりで、その要点だけをいくつかの著作からまとめてみよう。(4)

第一に指摘すべきは、ブーバーの真理観は、ギリシャ的ではなくヘブライ的伝統に淵源を持つということである(vgl.［1960］: 452)。したがってそれは、自己の外にある客観的事物・事象についての誤りのない理解や言表というような、知的に認識される真理ではなく、他者にまっすぐに向かい合う「誠実さ」、他者の呼びかけに対する「応答的人格的責任」といった倫理的実践的要請を伴う、いわば生きられる真理である(［1954］: 275)。第二に、その「真理」に近づくためには、孤立した自己の自己自身との関わりにおいては為し得ず、他者との関わりを必要とするということ。ブーバーの言う「真理」は、自己(我)と他者(汝)との間の出会いや応答的対話においてのみ、確かめられ証されるものである(特に前章を参照)。そして第三に、このような「真理」は、それがそれとしてどこかに存在するような実体ではない。うまくいけばそれを探し当てて手に入れることができるようなものでもない。それは、実体ではなく、今ここにたえず新たにはたらき続けている力である。「永遠の汝の息吹き」、「力としての現存」、「大いなる意志」等と呼ばれるところの、宇宙創生以来、この現実化しつつある世界の生成を貫いてはたらき続けている、有限な人間を超えた力動的な創造の根源力である。(5)

このようなブーバーの「真理」概念を踏まえれば、先の引用文を敷衍して次のように述べることができよう。創造の根源力としての「真理」が、自己にも他者にもはたらいている。それは、根源的には大いなる一つの力であるが、一人ひとりの人間の中で実現していく時には、その人の個性に応じて異なった仕方ではたらく。そして、人間の使命であり責任であるのは、この「真理」の個性的なはたらきを、同化しえない他者としての他者との応答的関わり、すなわち「対話」の中で「確証」し、その力を高め実現すること――さらに言えば、この実践を通して、生成しつつあるこの世界の創造と人間の形成に参与することである。

4 真理が「現実化していく力」としての潜在力

このように「確証」の概念を「真理」との連関で理解すると、ブーバーが援助者に求めた「潜在力の確証」の意味を、次のように読み取っていくことができる。ブーバーにおいて、ある人間の生成とは、創造の根源力としての「真理」が、向かい合う二人の人間を通して実現していくことであり、ある人間の生成を援助するとは、「真理」が、その他者に相応しい個性的なあり方で実現していく力を助成することである。とすれば援助者は、被援助者との応答的対話において、他者の内で「真理」が現実化していく力を確かめ、その方向を見極めること、すなわち「確証」することができなくてはならない。その際、自己が真理だと見なすものに他者を引き込み同化するのではないことは当然であるが、ブーバーは、「強制」ではなく「開発」が教育者の取るべき態度であるとする文脈において、さらに次のように述べている。

「彼は自分を、現実化していく力の援助者 eine Helfer der aktualisierenden Kräfte として見なすことを心得ている。彼は、自分自身の許でもはたらいたし、今もはたらいているその力をよく知っている。……彼は、この現実化していく力のはたらきを信じているので、自らを強制しようとすることはありえない。つまり、一人ひとりの人間には正しきものが、その人格に固有のかけがえのないあり方で賦与されていると信じている。このような人間に自らを強制するようなどんな方法も許されるものではなく、残された方法、すなわち教育者に許された取るべき方法は、その正しきものがまさにここで生成しようとするのに即して開発し、それが自ら展開していくのを援助することである。」（[1954]：282）

そして、「他者は、この自らの潜在力 Potentialität においてのみ、開発されるべきである」（[1954]：281）と述べる。つまり「潜在力」とは、この「正しきもの」すなわち「真理」が、自己とは異なる他者性を介した他者に固有の仕方で実現していく力であり、援助者は、他者とそのつど向き合うときに「まさにここで生成しようとする」その形成力を確かめてこそ、それに応答して援助することができる。このような意味における「潜在力」を念頭において、ブーバーはロジャーズに語りかけていたのである。

ここまでに、ブーバーの言う「潜在力の確証」の意味を、彼の「真理」概念を手がかりにして考察してきた。そしてブーバーが援助者に求めた責務を、被援助者との応答的対話において、「真理」が実現していく力（潜在力）を見極め、そこに確かめられたその人に固有の方向に即してそれを開発することと捉えた。本章の冒頭で我々は、「教育的関係は、純然たる対話的関係である」という命題と、「強制の対極は自由ではなく、結びつきである」というブーバーの言葉を引用した。今、この「結びつき」とは、そこにおいて「潜在力の確証」を為しえる、援助者と被援助者との「応答的対話」のことであると理解できよう。

4　人間形成の方向を確証する対話

1　人間形成を「方向づける力」としての潜在力

では最後に、このブーバーの「潜在力の確証」がロジャーズの「受容」とどのように異なるのか、さらに二人の人間本性についての基本理解の違いにまで踏み込んで明らかにしておく。

ロジャーズは対談の中で、「人間の根本的な本性」は、「オーソドックスな精神分析」が考えているような「統制され controlled」ねばならないものではなく、その反対に、「信頼されるべきもの」

であり、もしそれを「解放すれ release」ば必ず積極的建設的にはたらくものである（R→B：217-8）、と述べている。このような人間本性についての根本的理解と、「受容」という治療者の態度とは、密接な連関にある。ロジャーズは、人間の本性的な衝動に全幅の信頼をおいていたので、全面的な「受容」を唱えたのである。

それに対してブーバーは、もし人間の本性と呼べるようなものに近づくことができるとすれば、それは善の力と悪の力の両方からはたらきかけられている両価的なものであると述べる。ここで善と悪とは二者択一の可能な実体的な対立物ではなく、悪（の力）とは「混沌」であり、善（の力）とは「方向」、すなわち方向を失った混沌とした状態を「方向づけていく力 the force of direction」である（B→R：218）。言い換えれば、人間の本性は、それ自体は善でも悪でもなく、混沌への力に呑み込まれていく（悪）こともあれば、「方向づけていく力」に即して導かれていく（善）こともありえるものであり、両方の力が拮抗している両義的なものなのである。(6)

そしてこの「方向づけていく力」こそ、まさかの、創造の根源力としての「真理」であり、またそれが個々の人間のうちで「現実化していく力」としての「潜在力」である、と解してよいであろう。とすれば、ここに、「強制」でも「受容」でもない「潜在力の確証」のもつ意義が、自ずと明らかになってくる。こうして我々は、ブーバーの「潜在力の確証」とロジャーズの「受容」との差異をめぐる議論を、人間本性についての理解の差異にまで遡って解き明かしながら、以下のように結論づけることができる。

ロジャーズもブーバーも共に、援助者の態度として、「統制的」「強制的」な態度は斥けた。なぜならロジャーズにあっては、人間の本性は積極的建設的なものであるので、それを解放するために。ブーバーにあっては、人間には「真理」が実現していこうとする力がはたらいているので、それを開発するために。そしてロジャーズは、そのために、援助者の態度として、非指示的な全面的「受容」を強調した。他方ブーバーは、人間の本性はただ単に解放されるならば、方向を失って混沌に陥る可能性を併せ持つものであり、それゆえ現実化しつつある力（潜在力）の方向性を見極める「確証」の重要性を指摘するのである。(7) 人間の内奥は常に混沌とそれを方向づけていく力とが拮抗しているので、方向づけの力が弱まっている場合には、はっきりと自らが歩むべき方向を確かめ証される必要がある。その確証を得るためには他者と向き合う応答的な関わりが不可欠であって、そのときこそ援助者は、非指示的「受容」を越えて、彼との応答的対話においてその方向を確かめ、それを指し示すことができなくてはならないのである。

2　対話における潜在的な形成力の確証

以上、援助的関係における「対等性」と「受容」の問題をめぐって、ロジャーズに対してブーバーが唱えた異議の、その真意を解き明かしてきた。この考察の意図は、はじめに述べたように、ロジャーズの理論そのものを評価したり批判したりすることにあったのではなく、ロジャーズとの対質によって際立てられたブーバーの、援助者と被援助者との二人の関係についての洞察を把握することにあった。そこに果たして、「応答的対話」のもつ深められた意義を解明することを得た。

明らかになったのは、「真理」がここで現実化しつつある「潜在力」を「確証」し、その方向に即してそれを「開発」していくという、「強制」でも「自由」でもない援助者と被援助者の「対話的な結びつき」の内実である。本書のこれまでの考察を勘案するとき、その「真理」とは、出会いと対話において開示される「〈世界〉」であり、「真理が現実化していく力」としての「潜在力」とは、第二章の末尾で示唆しておいた、「〈世界〉の光の力」、「〈世界〉の創造的な形成力」だと理解してよいだろう。これらの本書の術語を用いて本章で明らかにしたことを言い換えれば、被援助者への非対称な応答的責任を負う対話において、そこにはたらく「〈世界〉の形成力」を確証し、人間におけるその実現を助成することが、すなわち対話的な援助関係の特質だと言えるだろう。「〈世界〉の形成力」という概念は、次の最終章で重要な役割を果たすものであるが、本章の「潜在力の確証」に関する考察を通して、その理解を深めておくことができた。

また、「全体性」と「聖なるもの」に関わる論脈に引き寄せれば、次のように述べることができる。部分的な側面の全てを受容する全面的受容に対置された、ブーバーの対話における全体的な確証とは、前章までにみた〈向かい合う二人〉の「全体性」において存在を確かめ合うことであり、また同時にそれは、単に平面的なヒューマニティの次元を超えた、ここでは「真理」という言葉で表現されたところの、垂直の深みにはたらく「聖なるもの」が、一人ひとりの内奥にはたらきかける力＝〈世界〉の形成力を確証することである。〈向かい合う二人の対話〉という「全体性（ホールネス）」において「聖なるもの（ホーリネス）」の力がはたらき、その力の方向へ向けてその形成力を現実化していくこと、それが一人ひとりの人間形成の方向であり使命である。こうして、ブーバーの対話を通したホリスティックな人間形成論の核心部分が次第に明らかになってきた。章をあらためて、いよいよ教育と人間形成を主題にしたブーバーの三つの論文に踏み込んで、この対話的な人間形成論の要諦を明らかにしたい。

註

（1）この対談の記録・出典について。一九五七年四月一八日にミシガン大学で行われた。英語でなされたこの対談の記録は、まず『*Psychologia*』という日本の京都大学発行の英文雑誌で公刊された（Buber & Rogers 1960c）。次に、対談の司会者も務めブーバー研究者のM. Friedmanによって、彼の編集・翻訳によるブーバーの英訳論文集（Buber, M., *The Knowledge of Man*, ed. with an Introductory Essay by Friedman M., trans. by Friedman M. & Smith R. G., New York, Harper & Row, 1965, pp. 166–184.）のなかに収録された。そして一九九七年には、対談の収録テープから直接に「相づち」や「間合い」までを含む克明な記録が新たに作成され、詳細なコメントを付加した著作が公刊された（Anderson, R. & Cissna, K. N. 1997）。本章での引用は、あとの二つを参照しつつも、『*Psychologia*』（1960c）から行い、引用箇所の末尾に、ブーバーの発言はB→R、ロジャーズの発言はR→Bと記して、その頁数を記す。

（2）この対談の先行研究について。前記のコメント付き詳細記録を刊行したAnderson, R. & Cissna, K. N.（1997）は、この対談の先行研究をレヴューして、それに言及した二四本の著作・論文を列挙しているが、しかし対談そのものを直接に主題化した研究として挙げるのは、次の四つに限られている。ブーバー研究者のFriedman, M.、ロジャーズ研究者のThorne, B.による研究、そして、ブーバーとロジャーズの違いに焦点づけたSeckinger, D. S.（1976）およびYoshida（1994）である。Seckinger, D. S.の研究は、精神療法と成人教育というバックグラウンドの違いから両者の違いを明らかにしようとしたものである。Yoshida, A.（1994）は、一九九〇年の『教育哲学研究』掲載の論文「ロジャーズに対するブーバーの異議－援助的関係における「対等性」と「受容」の問題をめぐって」の英語版であり、『*Holistic Education Review*』（Vol. 7-No. 1, 1994）に掲載されたものである（これに補加筆したのが本章）。その後日本では、岡田敬司（1993）がこれを扱い、また一九九九年の『臨床心理学辞典』（八千代出版）に「ロジャース・ブーバー対話」が独立した項目として採用された（吉田 1999d）。独語圏では、そもそもこの独訳が刊行されたのが一九九二年であり、管見によれば、この対談を主題にした研究が一つ（Suter, A. 1986）ある。ただし、とりわけ北米においてロジャーズ経由でのブーバーの影響が大きいことは早くから指摘されている（Rohrs, H. & Meyer, E. 1979：29,30）。

（3）　あたかもレヴィナスがブーバーを批判したように（第四章参照）、ブーバーはロジャーズの「相互性・対等性」を批判している。そのレヴィナスも、ブーバーの教育論における非対称の関係概念「包擁Umfassung」に注目していて、それこそが「対話の究極の本質」であり「もっとも根源的」だと述べている（Lévinas 1976＝1994：38）。この「包擁」概念は、早い時期にブーバーの教育論：「教育についてÜber das Erzieherische」（［1926］：805）で提出されたものであり、「相互性」が際立っていた『我と汝』（［1923］）と同時期のものである。つまり、レヴィナスの指摘を待つまでもなく、ブーバー自身が援助関係や教育的関係を念頭におくときには、相互的で対等な関係の限界を強く自覚していた。この「包擁」概念については、多くのブーバー教育論の研究者によって論じられており、それらをここで枚挙できないが、レヴィナスとの対比においてこの概念を検討したものに、小野 2002、岡田 2004：130-133がある。なお、Umfassungの訳語については、論者により「抱擁」、「包摂」、「包容」など様々である。ここでは結局、山本誠作氏の邦訳書で用いられた「包擁」を（常用語を外れるが）、⑴原語のもつ「包」と「擁」の捨て難い両方の意味合いを表せること、⑵このタームの独自性・特異性に鑑みてむしろ常用語による安易な了解を避ける利があること、の二点から採用した。

（4）「真理」概念の先行研究の中では、特に稲村（1987 第一部第三章第三節）、松田（1997）、金子（1976 第六章）を参照した。

（5）この創造の根源力については、ブーバー思想の源の一つであるユダヤ教神秘説カバラの教えに注目すべきである。すなわち、神の創造の火の奔流が万物の中に流れ込んでおり、その「火花」を救い出すのが人間の使命であり責任であるとする教えである。（平石 1991［1966］、松田 1974、福田 1992 他参照）

（6）「善」を、実体的なものとしてではなく、生成しつつある方向性として捉える理論として、たとえば村井実の一連の研究が参考になる。その点に焦点づけて考察した拙論（1999c）を参照。

（7）ここで考察してきたブーバーの「確証」を、第一章でみたノディングスは特に重視し、「ケアリングの観点からみた道徳教育の四つの構成要素」として、「模範」、「対話」、「修練」とともに「確証 confirmation」を挙げ、その実践的な意義の要をえた解説をしている（Noddings 1992：25, 26）。

第八章　対話的人間形成論の要諦

――〈世界〉の形成力と教育者の要件

「生徒の全体性 Ganzheit にむけて本当にはたらきかける力をもっているのは、教師自身の全体性のみである。教師の意図しない全き存在そのものである。」（[1939]：819）

人間形成における「全体性」と「聖性」を探求するホリスティック教育の課題意識でもってブーバーのテキストを読み解きつつ、第Ⅰ部では他者との応答的な対話において聖なるものに出会うというブーバー的な「対話」概念の垂直的な深さを明らかにした。そして第Ⅱ部では、その「対話」が「他者の他者性」との対話であると同時に、向かい合い応答する二人の対話において「全体としての人間」が実現するというブーバーに固有の「全体性」理解を解明し、前章で、そのような全体性を実現する対話的な関わりにおいて、援助する者とされる者との間に生起している事態をより厳密に理解しようとした。すなわち、援助者は向かい合う他者としての被援助者に対して、「統制する」のでも「自由にする」のでも、また「受容する」のでもなく、そこにはたらいている「現実化しつつある力」を確かめ証し、その形成力に方向づけられて人間の実現を援助するのであった。

本章では、そのような「現実化しつつある力（潜在力）」を「確証する」という営みを引き続き究明しつつ、そこにはたらく力についての理解を深めていく。そこに、人間形成の真の主体は、教育者であるよりも、対話的関係においてはたらく「〈世界〉の形成力」であることが明らかになる。ブーバーの教育や人間形成に関する論稿において「根源的現実性」や「〈世界〉」と呼ばれるその形成力と、教育者と被教育者との三項の立体的な構造が明らかになるに従って、後述するような意味での人間形成を実現していく対話的関係の様相が浮き彫りになってくる。

そしてさらに、「自分によって決定的な影響を受けてしまう可能性のある存在に対して、あえて影響を及ぼそうとしている人間とその職業 Beruf」（[1926]：805）、つまり「教育者」と「教育という職業（使命）」の要件が、〈世界〉の呼びかけ（Ruf）と他者への応答という対話的人間形成の立体構造において突き止められる。以下、いよいよブーバーの対話的人間形成論の核心に迫り、その要諦を捉えたい。

一　形成力を確証する「全体性の感受」

前章でもみたように、ブーバーにあって教育者は、「自らを現実化していく力の援助者であると見なすことを心得ている」（[1954]：282）。それゆえ、その「現実化しつつある力＝潜在力」の形成的なはたらきを確証することができなくてはならない。とはいえ、この形成力を洞察するのは、簡単なことではない。それが「対話」において確証されることは述べてきたが、いかにして教育者がその「対話」を実現できるか、まずはその具体的な示唆をブーバーのテキストから読み取っていこう。

1　仮面を脱いだ「存在のまなざし」

まずブーバーは、「仮象 Schein」、つまり見せかけや仮面、体面といった「像へのとらわれ」を克服しておくことが必要であると言う。仮象とは「像から生じた生、すなわちある人がどのように見られたいかということに規定される生」（[1954]：273）であり、その対極が、「存在 Sein」、すなわち「ある人が何であるかに規定される生」（[1954]：273）である。もちろん純粋にどちらかだけに常に規定される人は稀であり、実際には時と場合によって様々な程度で仮象と存在が混合している。問題は、通常の教育場面では「こう見せたい気持ち Scheinenwollen」（[1954]：286）に支配される程度が大きいということである。

ブーバーは仮象に支配された対人関係を構成している「六つの幻の仮象像」（[1954]：274）を挙げているが、それを参考にして教師と生徒の関係における仮象像を列挙すると次のようになる。

(1)生徒に対してこう見せたいと教師が思い描く自己像　(2)教師に対してこう見せたいと生徒が思

い描く自己像　(3)教師が思い描く理想の生徒像　(4)生徒が思い描く理想の教師像　(5)そのような像を互いに抱きつつ教師によって見られた生徒像　(6)同様に像を通して生徒によって見られた教師像。(1)

このような様々な像が幾重にも混入する関係の中で、他者の中の自己像や自己の中の他者像ばかりを気にかけていれば、「他者としての他者」に向き合い応答することができない。一般に教育という営みは「期待される人材像」や「理想の人間像」に方向づけられることが多いが、ここでブーバーとともに問題視すべきなのは、その理想像の内容の是非以上に、到達すべき「像」を追い求めて、目の前の応答すべき「《子ども》という現実性(2)」（[1926]：787）を見過ごす危険である。

しかし、教育に理想像は不可欠ではないか、理想を失えば生徒の現状に追随するほかないのではないか、という議論もあろう。そのような議論に対してこそ、ブーバーの言う「現実化しつつある潜在力」の確証、という観点が有効である。すなわち、外から教育者が持ち込んだ理想像に向けて形成するのではなく、被教育者において現実化していこうとしている力を確かめ、その方向に即して形成する。「現実化しつつある力」は、二人が向かい合うそのつどの現在のなかでのみ、現実にはたらきつつある。「理想」を現実に下ろしてくるのではなく、「現実」のなかに向かうべき理想をそのつど確かめていく。そのために教育者は、「あらかじめ持っている生徒についての自分の像」にとらわれてはならない。必要なのは、「見つめ方によって見つめられている者にどんな思いが生じるかといった考えからは何も影響を受けていない、《自然発生的な》《とらわれのない》まなざし」（[1954]：273）である。このようなとらわれのない「存在のまなざし」が、向かい合う二人が

お互いにありのままの自己を差し出す対話への可能性を開いていくことになる。(3)

2　分析的／還元的／演繹的見方からの脱却

そのような「存在のまなざし」を可能にするためには、「仮象」の他にも留意しなければならないことがある。それは、「分析的」、「還元的」そして「演繹的」な方法で向かい合う人を認識してしまう他者理解の仕方である。これらも、教育の営みの中で生徒を理解し認識しようとする際によく用いられる。

分析的方法には、「心身相伴った全体的な存在を、合成されたものとして、したがって分解可能なものとして取り扱う」（[1954]：279）という問題がある。たとえばいわゆる「通知表」にみられるように、本来は全体的なものであるはずの生徒の能力を、教科の枠組みや評価項目にしたがって細かく諸要素に分解し、そのそれぞれを個別に評価していくような方法。このような認識の枠組みによって分析された個別の評価要素を総合して判断したとしても、「要素の総和＝全体」ではないのであるから、全体としての生徒の内にはたらいている力を見定めることはできない。

還元的方法は、「小宇宙的な溢れるばかりの可能性で満たされた人格の多様性を、いつでも繰り返し再現できるような図式的に見通し得る構造に還元しようとする」（[1954]：279）。人格のまさに小宇宙的な全体は、決して図式的には理解できない複雑で多様な側面を持つが、にもかかわらず、たとえば（ブーバー自身が精神分析学を念頭においているが）一つの心理構造モデルを当てはめて理解する場合など。いわゆるラベリングのような極端な場合にかぎらず、「あの生徒はこういう生徒だ」という言説には、常に一面を捉えて全体を見落とす、という危険が伴う。

演繹的方法は、「ある人間の生成を、結論的公式に当てはめて把握し、力動的中心に基づく人間生成の個性化の原理をも、ある一つの普遍的な概念によって代表させ得ると想定している」（[1954]：279）。たとえば発達段階説や性格類型説などの一般的公式から推論して、現実の個々の特殊な生徒を把握しようとする場合など。とはいえ、先の二つの方法にしても同様であるが、理論というのはそもそも一般化を使命としているのであるから、「このような方法は、ある現象の認識を促進する時には一般に不可欠である。しかしその場合、この方法の正当な有効範囲を超えている分割できないものを認識する他の方法の権利を、侵してはならないのである」（[1954]：279）。

ブーバーはここで、人間科学の分析方法一般に反対しているのではない。このような方法では「分析・還元・一般化」した途端に失われてしまう「分割できない個別特殊な全体性」を把握できない、という限界を指摘している。今ここで向かい合っている人格の全体に迫るには、これら三つの方法とは異なる理解方法が必要であることを強調しているのである。対話において向かい合う他者は、決して一般化できない、代替不可能な、その都度の一回性において現前する個別特殊な他者だからである。(4)

では、そのような人間の全体性、もしくは全体としての人間に迫れる方法は何か。それをブーバーは、「リアルファンタジー」に基づく「感受」という方法だという。

3 「リアルファンタジー」による「力動的中心の感受」

それでは、「感受」とはどのような理解方法なのか。「ある事物または生物を感受する innewerden とは、全く一般的に言えば、それを全体として als Ganzheit、しかもその瞬間に一切の短絡的抽象化を伴わずに、全く具体的に経験するということである」（[1954]：278 傍点は引用者）。この定義文に、「感受 innewerden」の原語のもつ「内的な生成」という意味合いを加味して言い直せば、「ある事象が、一切の短絡的抽象化を伴わず、全体として自らの内に生成するのを身をもって感じ、受けとめること」だと言えよう。まさしく「全体性の感受」だと言える。

続けてブーバーはこう述べる。事物や生物ではなく「人間を感受するとは、人間に特有の精神によって規定された人格として彼の全体性 Ganzheit を見て取ることであり、その力動的中心 dynamische Mitte を見て取ることである」（[1954]：278）と言う。つまり他の人間を感受できたときには、「全体性」とともに彼の「力動的中心」を直観できるのだ、と言うのである。

この「力動的中心」とは何か。それこそが、一人ひとりの人格において、これから現実化していこうとして躍動している力の核心なのではないか。つまり、前章で解明した「確証」されるべき「現実化しつつある潜在力」である。このように解してよいと考えられるのは、この文脈においてブーバーは「潜在力」（[1954]：281）という言葉も使いながら、次のように述べているからである。「開発的教育者は、一人ひとりに固有な姿へ成長するように、すべての人に蒔かれた、そして今も蒔かれつつある根源力 Urmacht を頼みとするのである」（[1954]：282）。この「根源力 Urmacht」が、すなわち「現実化しつつある力」であり、「潜在力」であることは明らかだろう。

大切なのは、それが「一人ひとりに固有な姿に成長する」という特定の方向へ向かう力だということである。つまり潜在力とは、しばしば誤解されるような、あらゆる方向に無限の進展が可能な一般的で多様な諸可能性ではなく、一人ひとりの個性に応じて異なった各人に特殊な可能性である。したがって、「現実化しつつある力」の開発を援助する教育者は、全ての方向に開かれた無限の可能性ではなく、その人に固有の特定の方向に伸びようとしている可能性の、その中心を見極めて、それに関与するのである。（一般に個性の尊重ということが言われるが、この一人ひとりの力動的中心の発現こそが真の個性であると考えられる。）

さて、このように全体性を感受して力動的中心を見極める洞察力を、その特徴をよりよく表現するために、「リアルファンタジー Realphantasie」という独創的な造語でブーバーは概念化した。この概念において、教育者の被教育者へのまなざしと関わり方がよく表現されている。

「リアルファンタジーとは、その固有の本質からしてもはや観照ではなく、私の存在の強烈な心的活動を精一杯にはたらかせつつ、大胆に力強く翼を広げながら他者の中に飛び降りることである。それは、真のファンタジーの本性と共通するものであるが、ただここでは、その私の行為の領域は様々な可能性に開かれているのではなく、私に歩み寄ってくるこの限定されたリアルな人格に限られている。そしてまさにそうすることによって、……その人格の常に新たに現実化しつつある力動的中心を生き生きと受け取ろうと試みることができる。」（[1954]：280）

「ファンタジー（空想・幻想）」と「リアル（現実的）」という矛盾を一つに合わせた実にダイナミックな関わり方である。一方でまず、あたかも創造的なイメージを広げる芸術家のように、あるいは精神を集中して観想する者のように、現象の背後に潜む世界を直観するファンタジーの翼を広げる。それによって、目に視えないものを見て取り、耳に聞こえないものを聴き取れるように。他方、その洞察力・構想力を、様々に想い描くことのできる無限定な対象へ向けるのではなく、まさに現実的な、日常のなかでいま目の前で向かい合っているこのリアルな他者へと差し向ける。ファンタジーの翼を広げてこの他者の中に飛び降りるとき、そこに、目には視えないその他者の力動的中心が、そこに現実化しつつある力が感受される。

この「リアルファンタジー」によって、教育者は被教育者のなかで常に新たに現実化しつつある「潜在力」を確証し、そのはたらきを援助することができる。そしてブーバーは、「このリアルファンタジーとして特徴づけ得る能力は、すべての人がそれなりに生まれつき持ち合わせている」（[1950a]：422）と言う。それにしてもしかし、このような洞察を働かせるには、とても高い能力ないし資質が必要なのではないだろうか。ブーバーが教育者に求める要件を、さらに明らかにしていきたい。

2　人間形成の主体としての〈世界〉

たしかにブーバーは、教育者に対して、高い要求をしているように思える。しかしそれは、何か特別に高度な能力だというよりも、以下にみるような（ある意味ではシンプルな）人格的特質である。そしてそれは、他でもない教育という営みにおいて、おのずと教育者の側に形成されていくものでもある。逆説的であるが、自らが人を教育できるだけの高い能力を持っていると自認する「高慢さ」とは逆の資質であり、しかも「謙遜」であるだけでは十分ではない。

「誰かに自分を強制することと誰かを開発すること、この二つの原理はしかし、高慢と謙遜のような概念と混同されてはならない。ある人は自分を他者に強制しようとしなくても十分に高慢であり得るし、また謙遜であるだけでは他者を開発するには十分ではない。」（[1954]：283）

相手を教育する形成力を持っていると自認している教育者は、被教育者を高みから見下ろして自分の考えを注入し強制しようとする。他方、このような高慢を避けて自分を強制しないという時、逆に相手を見上げて（例：「子どもは大人より素晴らしい！」）見守っているだけであれば、そのような謙遜は高慢の単なる裏返しにすぎない。つまり、どちらも、相手と向かい合っていない。呼びかけ応答する対話的関わりに入り込んでいないという点で、高慢も謙遜も同じ地平に立っている。

1 「〈世界〉の形成力」の通路となる謙虚さ

「人格教育について Über Charaktererziehung」(1939) という論文でブーバーは、教育者に芽生えるべき二つの人格的特質を挙げているが、その第一として取り上げているのが、まず、上の「謙遜」とは似て非なる「謙虚さ」である。(5) 第二の特質である「自覚」については、次節で述べる。

「まず第一に謙虚さ Demut、つまり自分は溢れるようないのちの渦中にある一つの要素にすぎないのであり、生徒に影響を及ぼしている測り知れないすべての現実性の只中にあるたった一個の存在者である、という感情である。」([1939]：819 傍点は引用者による)

ここでブーバーの語る「謙虚さ」と、右で否定的に述べられた「謙遜」との間にはどのような違いがあるか。この問いを糸口として、ブーバーに独特の教育者への要請を解き明かしていきたい。

結論を先取りして言えば、謙遜と謙虚さの違いは、それが何に対する遜《へりくだ》りの意識なのかという点にある。つまり、ブーバーが否定する謙遜は、他の同じ人間に対する遜りの意識であったが、それに対し彼が求める謙虚さは、他の人間に対するものではなく、先の引用では「溢れるようないのち」や「測り知れない現実性」と呼ばれた無限なるものに対する、有限性の自覚である。

この無限なる「いのち」や「現実性」は、ブーバーの他の教育に関するいくつかのテキストにおいては、特に「〈世界〉」や「根源的現実性 Urwirklichkeit」と概念化されている。それは、彼が教育ないし人間形成という営みを定義する際の核心に位置する概念である。ここで、ブーバーの教育に関する主要三論文のうち、前記「人格教育について」と並ぶ残りの二つ、すなわち「教育的なるものについて Über das Erzieherische」(1926) と「人間形成と世界観 Bildung und Weltanschauung」(1935) から引用し、ブーバーのテキストを検証しておく。

〈世界〉と教育の定義

「我々が教育と呼んでいるもの、つまり意識的意志的な教育とは、**はたらきつつある世界** *der wirkenden Welt* の人間を通した選択、を意味する。……かくして世界は、教育者においてはじめて、教育という営みの真の主体となるのである。」([1926]：794　太字は原文イタリック)

根源的現実性と人間形成の定義

「根源的現実性 Urwirklichkeit、それは私を生み出したものであり、私がそれに身を託して頼るとき、私を支え守り形成しようと待ちかまえているものである。人間形成の営みは、この根源的現実性への、私の根源への、そしてその形成力への、今は見失われたり狭められたりしている通路を、もう一度新たに十分に開こうとする営みである。」([1935]：810)

この二つの異なるテキストの鍵概念である「はたらきつつある〈世界〉」（右の引用で原文イタリック表記された「世界」概念は、明らかに本書が〈世界〉と表記してきた狭義のそれである――第二章を参照）と「根源的現実性」とが、実は一つの事象であると読み解くことによって、本章で以下に論じるようなブーバー教育論の一貫性のある理解が可能になる。

すなわち、人間形成という営みの真の主体は〈世界〉であり、それは常に人間を支え形成するためにはたらきかけているのであるが、その形成力は意識的にその通路となる人間、すなわち教育者を通してこそ十分にはたらき出ると考えられる。ここでは、人間を形成する力の源泉は、教育者の内部に帰属するのでも被教育者の内部に帰属するのでもなく、両者の「間」にはたらく根源的な現実性としての〈世界〉にある。（ここから直ちに、「教育」と「人間形成」という概念の区別に踏み込むこともできるが、それについては後述する。）

とすれば、前章から繰り返し述べてきた「現実化していく力＝潜在力」という鍵概念はまた、この「はたらきつつある〈世界〉＝根源的現実性のもつ形成力」であると考えられる。(6) こうして、ブーバーの教育者への要請を、人間形成の真の主体との関連で、より厳密に次のように言い換えることができる。つまり、「現実化していく力の援助者」としての教育者は、自己の内部に所有する力を用いるのでも、被教育者の内部にある力を当てにするのでもなく、単に人間の水平的な次元を超えた根源的な〈世界〉の形成力を頼りにして、向かい合う相手に応答する対話を通して、その形成力が十分に被教育者にはたらき出るような通路を開く、という任務を持っているのである。

そうであれば、現実化していく力を確証し開発する教育者が、〈世界〉に対して謙虚でならなければならない理由は明らかである。つまり、自己の持つ教育力を過信することなく、人間形成の真の主体たる〈世界〉に対して虚心に聴従し、その形成力を十分に助成できる通路となる必要があるからである。

そしてその際に教育者は、自らの思い描く設計図と自らの持つ技術に従って、手工業職人のように被教育者を製作するのではない。のみならず、植物の成長を保護するように、予め被教育者の内部に蒔かれた種子が自発的に展開するのを消極的に見守るだけでもない。その意味で彼は高慢でも謙遜でもない。そうではなくて彼は、自ら積極的に他者としての被教育者に向けて呼びかけ、応答し、その向かい合う二人の間の場にはたらく〈世界〉の形成力を謙虚に助成しようとするのである。*

* ここで、「教育」と「人間形成」という概念の区別に論及しておこう。両者を、当該の現象を何処に主体をみて理解するかの違いによって区別しよう。すなわち、意識的意志的に相手を形成しようとする一方の人間（＝教育者）に主体をみる場合を「教育」と呼び、相手との関わりにおいて双方の人間がともに形成される、その形成力の主体を二人の人間を超えた次元にみる場合を「人間形成」と呼ぶ。ブーバー自身は一貫した概念的区別によって使い分けているわけではないが、ここでそのように区別しておくことは、前述の二つの定義文をはじめとするブーバーのテキストを解読していくうえで、相当に有効である。それとともに「主体」という概念も、さらに捉え直されていくことになる。

2　世界観ではなく〈世界〉への聴従

さて、このようにブーバーは、〈世界〉という人間を超えたものに人間形成の主体を見出し、それへの謙虚さを称揚した。しかし自己を超える大いなる主体への謙虚さを求めるときには、ある特定の世界観への（たとえば特定の政治的イデオロギーや宗教的教義への）、無批判的な盲従に陥る危険性を考慮すべきである。ユダヤ人ブーバーが「人間形成と世界観」を論じたのは、まさにナチズムの全体主義の最中であり、現実的にこの危険に直面していた。むしろブーバーは、盲目的に全体主義的な世界観に帰依していく教育者たちに対して警鐘を鳴らすためにこそ、この〈世界〉への謙虚さを強調したのである。

この点を理解するために重要なのは、〈世界〉と「世界観」との区別である。ブーバーの言う謙虚さは、〈世界〉そのものに対する謙虚さであって、人間が作り上げた特定の世界観や主義主張に対する謙遜ではないということ、そして〈世界〉そのものに対する謙虚さによってこそ、むしろ閉じられた特定の世界観を批判的に検証する視点を得て、それを柔軟に開いていくことも、場合によってはそれに毅然と立ち向かうことも可能になるということである。人間形成にとっての〈世界〉と世界観について、ブーバーは、次のように論じていく。

「ここで論及されている人間形成にとって重要なのは《世界》であり、様々な《世界観》は世界を多様な観点から切り取ったものである。……人格の形成にとって、そしてまた諸人格とその関わりから成熟してくる大いなる共同体の形成にとって、その死活の問題とは、世界観が解釈しているところの世界に対して、人々が事実的にどのくらい関わりをもっているかという問題である。」（[1935]：810-811《》付加はブーバー自身による）

〈世界〉はその都度の生き生きとした関わりの中に常に新たに開かれてくる根源的現実性であり、〈世界観〉はそれをある観点から切り取り解釈したものである。したがって人間によって解釈された世界観は必然的に相対的なものである。人格形成にとって死活の問題は、世界観ではなく〈世界〉との生きた関わりである。しかし他方で人間は、「世界観を持つように世界を《持つ》ことはできない」（[1935]：811）ので、〈世界〉そのものを教育するなどということはできない。

「人間形成の営みは、多義的な諸相の背後にあるリアルな一なるもの（すなわち〈世界〉＝引用者注）を指し示す。しかし、世界観の代わりに世界を代置しようなどとうぬぼれてはいけない。それは、世界観を排除できず、そうしようとすることも許されていない。」（[1935]：811）

人間が人間に対して意図的に働きかける教育が、世界観を排除できないこと、このことも重要である。だからこそ自らの持つ世界観を、たえず〈世界〉との生きた関わりの中で検証し問い直していく営みが必要なのである。「……学ぶ者にとっても教える者にとっても等しく大切なのは、彼の世界観が、《観られている》世界そのものに対する生き生きとした関わりを豊かに促進するのか、それとも妨げているのか、という点にある」（[1935]：811）。

教える者は、自らが所有している世界観に安住するのではなく、たえず〈世界〉との生きた関わりにおいて、その都度それを更新させなければならない。(7) そのことによって、学ぶ者も、その新鮮な世界観を通して生きた〈世界〉に触れることができる。各々の世界観は〈世界〉の土壌との生ける接触を失うとき、凝固して干涸びるものであるから、常に今ここに開かれてくる〈世界〉の土壌に根づかせ、そこから瑞々しい栄養を不断に受け取り直していく関わりが必要なのである。このような関わりに入り続けることによってこそ、特定の世界観を絶対化して固執し、それに盲目的に従属してしまうような態度が避けられるのだと言える。

そしてそこでは、学ぶ者だけではなく、教える者も同時に、〈世界〉の生ける形成力によって自らを形成していくことになる。というのも、教育者自身が形成されていくのは、彼の自己自身との関わりではなく、この〈世界〉との生きた関わりにおいてであるから。「（教育者の）自己教育、といっても、それはいつでもそうであるように、自己が自己自身と関わることによってではなく、ただ〈世界〉と関わること、その大切さを自覚しつつ、自らを〈世界〉と関わらせることによってのみ成り立つのである」（[1926]：806）。

3　対話的関係に顕現する〈世界〉の全体性

すでに明らかであろうが、上の引用で「生き生きとした関わり」とは、本書が主題的に論じてきたところの、応答的な関わりであり、対話的関係に他ならない。第二章や第四章でみたように、その対話の深みにおいては、〈世界〉の語る言葉を聴き取り、〈世界〉の呼びかけに応答するのであった。まさにそのような対話のために、謙虚さが必要なのである。

第II部を縦貫するテーマに立ち返って付言すれば、ここで〈世界〉とは、すなわち「全体性（ホールネス）」である。それをブーバー自身が、全体主義の「全体」に対置しつつ、次のように明言している。

「ここで論じられている人間形成によって、それぞれに部分的な世界観をもって分裂している諸集団は、全体性の前に立つことになる。……現代の集団は、《自己を貫徹する》ことによって自ら全体 Ganze になろうとしているが、しかし、全体性は作りあげるものではなく、生まれ育つものである。……全体性に献身する者は、全体性と共に育っていく。**生まれ育ってくる全体性** *gewachsener* Ganzheit においてのみ、ある民族の本質的な（すなわち自由な）創造力が保証される。それは、その全体性に目を向けるときにこそ、可能である。」（[1935]：812　強調は原文イタリック）

「全体性は作りあげるものではなく、生まれ育つもの」であり、その「全体性」と共に人間が生まれ育つ。〈世界〉の形成力への通路を開く「人間形成」の営みを通して、そこにまさに〈全体性〉が生成する。「全体」を僭称する集団に対してではなく、〈世界〉としての〈全体性〉に献身する謙虚さによって、人間は生成しつつある〈全体性〉と共に生まれ育つ。ブーバーにおける〈全体性〉概念を解明した「対話的全体観」に立って言えば、向かい合う二人の立体的な間の場に、つまり垂直の〈世界〉と応答的に関わりつつ、向かい合って対話する二人の間に、その〈全体性〉が生成し実現していくのだと言える。

しかも今ここで私たちの論は、ブーバーの「人間形成」論の核心に触れている。向かい合う二人が二人ながらに〈世界〉の全体性の実現に参与し、その全体性と共に育っていく。人間形成の真の主体は〈世界〉であったが、その意味では、そこで生まれ育つ真の客体は、それもまた、二人の人間の間に、二人の人間の対話を通して、共に生まれ育っていく〈世界の全体性〉だと言えよう。しかしここでは、「主体」「客体」という言（事）分けが、もはや理解を妨げる。〈世界〉が向かい合う二人の対話を通して自らを実現していく、その〈世界の全体性〉の生成プロセスに参与することで二人の人間が全体として形成される。

そう言ってよいのだが、しかしながらブーバーの教育（対人援助）論はまた、教育する者とされる者とが、相互に対等に「共に育つ」という言説で事足れりとするものではなかった。教育する主体の側に非対称な責務を求めた。それは、ロジャーズへの異議とともに前章でみたとおりである。

一方で、教育者も被教育者も共々に、〈世界〉という人間形成の主体の力にあずかって形成される。その意味で両者共に受動性・客体性をもつ。他方で、このことは、教育者が被教育者への主体性を失って、同じ立場をとるということではない。教育しようとする者（教育主体）の側には、教育される者（教育客体）の側にはない、固有の要請がある。ブーバーは（ロジャーズに比して格段に）その主体的責任を重視した。

「主体」の在処をめぐるデリケートな論点である。いわば教育者は、「客体的主体」なのだとも言える。この議論を整理するために、「人間形成」の主体は〈世界〉であり、「教育」の主体は教育者である、とする先述の定義を想起しよう。とすれば、立てられるべき問いは、ブーバーにおいて、人間形成と教育がどのような関係にあるのか、より具体的には、主体としての教育者が、いかにして主体としての〈世界〉と関わりつつ、被教育者と向かい合うのか、という問いになる。

このように深められた問いを念頭におきつつ、ブーバーが述べる教育者の要件を引き続き追究していこう。

3　出会いへ向けて応答する意志

ブーバーは、教育者に求められる人格的要件として、第一に前節でみた謙虚さを挙げ、二番目に「自覚」を挙げている。次に、この自覚という特性に注目し、ブーバーの教育と人間形成についての議論を総合しつつ、その理解を深めていきたい。

> 「しかしながら、第二に自覚 Selbstbesinnung、つまり、そのような生徒に影響を及ぼしている一切のいのちの現実性の中で、自分はその人間の全体に影響を与えようという意志をもっている特別な存在者であり、したがって更に、自分が向かい合っている生徒に対して代表している存在の選択に対しては、責任があるという感情である。」（[1939]：819　傍点は引用者）

このようにブーバーは、謙虚でありながらも同時に、被教育者に影響を及ぼそうとしている「意志」とそこに生じる「責任」の「自覚」が教育者には必要であると述べる。この意志や責任は、教育する主体である教育者の側に固有に求められるものである。この非対称な要件には、前章でロジャーズとの対談を検討しつつ言及したが、以下にそれをブーバーの人間形成論のテキストに踏み込んで考察する。まず、教育的な「意志」のあり方からみていこう。

1　教育的意図から教育的出会いへ

一方で教育的「意志 Wille」の大切さを述べながら、他方でブーバーは、「意図 Absicht」的に営まれる教育に画された限界を十分に自覚しておくことが必要だと指摘する（[1939]：817）。

教育的意図の限界について、ブーバーは次のような例を挙げる。生徒たちは、教師が自分の人格を教育しようとする意図を持っているのに気づくと、その意図そのものに抵抗を示したり、あるいはまた、善悪の徳目を具体的な状況と無関係に予めカリキュラム化された枠組みの中で説かれると、それに反発したりすることがよくある。これは、自立心を持つ生徒の正当な抵抗であるし、日頃から自分の生活の中で善悪の問題に真剣に悩んでいる生徒であればこそ、当然に持つ反発である（vgl.［1939］：818）。

それに対して逆に、「生徒たちに影響力を行使してやろうなどと全く考えていない場合にこそ、最も強く純粋な影響を与える」（［1939］：819）ことがある。この事情をブーバーは、「教育的に影響力があるのは、教育的意図ではなくて、教育的出会いである」（［1939］：820）と要約する。この「出会い」については、「人間の〈間〉」について論じた後期の論文でも、「主として他者は教化によってではなく、出会いによって、すなわちある存在者とある生成可能者との間の実存的関わりによって、開発されるべきである」（［1954］：281）と述べられている。「出会い」の意義については、第二章以来、すでに多くを論じたので再論しないが、ここでの文脈において重要なのは、出会いは教育計画の中に意図的に準備できるものではないということである。(8)

とすれば教育者は、自らの教育しようとする意図を放棄すべきなのだろうか。いわゆる無意図的教育、機能的教育に委ねるほかないのであろうか。(9)しかし現実は、ブーバーも踏まえているように、「意図としての教育の招来は不可避であって、学校が現実のものとなる以前の状況に逆戻りすることはできない。……教育の営みは、純粋な無意図的教育のパラダイスを失ってしまったのである」

（[1926]：794）。

現代の状況の中で教育に携わろうとする限り、教育的意図の放棄は不可能であるし、そう望むことはかえって欺瞞的でさえある。立てうる問いは、意図的教育の只中で、その限界を自覚しつつ、自らの意図をどのような質のものに転化していくか、といったものだろう。それは、ブーバーの言うところの、教育的意図から教育的意志への自覚の深まりに相当する。では、彼の求める教育的意志とはどのようなものか。

2　応答を意識して立つ意志

人間形成に真の影響を及ぼすのは、「教育的意図ではなく、教育的出会いである」のであれば、他者に影響を及ぼそうとする意志は、出会いへの意志であるだろう。出会いはたしかに、意図的に準備できるものではない。しかし、その都度の具体的な状況の中で、相手としっかり向き合い、呼びかけに耳を澄ましてできる限りの応答を試みようとする意志を持つことはできる。たしかに被教育者が出会うのは、教育者に限られるものではない。すべての存在者が出会いの可能性を秘めているのであるが、他の存在者から区別される教育者に特殊なものとは、出会いの相手になろうとする意志を自覚的に持っているという点である。教育的意志とは、「教師が生徒に対して彼の生に参与し、応答を意識して立つ」（[1939]：821）という意志である。すなわち出会いへの意志とは、いつでもしかるべきときには応答する用意があるという、「応答を意識して立つ」意志である。

ブーバーは、このような意志を持っていることを、生徒に語り聞かせる必要はなく、ただそのような意志を持って生徒と向かい合えば、自然に雰囲気として相手に伝わると言う。そして、そこに「信頼の雰囲気」が生まれ、「この人は自分に影響力を行使しようとする以前に、まず自分のことを確証しているのだということを生徒は感じる」（[1939]：820）のである。ここで「確証」とは、前章でみた、「受容」を深めた「全体としての人格の確証」に他ならない。彼の存在を全体として確かめ証すことができれば、「あの教育されることに対する抵抗に代わって、生徒の方からも教師を人格として受け入れるという本来的出来事が生じる」（[1939]：820）。人格教育は、特に意図的なそれは、このような教育者の意志に基づく確証と受容があってはじめて成り立つものである。

それにしても、このような「応答を意識して立つ」意志は、簡単に持てるものではない。現実の教育行為には様々な制約があるし、裏切られることも挫折することもある。ブーバーが教育論で紹介する事例は、どれもすこぶる困難なものばかりである（vgl. [1939]：818, 826）。にもかかわらず、やはり生徒との関わりに入り、応答しようとする意志は、何によって支えられるのだろうか。「〈世界〉は、あなたに他者との出会いを教え、その出会いを支えてくれる」（[1923]：100 〈 〉付加は引用者）。かの、人間形成の真の主体としての〈世界〉が、出会いを支える。つまり、教育者が〈世界〉との生きた絆を失うことなく、その〈世界〉に応答しようとするとき、そこに、にもかかわらず被教育者と出会い応答しようとする意志も生まれてくる。というのも、〈世界〉は孤独な自我において実現していくものではなく、いつも他者との関わりにおいて現実化していくものだからである。とすれば、教育者の意志を支えるものは、先に見た〈世界〉に対する常に変わらぬ謙虚さであると言ってもよいだろう。

3　教育的意志と禁欲のパラドックス

教育とは、「自分によって決定的な影響を受けてしまう可能性のある存在 bestimmbarer Wesen に対して影響を及ぼそうとする職業 Beruf」（[1926]：805）である。教育者の教育への意志は、じつに不遜で危うい アポリアを抱えている。「教育しようとする意志 Wille が、恣意 Willkür に頽落するという危険、すなわち教師が選択や影響力を行使するにあたって、生徒の現実性に基づいて為すのではなく、生徒についての自分の考え方や自分自身を基準にして遂行してしまう危険にさらされる」（[1926]：805）。たとえば、熱心な教育への意志が、他者を自分の意のままに操作し支配する「権力意志」と無意識のうちに結びついてしまったり（vgl. [1926]：797）、情熱的な教育への意志が自己陶酔的な「男性的で栄光に溢れたエロス」に転化したりすることは、教育において現実にありがちなことである（vgl. [1926]：799）。

したがって教育的意志を恣意に陥らせないためには、「高度の禁欲」（[1926]：800）を持たなければならないとブーバーは言う。この被教育者への意志と禁欲を同時に併せ持つという「教育者に固有のパラドックス*」（[1926]：805）に耐えるには、自己を越えた〈世界〉の呼びかけ（Ruf）に聴従する謙虚さによって、単に自己自身に発する影響力の危うさを自覚しつつ且つ被教育者への〈世界〉のはたらきの通路であろうとするよりほかはない。〈世界〉の形成力への参与者としての禁欲的意志。このような、〈世界〉への謙虚さによって裏打ちされた意志こそ、まさに自覚的な教育的意志と呼ぶことができる。

＊　この「パラドックス」[10]はまた、他者を知的に理解しようとすることと、理解を超えた他者との出会いを意志することとの間の矛盾でもある。これをブーバーは、すべての対人援助職に固有の、けっして調停できない「パラドックス的基礎」であると、『出会いによる癒し』の序文[11]でも強調している。「ある《精神的職業 geistigen Berufs》の担い手が、自分がしていることのパラドックスに気づいて――こういう職業はすべて、パラドックス的な基礎 pradoxem Grund の上にあるのだが――、その活動のなかでそのつど立ち止まらなければならないとき、そこですでに何かとても重要なことが起こっている。」（[1951]：139）

4　〈世界〉に対する応答的責任の自覚

さて、前節冒頭で引用したように、〈世界〉との絆に基づく自覚的な教育的意志を持つとき、そこから、「自分が向かい合っている生徒に対して代表している存在の選択に対する責任」が生じてくる、とブーバーは言う。教育者に求められる自覚とは、上にみた意志とこの責任とが一体になったものである。では、この責任とは何に対するどのような責任なのか。この「責任」の「応答的」

性格を突き詰めることによって、「対話的」なブーバー的人間形成論の特質がより鮮明になる。

1 〈世界〉のはたらきを代表して選び取る教育者

一般に、生徒に影響を及ぼそうとして関わるかぎり、その結果に対して教師に責任があると言えようが、ここでブーバーが論及しているのはそのような一般的意味における責任ではない。それは「生徒に対して代表している存在の選択に対する責任」である。ここに「存在の選択」とは、先にも引用したブーバーの基本的な教育の定義の一つ、教育とは「はたらきつつある世界の人間を通した選択を意味する」と照らし合わせれば、〈世界〉の選択に対する教育者の責任であることがわかる。しかし、これまでに考察してきた教育者の任務は、〈世界〉のはたらきに対する謙虚で忠実な通路であることとであって、それを「選択する」という側面には言及してこなかった。〈世界〉と教育者とのあり方を、さらに追究しなければならない。

まず、これまで述べてきた〈世界〉と人間との関係を再確認しよう。たしかに〈世界〉は、全ての人間を超えて包み込む超越的・根源的な現実性であるが、全ての人間一人ひとりと〈世界〉とは、実体的に裁断されているわけではない。人間を離れた別の所に予め〈世界〉が超然と存立しているわけではない。生成しつつある現実の人間を通して、はたらきつつある〈世界〉が現実化していく。

さてそのうえで、一つひとつの人間の選び取るあり方が、はたらきつつある〈世界〉の豊かな選択であったり貧しい選択であったりすることはある。つまり、〈世界〉のはたらきをかなりの程度まで十全に集約できている場合もあれば、〈世界〉のはたらきを歪曲し阻害しつつ選択してしまう場合もある。この点は、第三章で論じた芸術表現（あるいは勝義の「文化」）の成否を考えてみれば理解しやすい。芸術家が、汝としての世界と出会いつつ、自らの営みを通して作品の中に〈世界〉を凝縮して「形」として残し、それを鑑賞者に伝えるように、教育者も、自らの存在や教材を通して、〈世界〉の豊かなはたらきを選び抜いて被教育者に伝えるのである。ここで「伝える」とは、単なる伝達ではなく、はたらきつつある〈世界〉を選び抜いて集約した、その形（作品や教材）と、学習者が出会うことができるように導くことである。その出会いのなかで、学習者ははたらきつつある〈世界〉の形成力の一端にふれるのである。

2 〈世界〉の形成力を選択し集約する責任

したがって教育者の一々の選択は、それがどのようなものであれ、被教育者の眼前に〈世界〉の一つの姿を選び取って開示していることになる。換言すれば、被教育者は、目の前にいる教育者の一挙手一投足を通して、あるいは教育者が選びとった文化財（教材）を通して、この〈世界〉と出会う（あるいは出会わない）のである。その意味で教育者は、被教育者に対して〈世界〉を代表して選択している。そうである以上、教育者は〈世界〉との呼応的な関わりの中で、〈世界〉の力を自己の内に一杯に取り込み、彼の中に集約して選び取った〈世界〉のはたらきを、できる限り豊かに学習者の前に開示できるように努めなければならない。

「世界の力、それは生徒が自己を確立するのに要するものであるが、これを教育者は世界から選び取り自己の中に引き入れなければならない。人間の人間による教育は、はたらきつつある世界を、一つの人格を通して、また一つの人格において、選び取ることを意味する。教育者は、世界の形成力を集約するのである。」（［1926］：807　傍点は引用者）

そして教育者の責任とは、この〈世界〉の形成力の選択と集約に関わって生じる。それは、被教育者と向き合いながら、随時随所に現実化しつつある〈世界〉に対して真摯に応答し、自己のなかに受け取る〈世界〉のはたらきをできる限り豊かなものにしていく責任である。この意味において、〈世界〉に対して応答することそれ自体が、すなわち教育者の責任であると言えるだろう。「真の責任 Verantwortung は、現実的な応答 Antwort のあるところにのみ存在する」（［1930a］：189）。直ちにわかるように、この〈世界〉への応答としての責任は、〈世界〉の呼びかけを虚心に傾聴する謙虚さがあってこそ、それを果たすことができるものである。こうして、〈世界〉に応答する謙虚さに支えられて、教育的意志と応答的責任から成る教育者の自覚が形づくられる。

3　他者を通して〈世界〉と呼応する意志

ところで、応答すべき〈世界〉からの呼びかけは、雲上の彼方から聞こえてくるのではなく、すぐ目の前にいる他者と向かい合う対話的関わりの中でこそ聞くことができる。「他者そのものに自己を向け、他者そのものに自己を関わらせる者のみが、自己の中に〈世界〉を受け取る」（[1930a]：204）。ブーバーにあって〈世界〉は、教育者個人の孤独な黙想の中で呼びかけてくるのではなく、〈汝〉としての被教育者にしっかりと向き合う二人の「間の場」に呼びかけてくるのであった（第六章参照）。

したがって〈世界〉から教育者への呼びかけは、眼前の被教育者からの語りかけとして具体的であり、被教育者からの一つひとつの問いかけが、すなわち〈世界〉からの呼びかけである。〈世界〉の呼びかけに対する応答的責任は同時にまた、被教育者からの語りかけに対する応答的責任にほかならない。(12)

「たいてい私たちは、語りかけを聞き流してしまうか、おしゃべりで掻き消してしまう。しかし言葉が私たちに届き応答が私たちから返っていく時には、たとえ完全なものでなくても、世界の中の人間的な生がある。魂の《火花》に応答が点火し、意表をついて迫ってくる問いかけに対して応答がその都度燃え上がることを、責任と呼ぶのである。」（[1926]：797）

被教育者からの問いかけは、それが本質的なものであればあるほど、予測できるものではない。呼びかけ、問いかけは、常に新たな一回きりの個別的な状況の中で生じ、その状況に即応して応答することが求められる。「それは、予め用意できないあなた自身の表現を要求する。既存のものは何一つ要求しない。現在を、応答的責任を、あなた自身を要求する」([1939]：828)。応答する人間にとって、既成の格言や一般的道徳律を頼りにすることはできない。一般原則ではなく、個別具体的な、その一回限りの状況のなかで、その時の自分に可能な限り精一杯に応答するほかはない。それが応答的な責任であり、対話的な倫理である。ブーバーは、むしろ真の応答的対話が実現するような場面では、「私がその時々に言わねばならないことは、すでに私の中で、まさに語られようと望むような性格となっている」([1954]：285)から、あれこれと思案するより「隠しだてなく率直に」応答すればよいと言っている。(このような応答的な言葉の詳細は、第二章においても論じた。)

ともあれここで大切なのは、応答の内容の適切さよりも、「自分の全生命を賭けて応答しようとする深められた心構え」([1939]：828)であり、「応答的責任への意志Verantwortungswille」([1939]：828)である。というのも、このような意志を持って自分に関わっている存在に出会うことによって、被教育者は、「人間の真理、人間的実存の真理」としての「信頼」を学ぶ([1939]：820)からである。

「信頼、こうした人間が存在するからこそ生じる世界への信頼、これこそ教育的関係の最も奥深い成果である。」([1926]：803)

どこまでも応答しようとする教育者の存在を通して、「〈世界〉への信頼」を被教育者は学ぶ。[13] 先にみた出会いへの教育的意志は、より具体的には、被教育者の呼びかけに応答しようとする責任への意志なのであり、その意志を自らの存在を通して体現することによって、教育的関係の最も奥深い成果たる「〈世界〉への信頼」を育むことができる。〈世界〉への謙虚な信頼を出発点にした教育という営みは、こうして、〈世界〉への信頼という成果に結実する。*

＊「〈世界〉への信頼」という主題は、上に引用した「教育的なるものについて」（[1926]）の講演があった一九二〇年代よりも、一九三〇年代の方が深刻なものとなる。ドイツ系ユダヤ人にとって決定的だったあの一九三三年に、ブーバーは「子どもたち」と題した切実な文章を残している。「子どもたちは、何が起きたかを体験して沈黙し、……世界が信頼できないものとなってしまった」（[1933]：583）と書き始め、昨日まで一緒に遊んでいた（非ユダヤの）友だちが突然に離れていき、冷たい視線を浴びるようになった状況を詳述している。そして、今こそ大人たちは「親密で信頼することができ、また永遠の価値を信頼している者として」子どもたちにしっかりと関わり、世界への信頼を取り戻さなければならない（[1933]：584）、と訴えている。[14]

最後にいまや、ブーバーが「全体性教育 Ganzheitserziehung」という熟語を用いて語る次の一文を引いておきたい。

「これらのすべて（第一に謙虚さ、第二に意志と責任の自覚）から、第三のことが生じてくる。それは、人格の教育、全体性の教育 Ganzheitserziehung という場において、生徒への通路はただ一つ、すなわち信頼 *Vertrauen* だという認識である。」（[1939]：828（ ）内は引用者、太字は原文イタリック）

5 人間形成論としてのブーバー対話論

以上において、謙虚さ、意志、責任という、ブーバーが教育者に求めた要件を、それぞれ相互の関連にも留意しつつ、特に教育の真の主体たる「〈世界〉の形成力」との関連を追究することによって解明してきた。そこに、応答的対話のもつ人間形成における意義も浮き彫りになってきた。最後に、ブーバーの対話的人間形成論の要諦をまとめて結論づける。(15)

1．ブーバーの対話的人間形成論は、立体的な構造をもつ。垂直方向には、人間形成の主体たる「〈世界〉の形成力」がはたらく。水平方向には、ある人間と他の人間との関わりのなかで、その形成力がはたらき出ることを助成する営みがある。それを自覚的意志に基づいて行うとき、その人間の営みを「教育」と呼び、その営みを含んで〈世界〉が人間を形成しつつ、不断に自らを形成していくプロセスを「人間形成」と呼ぶ。

2．〈世界〉の形成力がはたらくのは、呼びかけに応答する「対話的関わり」においてである。対話的関わりは、水平方向において、向かい合う他者の呼びかけに応答しつつ、垂直方向において、〈世界〉の呼びかけに応答する、その直交点で生起する。人間を通して呼びかけてくる〈世界〉の呼びかけに応答するとき、その呼応的対話において、〈世界〉は形成的に人間にはたらきかける。

3. 目の前の他者に応答しようとする意志をもって立つ人間がいるとき、彼が教育者となる。呼びかけ、問いかけ、語りかけてくる人間を、〈存在のまなざし〉をもって受けとめて確かめ証し、そこにはたらきつつある〈世界〉の形成力をリアルに感受し、その力動的な中心から今はたらき出ようとしている方向性に呼応することによって、自らの存在を通して彼（教育者）は人間の形成に参与する。

4. その容易ではない対話的関わりへの意志を支えるものは、〈世界〉を信頼して聴従する謙虚さである。他者を自らの世界観や恣意に基づいて教化するのではなく、自己を超えた〈世界〉の形成力の謙虚な通路（参与者）たろうとする禁欲的な意志。他者に影響を及ぼしてしまう行為を自制しつつも敢えて意志する「教育者に固有のパラドックス」に耐えること。それを可能にするのが、〈世界〉への自覚的な応答である。

5. 〈世界〉に応答しつつ他者に向き合う教育者は、〈世界〉を代表してその力を集約する。〈世界〉を代表しつつ他者に応答するその存在を通して、学ぶ者は〈世界〉と出会い、〈世界〉への信頼を育む。それが対話的な教育関係の最も奥深い成果であり、そこに教育者の応答的な責任がある。人間形成の営みは、応答的な対話を通して、この〈世界〉への、人間の根源への、そしてその形成力への、今は見失われたり狭められたりしている通路を、もう一度新たに十分に開こうとする営みである。

〈世界〉に応答しつつ〈他者〉と対話すること。その応答的対話において、人間を通して〈世界〉の形成力がはたらき、人間が形成されていく。その「対話」を通した「人間形成」を、あえて意志してその責を自らに課すのが「教育」である。「対話」と「人間形成」と「教育」。その連関の様相と要件とを明らかにしたのが、ブーバーの対話的人間形成論であった。

＊　なお、すぐれた先行研究のあるブーバー教育思想研究に対して、本書の研究が貢献しうるとすれば、このようなブーバー対話論の人間形成論としての解読を「全体性」を鍵概念として試みた点にある。いま一度その読解の観点について言えば、本研究は、「人間形成」の主体たる〈世界〉と、自らも形成される客体でありながら「教育」の主体たらんとする「教育者」との間の、その対話的連関を、〈世界〉との間の垂直方向（聖性）および他者との間の水平方向（全体性）を交えた立体的な「対話」理解を通して、解明したものである。

註

（1）ブーバーのこの六つの仮象像を詳説しながら、心理臨床的な場面における自己―他者関係を論じたものに、Laing, R. D. 1961＝1975がある。

（2）このブーバー自身が強調して「die Wirkrichkeit《Kind》」と記すところの子ども観については、拙論（Yoshida 2002：132-133）で論じた。
（3）この「像にとらわれた見方」を、「出来合いの物語」といった語法で扱いながら第二章では、「出会い」こそが、あらかじめ持っている他者や世界についての「とらわれた像」を揺さぶり切り開く瞬間であることを考察した。「存在のまなざし」は容易ではない。その可能性と、そこに出会われる「他者」と「〈世界〉」の特性については第二章を参照されたい。
（4）第三章で述べた、認識論的な位相における〈我－それ〉関係と〈我－汝〉関係、とりわけその二重性の相補的な関係を想起したい。ここではそれを、特に対人理解の場面に適用していることになる。
（5）ここで「謙遜」および「謙虚」と訳した原語は、共に「Demut」である。両者は一五年を隔てて書かれた別個の独立した論文（［1939］および［1954］）で用いられており、前後の文脈の相違を考慮して、詳しくは本文中で述べた理由によって、このように訳し分けた。なお、この「Demut」という徳性を考察するにあたっては、ボルノー（Bollnow 1958＝1983）を参照した。
（6）前章でみたブーバー後期（［1954］）の「現実化しつつある力＝潜在力」と、彼の教育論（［1926］,［1935］）における「〈世界〉の形成力」を、根本的には同一のものとして理解するこの観点は、本書がブーバーの教育論を読み解く際の基本的な立脚点である。たしかにブーバーの記述からだけでは、前者は人間の内側にはたらくもの、後者は人間の外側からはたらくもの、という相違があるのだが、それを同じ力のはたらきの局面の相違として理解したい。
（7）ここでの「世界観」は、第二章での語法で言えば、〈世界〉を解釈し意味づけた「秩序づけられた世界」ないし「物語」である。そこでは、「物語」を切り開いて〈世界〉を開示する「出会い」と、〈世界〉の呼びかけを聴き取り応答する「対話」において、物語をたえず新たに語り直していく力を得ることをみた。
（8）教育におけるブーバーの「出会い」概念については、実存主義のバックグラウンドにおいてボルノー

(Bollnow 1984 [1959]＝1966) が一つの章（第五章「出会い」）を割いて考察しているし、日本においてもほぼ先行研究が出揃っている（岡本 1959、松田 1970、関川 1998a、早乙女 1994ほか)。

(9) この「意図」をめぐるディレンマについて、教育における「無為の行為」をブーバーに即して論じた関川 (1985b) を参照。

(10) こういった教育におけるパラドックスに着目し、それを多角的に研究したものとして、加野・矢野編 (1994) を参照。

(11) この解決できない「パラドックス的基礎」を引き受けるときにこそ、この《精神的職業 geistigen Berufs》(呼びかけ Ruf に応答する Beruf) を担う運命を負った者が、かろうじて生成し成長するのだということ、それをブーバーは次のように言葉を尽くして述べる。「(パラドックスに気づいて立ち止まるとき、とても重要なことが起こっているが) この出来事が意味あるものとなるのは、秩序をもった安寧のなかの一時的な動揺として記憶にとどめて片付けてしまうのではなく、繰り返し何度も、この中断した活動が一段落してすぐに、あるいはしばらく後に、直面した現実の問題を曇りのない強い意識でもって見つめなおすときである。そして、悩みつつ生きる彼の人格を傾けて、そのパラドックスがさらにいっそう明らかなものになるように前進していくときである。このようにある精神的運命は、それに固有の、ためらいながら手探りで、手探りしつつ苦闘し、ぎこちなくもなんとか克服し、克服したかと思えばまた倒れ、倒れたなかに照らし出される何かを産み出す力によって、生成し成長するのである。」([1951]：139)

(12) この「応答的な責任性」について、田中毎実の場合には特に異世代間の相互形成を通した大人の成熟の問題として論じるが、ブーバーのここでの文脈において興味深いのは、特に次の点。すなわち、(「応答（レスポンス）」に替わる「リアクト」を用いつつ)「異世代間相互形成のリアクトが水平方向になされるのに対して、自己実現のリアクトは自分の内奥に向かって、あるいは自分を超越し包摂するものに向かって、垂直方向になされる」としたうえで、その垂直方向と水平方向が一致したり支え合ったりすることがあると述べている点である（田中 2003a：184）。ブーバーの場合、自己の自己との関係における自己実現はありえず、垂直方向の自己実現は、水平方向の他者への応答による相互形成を必須のものとする。他者への応答と〈世界〉への応答とが相即する局面にとりわけ集中して考察したブーバーの応答的対話論は、この水平方向と垂直方向とが交差する場所についての理論に寄与するだろう。

（13）　こうして呼びかけと応答の論が結ばれる「〈世界〉への信頼」についてブーバーが語るとき、繰り返し持ち出すのが、「幼き子ども」である。その、ブーバーにとっての子どもの原像は、「ひっそりと寂しい夜に、半ば眼を閉じて横たわり、母親が呼びかけてくれるのをそちらを向いて待ちわびている子ども」（vgl. [1926]：792, 803）である。そのような子どもにとって、それに応答して呼びかけてくれる存在があるか否かが、世界を信頼できるようになるか否かの分かれめになる。ところが続けてすぐブーバーは、「けれども、多くの子どもたちは待つまでもないのです。というのも、断ち切れてしまうことのない対話のなかで、絶え間なく呼びかけられているのをわかっているから」（[1926]：803）と付け加えるものを忘れない。日々の目立たない日常の中で、奇跡のように生じている〈世界〉への信頼の受け渡し、という営み。犯すことのできない〈聖なるもの〉をブーバーが見るのは、たとえばこのような日常の奇跡においてである。――ところで、ブーバー自身は、幼いときに両親の離婚による母との別離を体験したこと、そういった「ゆきちがい Vergegnung」（「出会い Begegnung」の反対語として子どもの頃のブーバーがつくった造語）の経験が彼の対話論の根本に突き刺さっていること（[1960b]）、それはよく知られている。

（14）　一九三三年のこの「子どもたち Die Kinder」という小文について、その歴史的背景などの詳細は、齋藤（1993：730–732）を参照。ブーバー対話論にとって、応答すべき「他者」の原像は、やはりこのような寄るべなく不安にさらされ、世界への信頼を失いかけている他者であると言ってよい。それが、ブーバーの対話論がすぐれて援助関係論・教育論を含む人間形成論となる所以である。さらにここでレヴィナスと対比しておくのは興味深い。よく知られているようにレヴィナスにとって「他者」は、衣食を必要とする「飢えた裸の他者」だった。二人のあいだの重なりつつもズレていくその出発点にあるのが、思想が前提しているこの原「他者」像の差異にあると考えてみると、そこから両者の比較思想を有意味に展開できると思われる。しかし、それは本書の課題を超えている。なお、ブーバーを論じ始めるのに、序文冒頭に幼き子どもの「わが名をよびて」を置いたのは、いささか冒険ではあったのだが、こうしたブーバーの対話的人間形成論の原点を思うとき（前記の註12をも考え合わせて）、許されてもよいだろう。

（15）本章でも論及してきた〈全体性〉としての〈世界〉の特質については、後に続く本書全体を通した「結」に譲る。

結章　ブーバー対話論のホリスティック教育への寄与

以上、ブーバーの対話論と人間形成論に関わるテキストを、現代のホリスティック教育研究が抱える課題意識に導かれて読み解き、その意義を明らかにしてきた。〈世界〉に応答しつつ〈他者〉と対話する彼の人間形成論は、「聖なるもの（ホーリネス）」を探求するときの心理主義や神秘主義への陥穽を「応答性」によって、「全体性（ホールネス）」を探求するときの全体主義や同一化への傾斜を「他者性」によって、その手前で踏みとどまることを可能にする。まず次の三点において、本書が明らかにしたポイントを押さえる。

(1)　ブーバーの対話論を、現代の他者論や物語論のインパクトを受けとめた思想地平で読み直すことによって、彼の「対話」概念が本来もっていた——いまや擦り切れてしまったとレヴィナスが嘆く以前の、鋭利に研がれた強い意味を際立たせることができた。それは、「自然との一体感」といったロマン主義的な色彩も濃かった「〈我–汝〉関係」の概念を、他者としての汝に呼びかけ応答する「〈我と汝〉の対話」として限定して再定義する考察であった。自己の物語の同一性には回収できない異質さをもつ他者と出会い、その他者としての汝の常に新たな呼びかけを聴き取り、その言葉に応答すること。そのような「応答的対話」の特質と人間形成論的な意義が明らかになった。
(2)　近代合理主義に対抗するブーバーの宗教性に対する微妙なスタンス、とりわけ、伝統宗教へと回帰するのでもなく、かといって神秘主義的な直接体験を賞揚するのでもない、その狭間で打ち立てられた対話主義を明らかにした。そのことによって、聖俗分離によって世俗化した近代教育に、再び聖なる深みを呼び戻す、ひとつの可能性を示唆できた。すなわち、他者への呼びかけと応答のなか、その日常の対話のなかに顕現してくる〈世界〉からの呼びかけに応答しつつ生きるあり方である。そして人間性は、その応答的対話における相互形成において深められ、実現していくものである、というのが、対話的人間形成論の核心にあるメッセージである。
(3)　近代個人主義やエゴイズムの克服を求める「全体集団」の立場や、人格の統合的でトータルな完成を求める「全人」教育の立場に対して、ブーバーの、全人でも全体集団でもなく、向かい合う二人ずつの間に〈全体性〉の実現をみる対話的全体観を明らかにできた。他者の他者性との「出会い」において、人間は〈全体性〉を生きる。他者に向かって私が語りかけ、あるいは、他者の声に私が耳を傾ける、その応答し合う二人ずつの間に、〈全体性〉が開示される。このような〈全体性〉の捉え方は、これまでのホリスティック教育論では類を見ない。

現代のホリスティック教育は、教育のなかに「聖なるもの（ホーリネス）」と「全体性（ホールネス）」を取り戻そうとする試みである。しかしその方向として従来から、自然との融合的な直接体験や瞑想的な行法によって自己と宇宙とのつながりを感得し、そこから社会的あるいは教育的実践にはたらき出る、といった志向が強かった。その志向は、ともすれば（自分探しや癒し体験のように）他者不在の、自己への関心に内閉しがちなナルシシズムや心理主義を招き入れやすい。教育の実際的な方法論としては、教師自身の自己修養論か、学習者自身の自己発見や自然体験の支援という以上に具体化することが難しい。そこでは、目の前の他者の呼びかけに応答する関係性において——教師と学習者の関わり合うその関係性の内部において——、聖なる次元にまで深まりうる人間形成（他者と自己の深められた相互形成）が生じる、という視点が欠落しがちであった。ブーバーの対話的人間形成論は、ホリスティック教育論のこの弱点を、見事に補強する観点を与えてくれる。あるいは逆から言えば、ブーバーの人間形成論は、ホリスティック教育論のこの課題に照準を当てて読み解けば、その意義が際立つかたちで理解できる。

あらためて、シンプルに問うてみよう。子どもの全体性や聖なるものを育むために、教育者は何をすべきか。ブーバーならば、どう答えるだろうか。

ブーバーなら、子どものいるところに行きなさい、とまず言うだろう。行って、ともかくも、呼びかけてみなさい。何も考えずに、ただ、まっすぐに呼びかける。子どもが、あなたの目を見るかもしれない。なにか語りかけてくる子がいるかもしれない。しっかり向き合ってそのかすかな声に耳を傾ける。その意味を理解しようとする前に、その言葉が生まれてくる、その子の魂の震えのなかに飛び込んでいくかのような気持ちで、聴いてみる。そしてその言葉に、応答する。

そうして語りかけてくる存在を受けとめ、確かめ証すとき、そこに、人間の全体性が実現する。その存在から発する言葉に応答するとき、決して侵してはならない、神聖な瞬間が立ちあがる。聖なる全体性が育まれるのは、日常のなかに訪れる、そんな呼びかけと応答、対話の瞬間を通してである。そのような向かい合う二人の対話の間に、全体としての人間が生成し、大人も子どもも、教える者も教えられる者も、相互に形成し合う。それが、ブーバーから学んだ、対話において実現するホリスティックな人間形成の、シンプルにして奥深い核心である。

他者としての他者に出会い、対話する、その瞬間に、聖なる全体性が実現するというブーバーの対話的人間観は、こうして、これまでのホリスティック教育論が、全体性と聖なるものを探求しつつも決定的に見落としてきた点を、補完してくれるものであった。ブーバーに言わせれば、それは「補完」というよりも、それ抜きには他の全てが成り立たなくなる「原点」だと言うだろう。子どもと向かい合うその瞬間から離れたところでイメージされる「全体性」と「聖なるもの」を、外から持ち込んで教育しようとする瞬間に、それらはどうしようもなく歪められてしまう。たえず新たに、瑞々しい現在、子どもと向かい合う現在において、「全体性」と「聖なるもの」は、摑み直されなくてはならない。摑んだと思った瞬間に、すでに手放さなくてはならない。そして、また新たに、呼びかけ応答し、そのつど生成する全体性のなかに、身を投じていく。ホリスティックな人間形成が、そこから出発すべき核心的な（プライマリーな）原点がここにある。

このような人間形成論を、本書ではブーバーに即して「対話的人間形成論」と形容した。あらためて最後に、以上の考察によって強い意味で受けとめ直された「対話」概念の特質を次の四点において再確認し、結びとしたい。

(1)**他者との対話**：どこまでも同化しえない異質な他者との対話。他者の異他性・個別性・特殊性を前提とした対話。決して対象化し一般化しえない〈汝〉との対話。目の前の固有の顔と声をもった他者（汝）と出会い、その呼びかけに耳を傾け、他者を他者として受けとめ、その存在をそのままに確かめ証すこと。「全体性」や「聖性」の探求が、「究極の全体」や「普遍的な真理」を語ることによって「大きな物語」を構築し、さらにそれが「全体（トータリティ）」に転化して個別特殊な人間の形成を抑圧しはじめるとき、それに対抗できるのは、その意味での他者（汝）との「対話」である。

(2)**完結しない対話**：どこまでも完結しない不断の開かれたプロセスとしての対話。プロセスの外のどこかに想定される真理や合意点（答え）をめざす討議や説得ではなく、その都度あらたな問いが生まれ、語り直される対話の只中にこそ、生きた言葉が生成する。名詞形の「物語」にまとめあげられて定着することなく、ダイナミックに開かれた動詞的な「語り直し」としての「対話」。他者性＝多様性＝差異を尊重しつつ、かつ個々別々に拡散解体してしまわない関係性（共同性）を支えることができるのは、この対話のプロセスが生成し続けるかぎりにおいてである。それは、物語の脱構築と再構築の間の、突き詰められた選択である。「大きな物語の終焉」をめぐる現代思想にあって、再びブーバーの対話（ダイアローグ）論が注目される所以である。

（3）二人ずつの対話：二人ずつが向き合って対話する、その間の場に、全体性が生起する。向かい合う二人ずつの間に全体性を看取するのが、他の思想に比してすぐれてブーバー的な特長である。この対話的全体観が、完全な個人に全体性をみる個人主義と、ある大きさの社会集団に全体性をみる全体主義との、その両極の間を揺れ動く二項対立への、第三の立脚点を用意する。ブーバーが、二人ずつの対話的関係に教育的関係の原点をみるのは、そこにおいて教育者と被教育者の二人が共々に、人間としての全体性を実現するからである。ブーバーの対話的人間形成論は、人間の全体的人格形成の拠点を、自己形成でも集団指導でもない（師弟関係にせよ親子関係にせよ）その都度二人ずつが向かい合う関係性に据え直す。

（4）**応答する対話**：他者について語るのは、対話ではない。他者に向かって呼びかけ応答するのが、対話である。誰かに向かって自己を物語るのは、対話ではなく独白（モノローグ）である。あるいは、自己の内面との対話も、ブーバーにあっては対話とは呼ばない。対話とは、自己の外部の他者に向けて呼びかけ、他者からの語りかけを聴き取って応答することである。聴き取ることは、単に受身的な行為ではなく、まさに相手のなかに全存在でもって飛び込んでいくほどの能動的な沈潜を必要とする。そして、そのときそこに聴き取られる呼びかけとは、〈世界〉と人間の根源的な形成力であり、それに応答することは、その力が現実化するように助けることと同義である。すなわち応答する対話とは、まさに人間形成の根源力を自ら通して現実化していく営みなのである。あえて他者への影響を意志して立とうとする者は、その応答を意識して立たねばならない。

それが、応答的な責任である。

そして、向かい合う他者（汝）を通して呼びかけてくる根源的現実性とは、それこそがブーバーの言う「永遠の汝」であり、自他の有限な人間を超えた「永遠にして聖なるもの」である。ブーバーにあって「聖なるもの」にふれるのは、孤独な瞑想による自己との対話や神秘的一体感においてではない。そうではなくて、目の前の汝の呼びかけに応答する対話を通した人間形成の営みが即、「聖なるもの」への応答であり、「全体性」の実現なのである。

「対話」を離れた何処にも、「ホーリネス」と「ホールネス」を探求するホリスティックな人間形成はありえない。この点を極めて先鋭化することによって、ブーバーの対話的人間形成論はすぐれて、ホリスティック教育の抱える課題に対して貴重な寄与をなすものであった。

＊　＊　＊

［最後に付記］ブーバーの最晩年、八〇歳の誕生日のために、各地からたくさんの祝詞が届いた。あまりに多かったので、ブーバーはそれへの謝辞を印刷しなければならなかった。その短い感謝の言葉が、『拾遺』（[1958b]：254）に収められている。

老いてくればくるほど、感謝したくなる気持ちが湧いてくるものです。

まずは、高き上の方を見上げて。このいのちというものが、無償で授かった賜物として、これまでになく有り難く受けとめられるようになります。日々のよきひと時ひと時を、そのつど新鮮な贈りもののように、感謝の手を差しのべて受け取るようになります。

でも、それだけでなく今度は、共に生きてきた人たちに向けて、どうしても繰り返し感謝したくなります。その人が、何か特別なことをしてくれたから、というのではなくて。では、どうして？私と出会い、現に出会いつづけてくれたから。しっかりとまなざしを私に向けて、他の人と私を取り違えたりしなかったから。しっかりと耳を傾けて、私が言わねばならなかったことを聴き取ってくれたから。というより、私がまさに、それへ向けて語りかけたあなたの心を、閉ざすことなく開いてくれたから。

いのちを授けられた上方への、天への感謝と、傍らで共に生きてきた同じ人間への感謝。感謝の垂直軸と水平軸。ブーバーの人生は、あなたと私のあいだでその二つの軸が交わる瞬間を、ただひたすらに生き尽くしたいと願った、そういう人生だった。

この謝辞は、いささか唐突に付け加えられる次の二行で結ばれる。

ここで私が語った全ての人に向けたこの感謝の言葉は、集まった《皆さん》に向けられているのではなく、一人ひとりの各人に向けられています。

――どこまでもブーバーらしく、一人ひとりの「あなた（汝）」に向けられています、と。

あとがき

各章の元になった初出論稿は次のとおりである。本書の論脈にしたがって大幅に改稿してあり、原型をとどめていない章も多い。

第一章 「ホリスティック教育と宗教心理／人間形成の垂直軸をめぐって」、島薗進・西平直編『宗教心理の探求』東京大学出版会、二〇〇一年、三三六—三六一頁。
第二章 「沈黙が語る言葉／出会いと対話と物語」、矢野智司・鳶野克己編『物語の臨界／「物語ること」の教育学』世織書房、二〇〇三年、二一三—二四七頁。
第三章 「人間存在の二重的存在様式／ブーバー教育思想の人間存在論的諸前提（その1）」、『美作女子大学紀要』第三五号、一九九〇年、一—一一頁。
第四章 「呼びかけ、語りかけること／神秘主義から対話へ」、皇紀夫編『臨床教育学の生成』玉川大学出版部、二〇〇三年、二三三—二五七頁。
第五章 「全体性と他者／ブーバーの〈二人ずつ存在〉の意義」、山﨑高哉編『応答する教育哲学』ナカニシヤ出版、二〇〇三年、一六〇―一八一頁。

第六章「人間存在の対話的存立構造／ブーバー教育思想の人間存在論的諸前提（その2）」、『美作女子大学紀要』第三六号、一九九一年、一―一二頁。

第七章「ロジャーズに対するブーバーの異議／援助的関係における『対等性』と『受容』の問題をめぐって」、『教育哲学研究』第六二号、一九九〇年、三二―四六頁。

第八章「ブーバーにおける「開発的教育者」の要件／〈世界〉の形成力への参与者として」、『神戸外大論叢』第四二巻第二号、一九九一年、七三―九二頁。

初出の各論文の発表時期をみると、ずいぶんと中断がある。学生時代にブーバーと出会い、惚れ込んで卒業論文から数年間にわたって取り組んだ。その後、ブーバーについて研究して書くということができなくなった。ブーバーから、いつまでも私について研究しているよりも、あなたに呼びかけている子どものもとに行きなさい、と諭されているように思えて。前後して、メキシコの学校、不登校の子どもたちの学び場……オルタナティブ教育、ホリスティック教育のアクチュアルな現実のなかに身をおいていった。そして、そこで切実な課題に直面し、その問いを抱えてブーバーに再会したとき、ブーバーと出会い直すことができた。こちらからの問いかけに応答してくれる、ブーバーの瑞々しい「生きた言葉」が、テキストとの間から聴こえてくるように思えた。はたして本書が、ブーバー（の対話論）についての研究ではなく、ブーバーに向かって呼びかけて聴き取った応答、すなわちブーバーとの対話（的な研究）である、と言い切れるかどうか……。

本書は、京都大学より論文博士（教育学）の学位を授与された主論文「ブーバーの対話的人間形成論／そのホリスティック教育研究への寄与」（二〇〇六年九月二五日授与）を出版するものである。学位申請にあたっては、拙著『ホリスティック教育論』（日本評論社）を参考論文として付した。また、単行本としては長すぎる主・副の原題を縮約する必要があり、編集者より提示された「ブーバー対話論とホリスティック教育」を本書では採用した。この変更に整合するように若干の補筆訂正は施したが、基本的にはほぼ学位論文のままである。この出版の決定をしていただいた勁草書房と編集部の藤尾やしおさんに感謝申し上げたい。

このような形を成したのも、和田修二先生から矢野智司先輩に流れる京都大学の学風――自由闊達、それでいて垂直の深みへと誘う力をもった学風があればこそだと、感謝の念にたえない。ブーバーの「〈距離を取ること〉と〈関わること〉」の絶妙なバランスを体現されている和田先生に見守っていただかなければ、ともすれば遠心力がはたらいて無礼を重ねてしまう私が、この学問の世界に踏みとどまることはできなかった。「ひとつの世界を創れる研究者たれ」と勇気づけてもらった矢野さんには、このたびの拙論に懇切なご指導を頂戴した（――にもかかわらず、応えきれなかったところの責は小生に）。教育学的思考の基礎を教えて下さった岡田渥美先生と山﨑高哉先生、大学院時代からブーバー研究の手ほどきをして下さった松田高志先生、折々に触発的なご示唆を下さる田中毎実先輩……。えんえんと限がない学恩に恵まれてきた。

そして友人たち、「汝」に感謝。ブーバーから聴き取った応答を、書き言葉に落とし込んでいくとき、「あなた」に向かって語りかけていくことが必要だった。顔のない「みんな」へ向けては書けない。批判も含めて課題意識を共有しながら、立ち位置がそれぞれに異なる聞き手を具体的にイメージできたとき、はじめて語るべき言葉が生まれてきた。とりわけ、草稿段階の拙論に忌憚のないレスポンスと励ましを下さった西平直さん。日本ホリスティック教育協会で対話を重ねてきた仲間たち。いつも最初の「聞き手」であってくれた院生・学生たち……。

他者、呼びかけ、応答。〈汝〉との対話のなかで、人は幾たびも語り直す力を得る。すべての〈汝〉は、いつか〈汝〉として蘇生するまで、〈それ〉の世界に繋ぎ止められなくてはならない(——「人間存在の高貴な悲劇」)。生きた対話の言葉を、論述文という〈それ〉に繋ぎ止めたこの書物は、〈それ〉化された〈汝〉、ひとつの客観化された精神。もはや筆者の手から離れて、文化のひとつの財となる。だからこそ、まだ見知らぬ読者たちとの、自由な対話の可能性に開かれる。

願わくは、この書の言葉たちも、新たな読者との出会いに恵まれ、対話のなかで語り直されてゆきますように。そしてその語り直す力、その形成力が、この時代の文化のなかに人間を形成する力となって、流れ込んでゆきますように。

二〇〇七年　初春

吉田敦彦

参考文献

Anderson, R. and Cissna, K. N. 1997 *The Martin Buber - Carl Rogers Dialogue: A New Transcript with commentary,* State University of New York Press, Albany.

Atterton, P., Calarco, M. and Friedman, M.(ed.) 2004 *Lêvinas and Buber: Dialogue and Difference,* Duquesne University Press, Pittsburgh.

Ben-Chorin, Sch. 1966 *Zwiesprache mit Martin Buber,* List Verlag, München. = 1976 山本誠作訳『ブーバーとの対話／回想と手記』ヨルダン社

Berger, P., Berger, B. and Kellner, H. 1973 *The Homeless Mind,* Random House Inc., New York. = 1977 高山真知子・馬場伸也・馬場恭子訳『故郷喪失者たち／近代化と日常意識』新曜社

Bollnow, O. F. 1958a *Wesen und Wandel der Tugenden,* Ullstein Materialien, Frankfurt a.M. = 1983 森田孝訳『徳の現象学』白水社

———1958b *Die Lebensphilosophie,* Springer Verlag, Heidelberg. = 1975 戸田春夫訳『生の哲学』玉川大学出版部

———1967［1936］ *Dilthey: Eine Einfuhrung in seine Philosophie,* Novalis Verlag, Stuttgart. = 1977 麻生建訳『ディルタイ／その哲学への入門』未来社

———1969 *Anthropologische Pädagogik,* Tokyo. = 1969 浜田正秀訳『人間学的に見た教育学』玉川大学出版部

———1984［1959］ *Existenzphilosophie und Pädagogik,* W. Kohlhammer GmbH. Stuttgart. = 1966 峰島旭雄訳『実存哲学と教育学』理想社

Buber, M. 1962 *Werke Erster Band: Schriften zur Philosophie,* Kösel Verlag KG, München und Verlag Lambert Schneider GmbH, Heidelberg.

———1963a *Werke Dritter Band: Schriften zur Chassidismus,* Kösel Verlag KG, München und Verlag Lambert Schneider GmbH,

Heidelberg.
———1963b *Der Jude und sein Judentum,* Joseph Melzer Verlag, Köln.
———1963c *Philosophen des 20. Jahrhunderts: Martin Buber,* herausgegeben von Schilpp, P., A. and Friedman, M., Kohlhammer Verlag, Stuttgart.
———1966 *Nachlese,* Verlag Lambert Schneider GmbH, Heidelberg.
*上記5冊の著作集に収録されたBuberの著作・論文から，本論で引用したものについては，以下に［初出年］．タイトル，上記著作集出版年，収録頁．＝邦訳書を掲げる．
———［1913］ *Daniel: Gespräche von der Verwirklichung,* in: 1962, S.9-76. ＝ 1969 佐藤吉昭訳「ダニエル」『ブーバー著作集4 哲学的人間学』みすず書房 155-266頁
———［1917］ Mein Weg zum Chassidismus, in: 1963a, S.959-973. ＝ 1966 板倉敏之訳「わたしのハシディズムへの道」『祈りと教え』理想社 5-37頁
———［1923］ *Ich und Du,* in: 1962, S.77-160. ＝ 1967 田口義弘訳「我と汝」『ブーバー著作集1 対話的原理Ｉ』みすず書房 5-160頁、＝ 1979 植田重雄訳『我と汝・対話』岩波文庫 5-151頁
———［1926］ Über das Erzieherische, in: 1962, S.787-808. ＝ 1970 山本誠作訳 「教育論」『ブーバー著作集8 教育論・政治論』みすず書房 3-39頁
———［1927］ Des Rabbi Israel ben Elieser genannt Baal-Schem-Tow das ist Meister vom guten Namen Unterweisung im Umgang mit Gott aus den Bruchstücken gefügt, in: 1963a, S.43-67. ＝ 1966 板倉敏之訳「バール・シェム・トヴの教え」『祈りと教え』理想社 5-37頁
———［1930a］ *Zwiesprache,* in 1962, S.171-214. ＝ 1967 田口義弘訳「対話」『ブーバー著作集1 対話的原理Ｉ』みすず書房 181-274頁、＝ 1979 植田重雄訳『我と汝・対話』岩波文庫 93-134頁
———［1930b］ Wie kann Gemeinschaft werden?, in: 1963b, S.358-375.
———［1933］ Die Kinder, in: 1963b, S.583-585.
———［1935］ Bildung und Weltanschauung, in: 1962, S.809-816. ＝

1970 山本誠作訳「教養と世界観」『ブーバー著作集 8　教育論・政治論』みすず書房　40-54頁
———[1936]　Die Frage an den Einzelnen, in: 1962, S.215-265. = 1968 佐藤吉昭・佐藤令子訳「単独者への問い」『ブーバー著作集 2　対話的原理II』みすず書房　3-84頁
———[1939]　Über Charaktererziehung, in: 1962, S.817-832. = 1970 山本誠作訳「性格教育について」『ブーバー著作集 8　教育論・政治論』みすず書房　55-79頁
———[1944]　Zu Bergsons Begriff der Intuition, in: 1962, S.1071-1078. = 1970 三谷好憲訳「ベルグソンの直観の概念」『ブーバー著作集 8　教育論・政治論』みすず書房　197-207頁
———[1947]　*Das Problem des Menschen,* in: 1962, S.307-407. = 1961 児島洋訳『人間とは何か（実存主義叢書 2）』理想社
———[1950a]　Urdistanz und Beziehung, in: 1962, S.411-423. = 1969 稲葉稔訳「原離隔と関わり」『ブーバー著作集 4　哲学的人間学』みすず書房　5-26頁
———[1950b]　*Pfade in Utopia, in:* 1962, S.833-1002. = 1972 長谷川進訳『ユートピアの途』理想社
———[1950c]　Zwischen Gesellschaft und Staat, in: 1962, S.1003-1020. = 1970 原島正訳「社会と国家のあいだ」『ブーバー著作集 8　教育論・政治論』みすず書房　146-169頁
———[1951]　Heilung aus der Begegnung, in: 1966, S.139-145. = 1982 宮本忠雄・石福恒雄訳『出会いによる精神療法』金剛出版　1-5頁
———[1952]　*Die chassidishe Botschaft,* in: 1963a, S.739-894. = 1969 平石善司訳『ブーバー著作集 3　ハシディズム』みすず書房
———[1953]　*Gottesfinsternis: Betrachtung zur Beziehung zwischen Religion und Philosophie,* in: 1962, S.503-603. = 1968 三谷好憲・山本誠作訳「かくれた神」『ブーバー著作集 5　かくれた神』みすず書房　5-197頁
———[1954]　*Elemente des Zwischenmenschlichen,* in: 1962, S.267-290. = 1968 佐藤吉昭・佐藤令子訳「人間の間柄の諸要素」『ブーバー著作集 2　対話的原理II』みすず書房　85-117頁

———［1955］ Der Mensch und sein Gebild, in: 1962，S.424-441．＝ 1969 稲葉稔訳「人間とその形像物」『ブーバー著作集 4 哲学的人間学』みすず書房 27-56頁
———［1956］ Dem Gemeinschaftlichen folgen, in: 1962，S.454-474．＝ 1969 稲葉稔訳「共同的なものに従うこと」『ブーバー著作集 4 哲学的人間学』みすず書房 76-110頁
———［1958a］ Nachwort (erweiterte Neuausgabe *Ich und Du*), in: 1962，S.161-170．＝ 1967 田口義弘訳「原著者あとがき」『ブーバー著作集 1 対話的原理 I』みすず書房 161-179頁
———［1958b］ Danksagung, in: 1966，S.254．
———［1960a］ Das Wort, das gesprochen wird, in: 1962，S.442-453．＝ 1969 稲葉稔訳「語られる言葉」『ブーバー著作集 4 哲学的人間学』みすず書房 57-75頁
———［1960b］ *Begegnung: Autobiographische Fragmente,* in: 1963c, S.1-34．＝ 児島洋訳 1966『出会い／自伝的断片（実存主義叢書13)』理想社
———［1961］ Aus einer philosophischen Rechenschaft, in: 1962，S.1109-1122．＝ 1970 三谷好憲訳「或る哲学的弁明より」『ブーバー著作集 8 教育論・政治論』みすず書房 208-239頁
———［1963］ Antwort, in: 1963c, S.589-639．
Buber, M. (gesammelt) 1921［1909］ *Ekstatische Konfessionen,* Insel Verlag, Leipzig. ＝ 1994 田口義弘訳『忘我の告白』法政大学出版局
Buber, M. and Rogers, C. 1960 Dialogue between Martin Buber and Carl Rogers, *Psychologia,* vol.III-No.4，pp. 208-221．
Clark, E. T. 1991 Holism: Implications of the New Paradigm, in *Holistic Education Review,* Vol.4-No.2，pp. 43-48．
Cohen, A. 1983 *The Educational Philosophy of Martin Buber,* Associated Univ. Presses, East Brunswick.
Crain, W. 2003 Editorial: Traditions, Elders, and Teachers, in *Encounter: Education for Meaning and Social Justice,* Vol.16-No.1，pp. 2-4．
Dewey, J. 1934a *A Common Faith,* Yale University Press, Michigan. ＝ 2002 河村望訳『デューイ＝ミード著作集(11)／自由と文化・共同の

信仰』人間の科学新社
———1934b *Art as Experience,* Southern Illinois University Press, Illinois. = 1952 鈴木康司訳『経験としての芸術』春秋社
Frankl, V. E. 1978 *The Unheard Cry for Meaning,* Simon and Schuster, New York. = 1999 諸富祥彦訳『〈生きる意味〉を求めて』春秋社
Friedman, M. 1955 *Martin Buber: The life of dialogue,* University of Chicago Press, Chicago.
———1965 An Introductory Essay, in: Buber M., *The Knowledge of Man,* trans. by Friedman, M. and Smith, R. G., Harper & Row, New York, pp. 11-58.
———1988 [1981] *Martin Buber's life and work: the early years* 1878-1923, E.P.Dutton, New York.
———1988 [1981] *Martin Buber's life and work: the middle years* 1923-1945, E.P.Dutton, New York.
———1988 [1983] *Martin Buber's life and work: the later years* 1945-1965, E.P.Dutton, New York.
———1991 *Encounter on the narrow ridge: A life of Martin Buber,* Paragon House, New York. = 2000 黒沼凱夫・河合一充訳『評伝マルティン・ブーバー／狭い尾根での出会い（上・下)』ミルトス
Haynes, C. 1998 Averting Culture Wars over Religion, in *Educational Leadership,* Vol.56-No.4, ASCD, pp. 24-27
Huxley, A. 1968 [1946] *The Perennial Philosophy,* Chatto and Windus, London. = 1988 中村保男訳『永遠の哲学』平河出版社
James, W. 1902 *Varieties of Religious Experience,* Longman, New York. = 1957 比屋根安定訳『宗教経験の諸相』誠信書房
Kane, J. 1996 Editorial: Soulful Education (or Let's Get Real), in *Holistic Education Review,* Vol.9-No.3, pp. 2-3.
———1997 Editorial: Encounter; Education for Meaning and Social Justice, in *Holistic Education Review,* Vol.10-No.2, pp. 2-3.
Kane, J. and Snauwaert, D. 1996 Editorial: Toward a Socially Engaged Holistic Education, in *Encounter: Education for Meaning and Social Justice,* Vol.11-No.1, pp. 2-3.

Kesson, K. 1991　The Unfinished Puzzle: Sustaining a Dynamic Holism, *Holistic Education Review,* Vol.4-No.4, pp. 44-48.

———1993　Critical Theory and Holistic Education: Carrying on the Conversation, in Miller, R. (ed.), *The Renewal of Meaning in Education,* Holistic Education Press, Brandon, pp. 92-110.

———1994　An Introduction to the Spiritual Dimensions of Curriculum, in *Holistic Education Review,* Vol.7-No.3, pp. 2-6.

———1996　The Foundations of Holism: Some Philosophical and Political Dilemmas, in *Holistic Education Review,* Vol.9-No.2, pp. 14-24.

———1997　Contemplative Spirituality, Currere, and Social Transformation: Finding our 'Way', submitted to Dennis Carlson and Tom Oldenski for publication in *"Spirituality and the Postmodern Curriculum"*.

Laing, R. D. 1961　Self and Others, Tavistock Publications, London. = 1975 志貴春彦・笠原嘉訳『自己と他者』みすず書房

Langeveld, M. J. and Danner, H. 1981　*Methodologie und 'Sinn' - Orientierung in der Pädagogik,* Ernst Reinhardt Verlag, München. = 1989 山﨑高哉監訳『意味への教育／学的方法論と人間学的基礎』玉川大学出版部

Lévinas, E. 1961　*Totalite et Infini,* Kluwer Academic Publisher, Dordrecht. = 1989 合田正人訳『全体性と無限』国文社

———1976　*Noms Propres,* Fata Morgana, Saint Clément. = 1994 合田正人訳『固有名』みすず書房

———1979　*Le temps et l'autre,* Fata Morgana, Saint Clément. = 1986 原田佳彦訳『時間と他者』法政大学出版局

———1987　*Hors Sujet,* Fata Morgana, Saint Clément. = 1997 合田正人訳『外の主体』みすず書房

———1991　*Entre nous: Essais sur le penser-āl'autre,* Grasset, Paris. = 1993 合田正人・谷口博史訳『われわれのあいだで』法政大学出版局

———1995　*Altērité et transcendance,* Fata Morgana, Saint Clément. = 2001 合田正人・松丸和弘訳『他性と超越』法政大学出版局

Miller, J. P. 1988 *The Holistic Curriculum,* OISE Press, Toronto. = 1994 吉田敦彦・中川吉晴・手塚郁恵訳『ホリスティック教育』春秋社
———1992 Toward a Spiritual Curriculum, in *Holistic Education Review,* Vol.5-No.1, pp. 43-50.
———1993 *The Holistic Teacher,* OISE Press, Toronto. = 1997 中川吉晴・吉田敦彦・桜井みどり訳『ホリスティックな教師たち』学習研究社
———1994 *The Contemplative Practitioner,* OISE Press, Toronto.
———1996 *The Holistic Curriculum: Revised and Expanded Edition,* OISE Press, Toronto.
———1998 Making Connections through Holistic Learning, in *Educational Leadership,* Vol.56-No.4, ASCD, pp. 46-48.
———2000 *The Education and the Soul,* SUNY Press, NY.
Miller, J. P. and Nakagawa, Y. 2002 *Nurturing our Wholeness: Perspectives on Spirituality in Education,* Foundation for Educational Renewal, Brandon.
Miller, R. 1991 Holism and Meaning: Foundations for a Coherent Holistic Theory, in *Holistic Education Review,* Vol.4-No.3, pp. 23-32.
———1993 Holistic Education in the United States, in *Holistic Education Review,* Vol.6-No.4, pp. 12-19.
Miller, R. 2000 *Caring for New Life: Essays on Holistic Education,* Foundation for Educational Renewal, Brandon.
Miller, R. (ed.) 1991 *New Directions in Education,* Holistic Education Press, Brandon.
———(ed.) 1993 *The Renewal of Meaning in Education,* Holistic Education Press, Brandon.
Minkowski, E. 1933 *Le temps vécu,* D'Artrey, Paris. = 1972 中江育生・清水誠訳 『生きられる時間 I』みすず書房
Moore, T. 1992 *The Care of the Soul: A Guide for Cultivating Depth and Sacredness in Everyday Life,* Harper Collins Publishers, New York.
Nakagawa, Y. 2000 *Education for Awakening: An Eastern Approach to Holistic Education,* Foundation for Educational Renewal, Brandon.

Nishihira, T. 2003 Child Development from the Perspective of Eastern Philosophy, *Encounter: Education for Meaning and Social Justice,* Vol.16-No.3, pp. 24-26.

Noddings, N. 1984 *Caring: A Feminine Approach to Ethics and Moral Education,* The Regents of the University of California, CA.

———1992 *The Challenge to Care in Schools: An Alterative Approach to Education,* Teachers College Press, New York.

———1993 *Educating for Intelligent Belief or Unbelief,* Teachers College Press, New York.

———1994 Learning to Engage in Moral Dialogue, in *Holistic Education Review,* Vol.7-No.2, pp. 5-11.

Noddings, N. and Halford, J. M. 1998 Longing for Sacred in Schools, in *Educational Leadership,* Vol.56-No.4, ASCD, pp. 28-32.

Octavio Paz 1950 *EL laberinto de la soledad,* Cuadernos Americanos, Mexico. = 1982 高山智博・熊谷明子訳『孤独の迷宮』法政大学出版局

Petrash, J. 1992 Starting Over, in *Holistic Education Review,* Vol.5-No.1, pp. 27-29.

Phenix, P. H. 1959 *Religious Concerns in Contemporary Education,* Teachers College Press, New York. = 1968 佐野安仁・愛川照子訳『現代教育の宗教的関心』新教出版社

Picard, M. 1948 *Die Welt des Schweigens,* Eugen Rentsch Verlag, Zürich. = 1964 佐野利勝訳『沈黙の世界』みすず書房

Plato. *Sumposion.* = 1965 久保勉訳『饗宴』岩波文庫

Poiriê, F. 1987 *Emmanuel Lêvinas: Qui êtes-vous?,* Manufacture, Paris. = 1991 内田樹訳『暴力と聖性』国文社

Purpel, D. E. 1989 *The Moral and Spiritual Crisis in Education,* Bergin & Garvey, New York.

———1992 Bridges across Muddy Waters: A Heuristic Approach to Consensus, in *Holistic Education Review,* Vol.5-No.1, pp. 17-26.

Purpel, D. E. and Miller, R. 1991 How Whole is Holistic Education, in *Holistic Education Review,* Vol.4-No.2, pp. 33-36.

Read, H. 1945 *Education through Art,* Pearn, Pollinger and Higham, LTD, London. = 1953 植村鷹千代・水沢孝策訳『芸術による教育』美術出版社

Ricœur, P. 1983 *Temps et rêcit, I*, Seuil, Paris. = 1987 久米博訳『時間と物語Ⅰ／物語と時間性の循環／歴史と物語』新曜社

———1985 *Temps et rêcit, III*, *Le temps raconté,* Seuil, Paris. = 1990 久米博訳『時間と物語Ⅲ：物語られる時間』新曜社

Rogers, C. 1958 The Characteristics of a Helping Relationship, *The Personnel and Guidance Journal,* Vol.37-1, pp. 6-16.

Röhrs, H. and Meyer, E. 1979 *Die pädagonischen Ideen Martin Bubers,* Akademische Verlagsgesellschaft Wiesbaden, Mainz.

Seckinger, D. S. 1976 The Buber-Rogers Dialogue: Theory Confirmed in Experience, *Journal of Thought,* Vol.11-No.2, pp. 143-149.

Sloan, D. 1983 *Insight-Imagination,* Greenwood Press, Westport.

Smuts, J. C. 1927 [1926] *Holism and Evolution,* Macmillan and Co., London.

———1944 [1927] The Theory of Holism. In *Toward A Better World,* Duell, Sloan & Peace Inc, New York, pp. 123-133.

Snauwaert, D. 1999 Being Peace and Moral Education, in *Encounter: Education for Meaning and Social Justice,* Vol.12-No.2, pp. 29-40.

Suter, A. 1986 *Menschenbild und Erziehung bei M.Buber und C.Rogers,* Verlag Paul Haupt, Bern und Stuttgart.

Trüb, H. 1951 *Heilung aus der Begegnung,* Ernst Klett Verlag, Stuttgart. = 1982 宮本忠雄・石福恒雄訳『出会いによる精神療法』金剛出版

Ulich, R. 1961 *Philosophy of Education,* American Book Co., New York. = 1972 梅村敏郎訳『教育哲学』創文社

Weher, G. 1968 *Martin Buber in Rowohlts monographien,* Rowohlts Taschenbuch Verlag, Reinbek bei Hambur. = 1972 児島洋訳『ブーバー』理想社

Werner, K. 1966 *Gespräche mit Martin Buber,* Kösel Verlag KG, München. = 1975 板倉敏之訳『ブーバーとの対話』法政大学出版局

Yoshida, A. 1994 Beyond Freedom and Compulsion: Reflections on the

Buber-Rogers Dialogue, *Holistic Education Review,* Vol.7- No.1, pp. 4-10, also in: Bethel, D. M. (ed.), *Compulsory Schooling and Human Learning,* Caddo Gap Press, San Francisco, pp. 89-102.

——— 2002 Martin Buber: Education as Holistic Encounter and Dialogue, Miller, J. and Nakagawa, Y. ed., *Nurturing our Wholeness: Perspectives on Spirituarity in Education,* Foundation for Educational Renewal, Brandon, pp. 125-139.

Zigler, R. L. 1978 The Holistic Paradigm in Educational Theory, in *Educational Theory,* Vol.28-No.4, pp. 318-326.

Zoltán, B. 1969 *Martin Buber und die Welt des Es,* Verlag Anton Hain, Meisenheim am Glan. = 1983 野口恒樹・植村卍共訳『ブーバーにおける人間の研究／とくに「それの世界」を媒介として』北樹出版

稲村秀一 1987 『ブーバーの人間学』教文館

——— 2004 『マルティン・ブーバー研究／教育論・共同体論・宗教論』渓水社

今井重孝 1995 「システム論の立場から教育哲学を問う」『教育哲学研究』第71号 23-28頁

今井伸和 1999 「ブーバーにおける「教育」の概念／「正しきこと」(das Rechte) の考察を通して」日本道徳教育学会編『道徳と教育』第44巻第2号 225-232頁

——— 2002 「ブーバーの教育論／とくに人間形成の根源的機会としての「関係」について」日本道徳教育学会編『道徳と教育』第47巻第1・2号 24-35頁

入澤宗壽 1929 『現象学的教育思想の研究』 最新教育研究会

——— 1936 『全体観の教育』 同文書院

上田閑照 1973 『禅仏教』筑摩書房

上野 武 1978 「ブーバー教育論の背景」『西南学院大学児童教育学論集』第5巻第1号 39-51頁

植村 卍 2001 『ブーバー「対話」思想の研究／二元論と言語哲学を中心として』人文書院

大西正倫 1996 「木村素衞における国民教育論の構造」和田修二編『教育的

日常の再構築』玉川大学出版部　424-443頁
岡田敬司　1993　『かかわりの教育学』ミネルヴァ書房
――――　2002　『教育愛について』ミネルヴァ書房
――――　2004　『「自律」の復権』ミネルヴァ書房
岡本道雄　1959　「出会いと教育／マルチン・ブーバーの我と汝の思想を中心として」『京都大学教育学部紀要』第5号　97-112頁
――――　1961　「「対話 Dialog」の哲学に関する序論的考察／マルチン・ブーバー研究(1)」『神戸女学院大学論集』第8巻第1号　65-82頁
――――　1962　「個的実存と社会的実存／マルチン・ブーバー研究(2)」『神戸女学院大学論集』第8巻第3号　23-42頁
小川　南　1991　『仏教における我と汝』勁草書房
奥村　隆　1998　『他者という技法／コミュニケーションの社会学』日本評論社
長田　新　1933　「序に代へて」津田萬夫著『全体観に立つ生活教育の理論と実際』明治図書　1-5頁
小野文生　2002　「教育哲学における他者解釈の技法の機制について／レヴィナスとブーバーの比較を通して」『教育哲学研究』第85号　59-75頁
小原國芳　1969　『全人教育論』玉川大学出版部
香川大学教育学研究室編　1999　『教育という物語』世織書房
片岡徳雄　1982　「教育的社会の研究(1)／M.ブーバーの教育観を中心に」『広島大学教育学部紀要（第一部）』第31号　37-46頁
学校教育研究会編　1938　『学校教育』（特集「教育と全体観」）9月号
金子晴勇　1976　『対話的思考』創文社
――――　1979　『あいだを生きる自己』日本基督教団出版局
――――　1985　『対話の構造』玉川大学出版部
加野芳正・矢野智司編　1994　『教育のパラドックス／パラドックスの教育』東信堂
河合隼雄　1996　『物語とふしぎ』岩波書店
側瀬　登　2000　『時間と対話的原理』晃洋書房
木村　敏　1988　『あいだ』弘文堂
木村素衞　1938　「教育と全体観」学校教育研究会編『学校教育』9月号　32-40頁

——— 1939 『表現愛』岩波書店
——— 1941 『形成的自覚』弘文堂
——— 1946 『国家に於ける文化と教育』岩波書店
教育思想史学会 2000 『教育思想事典』勁草書房
熊本県師範付属小学校 1934 『全体観の修身教育』文教書院
児島 洋 1968 『実存と他者』勁草書房
小林政吉 1978 『ブーバー研究／思想の成立過程と情熱』創文社
齋藤 昭 1993 『ブーバー教育思想の研究』風間書房
早乙女礼子 1994 「M.ブーバーにおける出会いの問題」『大阪体育大学紀要』第25号 177-188頁
坂部 恵 1983 『「ふれる」ことの哲学』岩波書店
作田啓一 1981 『個人主義の運命』岩波新書
——— 1993 『生成の社会学をめざして』有斐閣
佐々木毅・金泰昌編 2001 『〈公共哲学１〉公と私の思想史』東京大学出版会
佐藤熊治郎 1939 『全体観と国民教育』目黒書店
島薗 進 1996 『精神世界のゆくえ／現代世界と新霊性運動』東京堂出版
助川晃洋 2004 「ドイツにおける「教育的関係」論の諸相／ヘルバルトとブーバーとリットを事例として」『宮崎大学教育文化学部紀要 教育科学』第10号 1-16頁
鈴木貞美編 1995 『大正生命主義と現代』河出書房新社
皇 紀夫 1998 「我－汝、我－それ（M.ブーバー，E.レヴィナス）」作田啓一・木田元・亀山佳明・矢野智司編『人間学命題集』新曜社 117-122頁
皇紀夫・矢野智司編 1999 『日本の教育人間学』玉川大学出版部
関川悦雄 1982 「M.ブーバーにおける「間の国」(das Reich des Zwischen)の教育的意味」日本大学教育学会編『教育学雑誌』第16号 26-41頁
——— 1983 「ブーバーの実際教育論／1933年から38年まで」日本大学教育学会編『教育学雑誌』第17号 167-180頁
——— 1985a 「ブーバーの教育的行為論」日本大学教育学会編『教育学雑誌』第19号 92-102頁
——— 1985b 「教育における「無為の行為」について／M.ブーバーの場合」『教育哲学研究』第52号 66-70頁

――――　1991 「ブーバーの教育論と「新教育」／1920年代の動きを中心に」『関東教育学会紀要』第18号　1-8頁

――――　1994 「教育的関係／ブーバーの「包摂」の概念を中心に」日本大学教育学会編『教育学雑誌』第28号　43-59頁

――――　1996 「M.ブーバーの責任論／その教育的意義を求めて」日本大学教育学会編『教育学雑誌』第30号　15～28頁

――――　1997 「教育者の自己教育／ブーバーの場合」日本大学教育学会編『教育学雑誌』第31号　48-64頁

――――　1998a 「教育的出会い／M.ブーバーの場合」日本大学文理学部人文科学研究所編『研究紀要』第56号　105-118頁

――――　1998b 「教育目的論／ブーバーの場合」日本大学教育学会編『教育学雑誌』第32号　33-46頁

――――　1999a 「ブーバー教育思想のハシディズム的基礎」日本大学文理学部人文科学研究所編『研究紀要』第58号　145-156頁

――――　1999b 「学校と共同体／ブーバーの求める教育者像」日本大学教育学会編『教育学雑誌』第33号　32-44頁

――――　2000 「教育と人間学との関係／ブーバーの場合」日本大学教育学会編『教育学雑誌』第34号　76-90頁

――――　2004 「ブーバー教育論の教育史的位置と把握／シュプランガー思想に依拠して」『武蔵大学人文学会雑誌』第35巻第３号　61-77頁

高島　明　1993 「M.ブーバーにおける「対話的なもの」と「教育的なもの」」国学院大学外国語研究室編『Walpurgis』第93号　15-28頁

高橋　浩　1984 「ブーバーの哲学的人間学の特質とその現代的意義」国際基督教大学教育研究所編『教育研究』第26号　29-45頁

――――　1985 「ブーバーの共同体論の人間学的・教育学的意義」国際基督教大学教育研究所編『教育研究』第27号　29-46頁

田中智志　2002 『他者の喪失から感受へ／近代の教育装置を超えて』勁草書房

田中　進　1966 「ブーバーとハシディズム／我－汝教育思想解明のために」『宮城学院女子大学研究論文集』第28号　61-82頁

田中毎実　1993 「ホスピタリズムと教育における近代／人間形成論的再検討」近代教育思想史研究会編『近代教育フォーラム』第２号　55-70頁

——— 1994 「教育哲学会第36回大会／研究討議の概要報告」『教育哲学研究』第69号 17-21頁
——— 1999 「教育関係の歴史的生成と再構成／システムと相互性」原聰介・宮寺晃夫・森田尚人・今井康雄編『近代教育思想を読みなおす』新曜社 184-198頁
——— 2000 「臨床的教育理論と教育的公共性の生成」『教育学研究』第67巻第４号 427-436頁
——— 2003a 『臨床的人間形成論へ／ライフサイクルと相互形成』勁草書房
——— 2003b 「発達論的図式から構造論的図式へ（Forum 1 人間形成における垂直軸の問題）」教育思想史学会編『近代教育フォーラム』第12号 13-20頁
谷口龍男 1978 『出会いの哲学』北樹出版
——— 1980 『「われとなんじ」の哲学／マルティン・ブーバー論』北樹出版
田端健人 2002 「授業における子どもの自己生成について／ブーバーを導きとした事例研究の試み」『日本文学』第58巻８号 21-31頁
鳶野克己 1994 「「拠り所のなさ」という拠り所／人間形成における〈物語〉の批判的再生のために」加野芳正・矢野智司編『教育のパラドックス／パラドックスの教育』東信堂 135-163頁
中川吉晴 1996 「ホリスティック教育とスピリチュアリティ」『立命館教育科学研究』第７号 51-69頁
——— 2000 「東洋哲学とホリスティック教育」『ホリスティック教育研究』第３号 1-12頁
——— 2001 「ホリスティック教育の存在論」『ホリスティック教育研究』第４号 34-42頁
——— 2003 「〈教育における霊性〉について」『トランスパーソナル心理学／精神医学』第４号 17-25頁
——— 2005 『ホリスティック臨床教育学／教育・心理療法・スピリチュアリティ』せせらぎ出版
中田基昭 1997 『現象学から授業の世界へ／対話における教師と子どもの生の解明』東京大学出版会

西田幾多郎　1987［1932］『西田幾多郎哲学論集 1 ／場所・私と汝 他六編』岩波書店
西平　直　1993 『エリクソンの人間学』東京大学出版会
――――　1997 『魂のライフサイクル／ユング、ウィルバー、シュタイナー』 東京大学出版会
――――　1998 『魂のアイデンティティ／心をめぐるある遍歴』金子書房
――――　1999 「知の枠組みとしての精神世界／共感的理解と批判的検討」『教育学研究』第66巻第 4 号　395-405頁
――――　2001 「東洋思想と人間形成／井筒俊彦の理論地平から」『教育哲学研究』第84号　19-37頁
――――　2002 「魂の視点／東洋思想の地平から（日本ホリスティック教育協会主催シンポジウム「魂へのアプローチ」講演記録）」『ホリスティック教育研究』第 5 号　9-12頁
――――　2003a 「「無の思想」と子ども／「無の思想」を「教育の問い」の前に連れ出す試み（Forum 1　人間形成における垂直軸の問題）」『近代教育フォーラム』第12号　1-12頁
――――　2003b 「スピリチュアリティ再考／ルビとしての「スピリチュアリティ」」『トランスパーソナル心理学／精神医学』第 4 号　8-16頁
――――　2003c 「人間形成における宗教性（スピリチュアリティ）の問題」『教育』第53巻第11号　18-25頁
――――　2005 『教育人間学のために』東京大学出版会
日本ホリスティック教育協会編　1995 『ホリスティック教育入門』柏樹社
野口恒樹　1971 『現代に於ける〈汝〉の発見／我汝哲学の研究』皇学館大学出版部
蜂屋慶編　1985 『教育と超越』玉川大学出版部
早尾貴紀　2002 「ブーバーの共同体論／普遍性と特異性のアポリア」『現代思想』第30巻 9 号　16-27頁　青土社
原　弘巳　1987 「現代教育における「信頼」の意義／ M.ブーバーを中心に」『教育哲学研究』第56号　29-41頁
――――　1996a 「M.ブーバーの人間観と教育観（I）／〈我－汝〉の成立」『愛媛大学教育学部教育学研究室教育学論集』第14号　109-126頁
――――　1996b 「M.ブーバーの人間観と教育観（II）／〈我－汝〉の展開」

『愛媛大学教育学部紀要 第1部 教育科学』第42巻第2号　19-37頁

――――　1996c 「M.ブーバーの人間観と教育観（Ⅲ）・（Ⅳ）／＜我－汝＞の人間学的基礎・「相互性」と教育」『愛媛大学教育学部紀要 第1部 教育科学』第43巻第1号　25-60頁

――――　1997 「M.ブーバーの人間観と教育観（Ⅴ）／ヘブライ的ヒューマニズム」『愛媛大学教育学部紀要 第1部 教育科学』第43巻第2号　39-62頁

――――　1998a 「M.ブーバーの人間観と教育観（Ⅵ）／人間の「現実」と教育」『愛媛大学教育学部紀要 第1部 教育科学』第44巻第2号　1-15頁

――――　1998b 「M.ブーバーと教育（Ⅰ）／若きブーバー」『愛媛大学教育学部紀要 第1部 教育科学』第45巻第1号　1-27頁

――――　1999a 「M.ブーバーと教育（Ⅱ）／「責任」」『愛媛大学教育学部紀要 第1部 教育科学』第45巻第2号　1-18頁

――――　1999b 「M.ブーバーと教育（Ⅲ）／「相互性」」『愛媛大学教育学部紀要 第1部 教育科学』第46巻第1号　1-17頁

――――　2000a 「M.ブーバーと教育（Ⅳ）／いかに応答するか」『愛媛大学教育学部紀要 第1部 教育科学』第46巻第2号　21-35頁

――――　2000b 「M.ブーバーと教育（Ⅴ）／ブーバーの教えるもの」『愛媛大学教育学部紀要 第1部 教育科学』第47巻第1号　1-11頁

平石善司　1991［1966］『マルティン・ブーバー／人と思想』創文社

平石善司・山本誠作編　2004 『ブーバーを学ぶ人のために』世界思想社

広岡義之　1994 「M.ブーバーの教育思想の一考察／〈我－汝〉と〈我－それ〉の対概念を中心に」『梅光女学院大学論集』第27号　13-25頁

――――　1997 「M.ブーバーにおける「教育思想」の一考察(1)「間という場」の概念を中心に」『梅光女学院大学論集』第30号　11-21頁

――――　1998 「M.ブーバーにおける「教育思想」の一考察(2)「間という場」の概念を中心に」『梅光女学院大学論集』第31号　11-21頁

福田玲子　1992 「ブーバーの教育思想のハシディズム的根源」『名古屋大學教育學部紀要 教育学科』第39巻第1号　81-91頁

――――　1995 「ブーバーの性格教育論の再検討／der grosse Charakter の概念の中心と周縁」『名古屋大學教育學部紀要 教育学科』第42巻第1

号　57-66頁
松田高志　1969「性格教育の問題／ブーバーの教育論に即して」『大谷学報』第49巻第2号　67-76頁
―――　1970「「我－汝」思想研究／「出会い」の概念について」『龍谷大学哲学論集』第17号　29-46頁
―――　1974「ブーバーとハシディズム」『神戸女学院大学論集』第21巻第2号　79-108頁
―――　1977「ブーバーにおける認識の問題」『神戸女学院大学論集』第24巻第2号　73-96頁
―――　1980「「対話」の構造と意義」『神戸女学院大学論集』第27巻第2号　31-42頁
―――　1982a「教育と世界観」『神戸女学院大学論集』第29巻第1号　19-30頁
―――　1982b「ブーバー「我－汝」思想の意義」下程勇吉編『教育人間学研究』法律文化社　578-596頁
―――　1992「ブーバーの平和思想について」『神戸女学院大学論集』第39巻第2号　67-78頁
―――　2003『いのち深く生きる教育』せせらぎ出版
―――　2004「ブーバーの「篤信のヒューマニズム」について」『神戸女学院大学論集』第51巻第2号　139-148頁
松丸啓子　1993「M.ブーバーの〈対話〉とK.ヤスパースの〈実存的コミュニケーション〉との比較研究」『教育哲学研究』第67号　46-58頁
松本　昭　1959『「我－汝」の教育学／実存教育学への試歩』理想社
三好達治　1965［1944］「花筐」『三好達治全集（第二巻）』筑摩書房
毛利　猛　1996a「「物語ること」と人間形成」岡田渥美編『人間形成論／教育学の再構築のために』玉川大学出版部　258-271頁
―――　1996b「教育のナラトロジー」和田修二編『教育的日常の再構築』玉川大学出版部　193-207頁
森岡正博　2001『生命学に何ができるか』勁草書房
矢野智司　1996『ソクラテスのダブル・バインド』世織書房
―――　1999「教育の語り方をめぐる省察」香川大学教育学研究室編『教育という物語』世織書房　36-42頁

——— 2000a 『自己変容という物語／生成・贈与・教育』金子書房
——— 2000b 「教育の〈起源〉をめぐる覚書」亀山佳明・麻生武・矢野智司編『野生の教育をめざして』新曜社 47-68頁
——— 2000c 項目「神秘主義」教育思想史学会『教育思想事典』勁草書房
——— 2001a 「システム化と相互性の教育人間学的理解」京都大学大学院教育学研究科臨床教育学講座編『臨床教育人間学』第3号 87-96頁
——— 2001b 「子どものまえに他者が現われるとき／生成する物語としての賢治童話」藤田英典・黒崎勲・片桐芳雄・佐藤学編『教育学年報⑻／子ども問題』世織書房 49-71頁
——— 2001c 「「パラドックス」と「他者」と「物語」の教育人間学」増渕幸男・森田尚人編『現代教育学の地平／ポストモダニズムを超えて』南窓社 122-142頁
——— 2004 「交換の物語と交換の環を破壊する贈与／宮澤賢治作『貝の火』の教育人間学的読解」臨床教育人間学会編『他者に臨む知（臨床教育人間学1）』世織書房 27-48頁
矢野智司・鳶野克己編 2003 『物語の臨界／「物語ること」の教育学』世織書房
山本誠作 1969 『マルティン・ブーバーの研究』理想社
吉田敦彦 1990a 「ロジャーズに対するブーバーの異議／援助的関係における「対等性」と「受容」の問題をめぐって」『教育哲学研究』第62号 32-46頁
——— 1990b 「人間存在の二重的存在様式／ブーバー教育思想の人間存在論的諸前提⑴」『美作女子大学・美作女子大学短期大学部紀要』第35号 1-11頁
——— 1991a 「人間存在の対話的存立構造／ブーバー教育思想の人間存在論的諸前提⑵」『美作女子大学・美作女子大学短期大学部紀要』第36号 1-11頁
——— 1991b 「ブーバーにおける「開発的教育者」の要件／〈世界〉の形成力への参与者として」『神戸外大論叢』第42巻第2号 73-92頁
——— 1992 「ホリスティック教育論の射程」『神戸外大論叢』第43巻第1

号　27-53頁
――――　1995 「ブーバーとホリスティック教育」ホリスティック教育研究会編『実践ホリスティック教育』柏樹社　195-218頁
――――　1996a 「「ホリスティック教育人間学」に向けての試論／〈天地の化育〉の現代的理解モデル」和田修二編『教育的日常の再構築』玉川大学出版部　399-421頁
――――　1996b 「ホリスティック教育論再考／疑義に対する応答的考察」岡田渥美編『人間形成論／教育学の再構築のために』玉川大学出版部　294-317頁
――――　1996c 「アドラー心理学とホリスティック教育との合流」高尾利数・平出宣一・手塚郁恵・吉田敦彦編『喜びはいじめを超える』春秋社　269-286頁
――――　1999a 『ホリスティック教育論／日本の動向と思想の地平』日本評論社
――――　1999b 「北米でのホリスティックな教師教育の現況と課題／多文化共生に向けたスピリチュアリティとアイデンティティの再定位」『ホリスティック教育研究』第2号　48-60頁
――――　1999c 「村井実の教育人間学／〈善さ〉一元論的教育学あるいは〈善さ〉の人間学」皇紀夫・矢野智司編『日本の教育人間学』玉川大学出版部　178-200頁
――――　1999d　項目「ブーバー」／「我－汝関係」／「ロジャーズ・ブーバー対話」恩田彰・伊藤隆二編『臨床心理学辞典』八千代出版
――――　2001 「ホリスティック教育と宗教心理／人間形成の垂直軸をめぐって」島薗進・西平直編『宗教心理の探求』東京大学出版会　339-361頁
――――　2003a 「全体性と他者／ブーバーの〈二人ずつ存在〉の意義」山﨑高哉編『応答する教育哲学』ナカニシヤ出版　160-181頁
――――　2003b 「沈黙が語る言葉／出会いと対話と物語」矢野智司・鳶野克己編『物語の臨界／「物語ること」の教育学』世織書房　213-247頁
――――　2003c 「呼びかけ、語りかけること／神秘主義から対話へ」皇紀夫編『臨床教育学の生成』玉川大学出版部　233-257頁

——— 2003d 「世界に広がるホリスティック教育」中川吉晴・金田卓也編『ホリスティック教育ガイドブック』せせらぎ出版 10-13頁

——— 2004a 「ユネスコが提唱する〈ホリスティック〉概念の意義」『科学研究費研究成果最終報告書：ホリスティックな教育改革の実践と構造に関する総合的研究』（研究代表者：菊地栄治） 93-105頁

——— 2004b 「国連ユネスコ関連文書にみる平和と非暴力への〈ホリスティック・アプローチ〉」金田卓也・金香百合・平野慶次編『ピースフルな子どもたち／戦争・暴力・いじめを超えて』せせらぎ出版 238-246頁

吉田敦彦・今井重孝編 2001 『いのちに根ざす 日本のシュタイナー教育』せせらぎ出版

吉田敦彦・平野慶次編 2002 『ホリスティックな気づきと学び／45人の物語をつむぐ』せせらぎ出版

吉田敦彦・永田佳之・菊地栄治編 2006 『持続可能な教育社会をつくる／環境・開発・スピリチュアリティ』せせらぎ出版

鷲田清一 1999 『「聴く」ことの力』TBSブリタニカ

和田修二 1993 『教育する勇気』玉川大学出版部

和田修二・山﨑高哉編 1988 『人間の生涯と教育の課題／新自然主義の教育学試論』昭和堂

著者略歴

1960年　大阪府に生まれる
1988年　京都大学大学院教育学研究科博士後期課程単位認定退学
2006年　京都大学論文博士（教育学）
現　在　大阪府立大学人間社会学部教員
著　書　『ホリスティック教育論』（日本評論社，1999），『喜びはいじめを超える』（共編著，春秋社，1996），『子どものコスモロジー』（共著，人文書院，1996），『日本の教育人間学』（共著，玉川大学出版部，1999），『日本のシュタイナー教育』（共編著，せせらぎ出版，2001），『持続可能な教育社会をつくる』（共編著，せせらぎ出版，2006）『世界のホリスティック教育』（日本評論社，2009）ほか。

ブーバー対話論とホリスティック教育
他者・呼びかけ・応答　［教育思想双書 8］

2007年3月20日　第1版第1刷発行
2011年5月25日　第1版第2刷発行

著　者　吉《よし》田《だ》敦《あつ》彦《ひこ》

発行者　井　村　寿　人

発行所　株式会社　勁《けい》草《そう》書　房

112-0005 東京都文京区水道2-1-1　振替 00150-2-175253
（編集）電話 03-3815-5277／FAX 03-3814-6968
（営業）電話 03-3814-6861／FAX 03-3814-6854
堀内印刷所・青木製本

ISBN978-4-326-29880-8　Printed in Japan

http://www.keisoshobo.co.jp